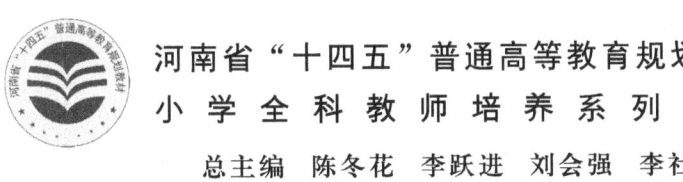

河南省"十四五"普通高等教育规划教材

小学全科教师培养系列教材

总主编 陈冬花 李跃进 刘会强 李社亮

小学科学教学设计

主　编　李文田　张杨阳
副主编　程芬萍　丁　楠　林丙臣

南京大学出版社

图书在版编目(CIP)数据

小学科学教学设计 / 李文田, 张杨阳主编. — 南京：南京大学出版社, 2021.7(2024.1重印)
ISBN 978-7-305-24719-4

Ⅰ. ①小… Ⅱ. ①李… ②张… Ⅲ. ①科学知识-教学设计-小学 Ⅳ. ①G623.62

中国版本图书馆CIP数据核字(2021)第137257号

出版发行	南京大学出版社
社　　址	南京市汉口路22号　　邮　编　210093
书　　名	**小学科学教学设计** XIAOXUE KEXUE JIAOXUE SHEJI
主　　编	李文田　张杨阳
责任编辑	甄海龙　　　　　　编辑热线　025-83686756
照　　排	南京南琳图文制作有限公司
印　　刷	广东虎彩云印刷有限公司
开　　本	787 mm×1092 mm　1/16　印张 14.5　字数 345千
版　　次	2021年7月第1版　2024年1月第3次印刷
ISBN 978-7-305-24719-4	
定　　价	42.00元

网址：http://www.njupco.com
官方微博：http://weibo.com/njupco
官方微信号：njupress
销售咨询热线：(025) 83594756

* 版权所有，侵权必究
* 凡购买南大版图书，如有印装质量问题，请与所购图书销售部门联系调换

编委会

编委会主任 刘济良（郑州师范学院）

总 主 编 陈冬花（郑州师范学院）　　李跃进（郑州师范学院）

　　　　　　 刘会强（河南财政金融学院）　李社亮（河南师范大学）

副总主编 段宝霞（河南师范大学）　　李文田（信阳师范学院）

　　　　　　 晋银峰（洛阳师范学院）　　郭翠菊（安阳师范学院）

　　　　　　 井祥贵（商丘师范学院）　　丁新胜（南阳师范学院）

　　　　　　 田学岭（周口师范学院）　　侯宏业（郑州师范学院）

　　　　　　 聂慧丽（焦作师范高等专科学校）

编　　委（以姓氏笔画为序）

丁青山	马福全	王　立	王　娜	王铭礼
王德才	田建伟	冯建瑞	权玉萍	刘雨燕
闫　冉	李文田	肖国刚	吴　宏	宋光辉
张杨阳	张厚萍	张浩正	张海芹	张鸿军
张慧玉	陈军宏	周硕林	房艳梅	孟宪乐
赵丹妮	赵国龙	荆怀福	袁洪哲	徐艳伟
郭　玲	黄宝权	黄思记	董建春	薛微微

前　言

《义务教育小学科学课程标准》(2017年)颁布后,如何使小学一线科学教师,尤其是新手小学科学教师,乃至实训师范生顺应课标的新要求,克服小学科学传统备课弊端,结合现代教学设计需要,搭建小学科学教学理论与实践的桥梁,营造新式课堂,成为广大小学科学教育工作者必须思考的问题。

小学科学教学设计既是一种教学实践理念,更是一种教学指导策略。小学科学教学设计是指在小学科学教学过程具体实施之前,教师依据相关教学理论和学习理论,以现代教学理念为引领,以促进小学生有效学习为目的,遵照课程标准,结合教学内容,系统规划小学科学教学各环节,为小学生创设最优学习环境的规划过程。概言之,它是小学教师对小学科学课堂教学的一种事先谋划,包括拟定教学目标、确定教学重难点、选择教学方法、安排教学过程、测评教学效果等。

本书首先从小学科学教学设计概述着手,简要介绍了小学科学教学设计的含义、模式及构成要素,接着概要阐释了国内外小学科学教学发展的基本历程,之后对2017版《义务教育小学科学课程标准》进行了深入解读。在此基础上,遵循教学设计的基本流程,按照"课标解读—学习心理分析—教学目标设计—教学内容设计—教学方法设计—教学过程设计—教学活动设计—教学评价设计—课程资源开发"的实践导向型写作脉络,引导学习者通过小学科学教学设计的具体环节,一步步走向小学科学教学实践。除了理论引导,本书不仅于每小节前设计导入板块,打破理论学习的介入困难和艰涩,还在大部分章节通过设置实训目标、实训要求、实训内容和拓展训练等板块进行小学科学教学设计各环节的实操训练,以确保学习者能够将基本技能转化为实践行动。

本书由李文田、张杨阳任主编，主持提纲设计、框架构建与内容分工等工作，并对全书进行统稿。本书编写人员具体分工为：第一章、第七章、第十章，李文田，林丙臣；第二章、第六章、第八章，张杨阳；第三章、第四章，丁楠；第五章、第九章、第十一章，程芬萍。拓展资源部分由林丙臣负责整理和校对。

本书编写过程中借鉴和参考了众多资料与文献，引用了相关案例与实录，在此表示诚挚的谢意！同时，特别感谢南京大学出版社的曹森编辑，她认真负责，细致严谨，为本书的出版付出了大量心血与劳动。

由于编者水平所限，书中难免不足与纰漏，恳请各位读者多提宝贵意见，以使本书不断完善提高，更好满足读者与教学需要。我们不胜感谢！

目 录

第一章　小学科学教学设计概述 ·················· 1
　　第一节　小学科学教学设计的概念 ·················· 2
　　第二节　小学科学教学设计的主要模式 ·················· 7
　　第三节　小学科学教学设计的基本构成要素与架构 ·················· 13

第二章　小学科学教学发展历程 ·················· 21
　　第一节　国际小学科学教学发展历程 ·················· 22
　　第二节　中国小学科学教学发展历程 ·················· 27

第三章　小学科学课程标准解读 ·················· 36
　　第一节　小学科学课程标准的设计思想 ·················· 37
　　第二节　小学科学课程目标 ·················· 41
　　第三节　小学科学课程内容 ·················· 49

第四章　学习理论与小学科学学习 ·················· 72
　　第一节　认知主义学习理论与小学科学学习 ·················· 73
　　第二节　人本主义学习理论与小学科学学习 ·················· 77
　　第三节　建构主义学习理论与小学科学学习 ·················· 81

第五章　小学科学教学目标设计 ·················· 86
　　第一节　小学科学教学目标概述 ·················· 87
　　第二节　小学科学教学目标设计策略 ·················· 90
　　第三节　小学科学教学目标设计实训 ·················· 96

第六章　小学科学教学内容设计 ·················· 101
　　第一节　小学科学教学内容设计概述 ·················· 102
　　第二节　小学科学教学内容设计策略 ·················· 106

第三节　小学科学教学内容设计实训·················113

第七章　小学科学教学方法设计·················116
第一节　小学科学教学方法概述·················117
第二节　小学科学教学方法的选择·················131
第三节　小学科学教学方法的优化组合·················137

第八章　小学科学教学过程设计·················142
第一节　小学科学教学过程概述·················143
第二节　小学科学教学过程设计策略·················147
第三节　小学科学教学过程设计实训·················158

第九章　小学科学教学活动设计·················160
第一节　小学科学教学活动概述·················161
第二节　小学科学教学活动设计策略·················168
第三节　小学科学教学活动设计实训·················176

第十章　小学科学教学评价设计·················179
第一节　小学科学教学评价概述·················180
第二节　小学科学教学评价的内容与方法·················187
第三节　小学科学教学评价的程序与原则·················199

第十一章　小学科学课程资源开发·················206
第一节　小学科学课程资源概述·················207
第二节　小学科学课程资源开发途径·················211
第三节　小学科学课程资源开发实训·················220

微信扫描二维码

✓ 课件申请
✓ 样书申请

教师服务入口

✓ 拓展阅读
✓ 教学设计案例
✓ 科学实验案例

学生服务入口

第一章
小学科学教学设计概述

本章概要

小学科学教学设计是小学科学教师对小学科学教学的一种事先谋划,包括拟定教学目标、确定教学重点、选择教学方法、安排教学过程、测评教学效果等。小学科学教学设计克服了小学科学传统备课的一些不足,更加适应现代教学的需要,是沟通小学科学教学理论与实践的桥梁,对保障小学科学教学效果具有重要作用。本章着重探讨小学科学教学设计的含义、特征、模式与构成要素等内容。

学习目标

通过本章学习,学生能够
- 说出小学科学教学设计的基本含义。
- 描述小学科学教学设计的主要特征。
- 比较国内外教学设计的主要模式。
- 简述小学科学教学设计的构成要素。

内容结构

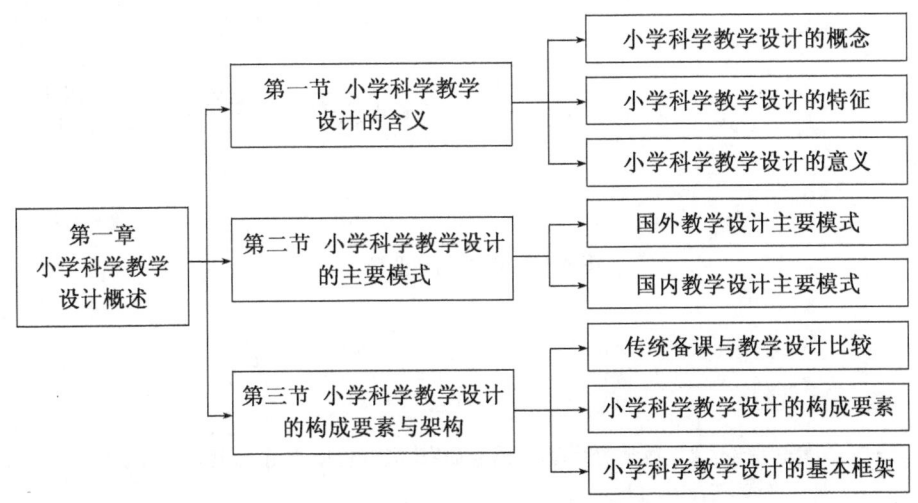

第一节　小学科学教学设计的概念

教学设计的重要性

小张和小王是某小学的科学教师,大学毕业后,同年进入该校任教。两人均工作认真、踏实肯干,受到领导与同事好评。就专业知识而言,同样本科毕业;就工作能力而言,也在伯仲之间;但在课堂教学方面,却渐渐显出不同。小张所带班级学生的科学学习兴趣明显比小王的班级要高,发言主动,讨论积极,成绩相对更好。为此,小王专门找小张请教,两人经过认真分析,发现小张更注重每次上课前花费一定时间进行教学设计,而小王做得相对不足。问题找到了,小王很高兴,也开始重视教学设计,果然学生的学习兴趣与学习成绩大有转变。

一、小学科学教学设计的概念

关于小学科学教学设计的概念,先从"教学"与"教学设计"的概念谈起。

(一)"教学"的概念

"教学"在英文中有两个对应词:instruction 和 teaching。instruction 指广义的教学,多与教学的情景有关,作为一种过程,通常译为"教导",包括教师课前的准备和课堂教学实施及效果测量与评价等①。teaching 指狭义的教学,多与教师的行为有关,作为一种活动,通常译为"教授",主要指教师面对学生的教学行为,包括呈现教材、引出学生反应、提供学习反馈等。广义的教学可以用图 1-1 表示如下。

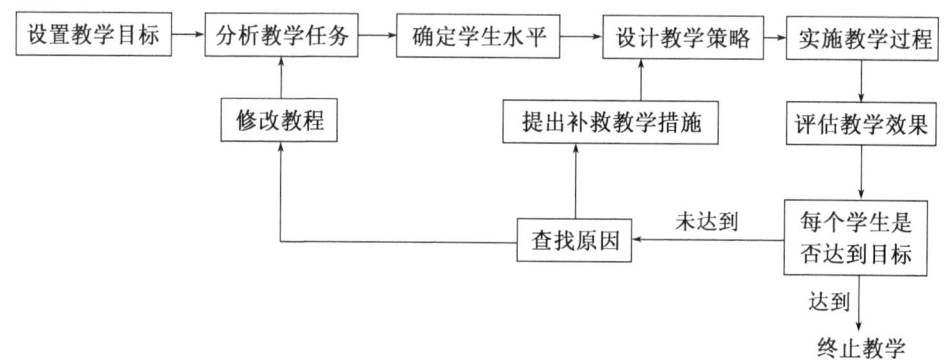

图 1-1　教学的主要环节

---

① 施良方.教学理论:课堂教学的原理、策略与研究[M].上海:华东师范大学出版社,1999:8.

由图1-1可知,广义的教学主要包括如下环节①:

① 设置教学目标,即尽量用可观察和可测量的行为术语对学生预期要获得的学习结果进行设置与陈述。

② 分析教学任务,即分析从学生原有知识水平到实现教学目标之间需要的知识与技能,并确定其相互间的关系。

③ 确定学生水平,即确定学生达成教学目标所需要的起点知识与能力。

④ 设计教学策略,即根据任务分析中所确定的知识与技能,选择适当的教学手段和活动。

⑤ 实施教学过程,即将上述设计的教学策略付诸教学实施。

⑥ 评估教学效果,即对照教学目标,确定达成情况。如果教学目标已达成,则完成一次完整的教学过程;如果教学目标未达成,则需查找原因,提出相应措施或者修改教程,重新进行任务分析。

(二)"教学设计"的概念

关于"教学设计"的概念,目前国内外尚未有统一的认识,当前较有影响的理解主要有如下几种:

一是将教学设计视为一门设计科学。如:伯顿认为,教学设计是设计科学的一个种类,其实质是对学生学业成绩的解决措施进行策划。也有学者认为,教学设计是基于系统思想方法,以学习理论、教学理论和传播理论为基础,对教学过程诸环节进行计划与安排,以实现教学效果最优化为目的的科学。②

二是将教学设计视为系统规划教学的过程。如:加涅认为,教学设计是一个系统化规划教学的过程。史密斯认为,教学设计是运用系统方法,将学习理论与教学理论的原理转换成对教学资料、教学活动、教学评价等具体计划的过程。何克抗认为,教学系统设计主要是以促进学习者的学习为根本目的,运用系统方法,将学习理论与教学理论等原理转换成对教学目标、教学内容、教学方法、教学评价等环节进行具体计划,创设有效教学系统的过程。皮连生认为,教学设计是在实施教学之前,依据学习论和教学论原理系统计划教学各环节,为学生学习创设最优环境的准备过程。③

三是将教学设计视为一门与学习开发有关的技术。如:梅里尔认为,教学设计是一种用以开发学习经验和学习环境的技术,……是一种将不同学习策略整合进教学经验的一门技术。④

整体而言,教学设计可以分为广义和狭义两大类。广义的教学设计一般由专业设计人员进行,包括目标设置、教材开发、测量评价、工具开发和教学策略等。狭义的教学设计则专指教师进行的课堂教学设计。

---

① 皮连生.教育心理学[M].上海:上海教育出版社,2004:439-440.
② 李家清.中学地理教学设计与案例研究[M].北京:科学出版社,2012:84.
③ 吴波,官敏.现代教育技术教程[M].上海:复旦大学出版社,2012:142-143.
④ 盛群力.现代教学设计论[M].西安:陕西师范大学出版社,1998:2-3.

(三) 小学科学教学设计的概念

虽然国内外"教学设计"未有统一的认识和看法,但多数学者还是较为一致地将"教学设计"视为一种对"教学"进行计划或规划的过程。本书认同这一观点,即教学设计指教学实施之前,教师依据一定的原则系统计划教学各环节,为学生学习创设最优环境的准备过程。

鉴于上述理解,本书认为小学科学教学设计就是在小学科学教学过程实施之前,小学科学教师依据相关教学理论和学习理论,以现代教学理念为引领,以促进小学生科学学习为目的,遵照课程标准,结合教学内容,系统规划小学科学教学各环节,为小学生科学学习创设最优环境的规划过程。

补充材料 1-1

教学设计孕育于二战期间,当时美国为了在最短的时间里为部队输送大批合格的士兵和为工厂培养大批合格的工人,召集大量教育学家和心理学家,创立了一系列系统分析学习任务的方法,这些方法后来就成了现代教学设计的理论基础。20世纪50年代中期的程序教学理论,对教学设计理论和实践的发展产生了更大的影响。20世纪60年代,加涅扩展了任务分析的概念,强调了行为目标在教学设计中的应用,极大地促进了教学系统设计方法的运用。这一时期的教学设计,绝大部分以"教"为中心,面向教师的教,而对学生的"学"考虑较少。20世纪80年代以后,在建构主义理论指导下,发展形成了新的学习理论和教学理论,现代教学设计又有了新的发展。

——杨九民,梁林梅.教学系统设计理论与实践[M].北京:北京大学出版社,2008:11-12.

二、小学科学教学设计的特征

在当前基础教育课程改革背景下,小学科学教学设计主要有如下方面的特征:

(一) 以小学科学课程标准为遵循

小学科学课程标准是根据国家总体教育目标,从整体上确定小学科学课程水平及小学科学课程结构的纲领性文件,是国家对小学科学课程的总体设计和基本规范,规定小学科学课程的性质、目标、内容框架,并提出小学科学教学与评价的实施建议,代表国家对小学科学教育的统一要求。小学科学课程标准是小学科学教材编写及小学科学教学活动最直接、最根本的依据。小学科学课程标准为小学科学教学目标制定指明了方向,对小学科学教学内容选择做了相关规定,部分教学内容教师可以根据实际情况选讲、略讲,甚至不讲,有的教学内容教师可以根据具体需要灵活安排讲授的顺序。在小学科学教学评价和实施建议部分,小学科学课程标准的一些内容本身就可以作为小学科学教师进行小学科学教学设计的重要参考和借鉴。所以,小学科学教学设计应体现以小学科学课程标准为遵循的理念。

(二) 以促进小学生身心发展为目的

关于教学设计,加涅提出"为学习设计教学"的理念,并认为教学是人们精心设计学习环境,通过外部条件激励,促进学习内部过程的发生,教是为了更好的学服务。教学的目的在于有效地促进学生的学习,通过促进学生的学习而促进其身心的发展。小学科学教学设计作为连接小学科学教学理论与教学实践的桥梁,其目的必然指向满足小学生科学的学习需要,促进小学生通过科学学习而达到身心发展。促进小学生通过科学学习而达到身心发展主要包含两层意义:一是通过小学科学教学设计,帮助小学生最大程度获取科学知识、掌握科学技能和形成科学素养;二是通过小学科学教学设计,帮助小学生学会学习,关键是掌握科学的学习方法和提高科学的学习能力。帮助小学生获取科学知识与提高科学技能是小学科学教学设计的直接目的,而帮助小学生学会学习与实现身心发展则是小学科学教学设计的最终指向。所以,小学科学教学设计应以促进小学生身心发展为目的。

补充材料 1-2

2011年12月,教育部颁布《小学教师专业标准(试行)》(以下简称《专业标准》),明确规定教师专业发展要以"师德为先、学生为本、能力为重、终身学习"为基本理念,并从专业理念与师德、专业知识、专业能力等三个维度提出了教师专业发展的基本要求。《专业标准》将"教学设计"置于教师专业能力的首位,要求教师能够"合理制定小学生个体与集体的教育教学计划;合理利用教学资源,科学编写教学方案;合理设计主题鲜明、丰富多彩的班级和少先队活动"。

——中华人民共和国教育部.小学教师专业标准(实行),2011.

(三) 以小学科学教学理论为指导

小学科学教学设计是小学科学教师对小学科学教学进行系统规划的过程,需要小学科学教学理论的指导。了解小学科学教学理论有利于小学教师更好地把握小学科学教学设计原则,灵活运用小学科学教学方法,更好地理解小学科学教学设计的内容,为小学科学教学设计提供理论支撑。

小学科学教学理论是小学科学教学实践经验的总结,是小学科学教学设计最直接的理论来源。现代教学理论对小学科学教学设计的影响显著,如斯金纳的程序教学理论、布鲁姆的目标分类理论、奥苏贝尔的先行组织者理论、加涅的信息加工理论、巴班斯基的教学过程最优化理论等。我国教育工作者将国外教学理论与本土实践相结合,也提出了合理的教学理论体系,如裴娣娜的主体教育理论、李吉林的情景教学理论等。上述理论均可以和小学科学教学相结合,形成小学科学教学理论,为小学科学教学设计提供理论指导与支撑。

(四) 以最优化的教学效果为取向

苏联教育家、教学论专家巴班斯基以整体性、相互联系、动态综合、最优化等观点研究教学,提出了教学过程最优化理论。最优化教学理论认为构成教学过程的所有成分是相互联系的,教学设计是教师在全面考虑教学规律、教学原则、教学任务、教学形式与方法的基础上,对教学过程做出的一种计划性安排,目的是使教师科学选择最适合于整个教学过程的模式,以保证教学在规定的时间内发挥从一定标准看来最优的作用,获得可能的最大效果。最优化理论中,"最优"一词具有特定的内涵,不等于"理想的",也不同于"最好的"。"最优"是指一所学校、一个班级在具体条件制约下所能取得的最大成果,也指学生

和教师在一定场合下所具有的全部可能性。最优化是相对一定条件而言的,在某些条件下最优,在另一些条件下未必最优。最优化理论充分体现了具体事物具体分析的辩证法思想。

小学科学教学设计以最优化的教学效果为取向,就是以最优化教学理论为指引,将教学目标、教学内容、教学方法、教学过程等按照一定的逻辑顺序进行设计与规划,对教学活动中的各要素进行最优的选择与组合,以保证小学科学教学效果的最优。

三、小学科学教学设计的意义

小学科学教学设计是小学科学教学的重要环节,通过小学科学教学设计有助于小学科学教师从整体上把握小学科学教学过程,提高小学科学教学效果。学习和运用小学科学教学设计的重要意义,可以借用教学设计专家马丁的话,即"没有掌握教学设计的老师,他们不会有一个系统的观念,也不知道怎样在教学设计过程中走捷径,或剖析一门课程或一个模型,他们对应用教学设计来解决问题的理解是有限的"。具体而言,小学科学教学设计主要有如下意义。

(一)有利于小学科学教学理论与教学实践的结合

小学科学教学理论侧重于探讨小学科学教学的规律与机制,研究小学科学教学构成要素及其关系。小学科学教学实践侧重于小学科学教学目标的达成、教学方法的运用、教学过程的实施等。小学科学教学理论对小学科学教学实践进行理论指导,小学科学教学实践为小学科学教学理论发展提供实践案例。但在实际工作中,小学科学教学理论与教学实践之间的融合度并不很高,如何协调小学科学教学理论与教学实践之间的关系,一直是小学科学教学研究的重要问题。小学科学教学设计在沟通小学科学教学理论与教学实践方面起到了很好的纽带作用。主要体现在两大方面:一是通过小学科学教学设计,可以使已有的小学科学教学理论对小学科学教学实践起到较好的指导作用,提高小学科学教学实践的效果;二是通过小学科学教学设计,可以验证小学科学教学理论,总结小学科学教师的实践经验,升华小学科学教师的实践经验,促进小学科学教学理论的充实和完善。

(二)有利于小学科学课程改革的顺利推进

21世纪以来,我国基础教育课程改革全面展开,改革确立了新的教育观、课程观、教学观、知识观等,小学科学课程改革的顺利推进需要多方面的条件和支持。作为新一轮基础教育课程改革的重要组成部分,小学科学课程改革在课程目标、课程内容、课程实施、课程评价等诸多方面引发了小学科学教育研究者及广大一线科学教师的重视和实践。小学科学课程改革需要小学科学教学改革的支撑,而小学科学教学设计是小学科学教学改革的关键之一。小学科学教学设计可以有效提高小学科学教师的教育教学能力和完善小学科学教师的教育教学素养,是提高小学科学教学质量,促进小学科学教学改革的重要一环。通过小学科学教学设计,小学科学教师可以在小学科学教学理论与教学实践等方面获得相应提升,成为小学科学课程与教学的开发者与设计者,从而更好地适应小学科学课程改革中教师角色转变的要求,尽快由小学科学教学的控制者、解释者和传授者向小学科学教学的促进者、指导者和合作者转变。同时,小学科学教学设计通过对小学科学教学目标、教学方法、教学媒体、教学过程等所做的明确要求,对提高小学科学课堂教学质量起着至关重要的作用,更有益于小学科学课程与教学改革目标的达成和实现,保证小学科学教学改革的顺利实施。因此,无论从小学科学课程改革的理论层面或者实践层面,小学科学教学设计均有利于小学科学课程改革的顺利推进。

(三) 有利于小学科学教师的专业化发展

与传统备课中小学科学教师通常依靠教学实践经验不同,小学科学教学设计具有科学的理论依据和指导思想。传统备课中,小学科学教师对于教学中的一些方式方法、活动组织等,往往只知道怎样做,但不知道为什么这样做,经验难以推而广之,只能成为教师个人教学经验和教学艺术的展现,而不利于其他教师学习和运用。小学科学教学设计作为小学科学教师依据相关教学理论,针对小学科学教学内容系统规划教学各环节的过程,与传统备课明显不同。小学科学教学设计具有明确的理论基础和指导思想,在具体设计过程中,教师不仅需要知道"教什么""如何教",而且需要知道"为什么这样教"。通过小学科学教学设计,小学科学教师将小学科学教学活动建立在系统的规划基础之上,教学目标制定、教学方法选择、教学媒体运用、教学过程安排等均需有理有据。小学科学教师是小学科学教学设计理论与方法的直接使用者和实践者,通过小学科学教学设计的训练与使用,有利于促进小学科学教师的专业化发展。

第二节　小学科学教学设计的主要模式

"模式"一词兼有实物和形式两方面的含义,"模"指实物模型,"式"指具体样式。美国学者乔伊斯和韦尔最早将"模式"一词引入教育教学领域,并认为教学模式是构成指导教师活动的一种范式。小学科学教学设计模式,即小学科学教师在教学过程中形成的对具体教学活动进行系统性开发与设计的简约方式。鉴于国内外针对小学科学课程的教学模式并不经典,这里以国内外常见的普通教学模式进行简要说明。

一、国外常见的教学设计模式

(一) 迪克—凯里的教学设计模式

迪克和凯里是美国当代著名的教学设计理论专家。他们于1978年出版了《系统化教学设计》(The Systematic Design of Instruction)一书,分别在1985、1992、1996、2001等年份进行了修订重印,该书被誉为教学设计界最受欢迎的教科书之一。迪克——凯里教学设计模式以行为主义的联结学习为其理论基础,体现传统教学思想,将"教学目的"置于教学设计的最前端,整个教学活动受"教学目的"的控制,突出教学目标导向原理。① 这一教学设计模式体现以"教"为中心,强调外界客观知识的刺激作用和教师对教学的控制作用。从整个教学设计过程看,模式通俗、简明、规范,整个模式包括八个相互联系的组成部分,

---

① 盛群力.教学设计[M].北京:高等教育出版社,2005:16-20.

各个部分之间用线条加以连接,共同构成了教学设计人员用来进行教学设计、开发、评价和调整的完整的操作步骤,基本框架如图1-2所示。模式的最大特点是接近教师的教学实际,即在课程规定的教学内容、教学目标条件下,研究如何传递教学信息,强调通过教师的一系列教学活动将知识传递给学生,突出"教"的地位,而较为忽视学生的参与情况,如教学设计从教学目的到总结性评价均没有出现学生参与的情况。

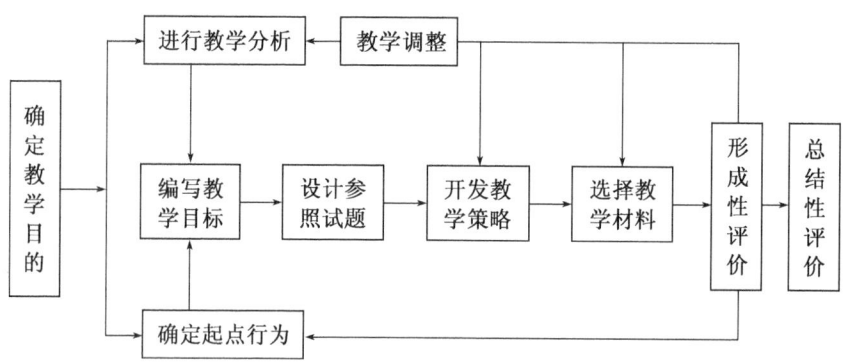

图1-2 迪克——凯里的教学设计模式

补充材料1-3

迪克——凯里教学设计模式主要包括如下步骤:

1. 确定教学目的:即确定教学完成时学生能做些什么。

2. 进行教学分析:即确定教学目标之后,必须确定学生学习什么样的任务。

3. 确定起点行为:不是指列出学生全部能够做的事情,而是确定在教学开始前学生必须具备的特定技能。

4. 编写教学目标:指在教学分析和查明起点行为的基础上,具体说明教学完成时学生能做些什么。

5. 设计参照试题:指根据已编写的教学目标,设计相应的试题衡量学生的达标能力。

6. 开发教学策略:指根据以上步骤,教师确定自己在教学中运用的策略以及达到终点目标的媒体。

7. 选择教学材料:指根据教学策略选择教学材料,主要包括学生学习手册、教师教学指南、辅助材料、测验试卷等。

8. 形成性评价:指一次教学结束后,要进行一系列评价和收集数据资料,从而确定如何做出改进。

9. 教学调整:指通过形成性评价的分析总结,找出学生学习中存在的困难,以及困难同现有差距之间的关系。

10. 总结性评价。指对教学的绝对价值和相对价值进行评价,通常在教学经历了形成性评价和做出教学调整之后达到设计标准的前提下才进行。

——盛群力.教学设计[M].北京:高等教育出版社,2005:18-19.

(二) 加涅的教学设计模式

加涅注重把学习理论研究的结果运用于教学设计,其著作《学习的条件》(The Conditions of Learning)被认为是关于学与教的最重要的著作之一,《教学设计的原理》(Principles of Instructional Design)被认为是最有影响的教学设计著作之一。加涅对于学习理论的研究,一方面承认行为的基本单位是刺激与反应的联结,另一方面又注重刺激与反应之间的中介——心智活动的研究。① 他在对学习理论的探讨中,试图阐明学生的认知结构,并着重用信息加工模式解释学习活动,认为信息加工学习理论代表了人类学习方面的重要进步②。加涅学习理论的最大优点在于注重应用,即把学习理论研究的结果运用于教学实践,他提出了八个由简至繁的学习层次,即信号学习、刺激——反应学习、动作链索、言语联想、辨别学习、概念学习、规则学习、问题解决或高级规则学习,并对每种学习的内部条件和外部条件做了具体分析,教师可以借此安排教学内容与选择教学方法,以保证教学活动的顺利进行。加涅教学理论的最大特点表现在对学习阶段和教学阶段的阐述上,他采用信息加工模式揭示学习的各个内部加工阶段,并把教学过程中的各项工作与其一一对应,其核心是为教师和学生提供有效教学和有效学习的基本程序③。

加涅认为,教学是一系列精心为学习者设计和安排的外部事件,这些事件用于支持学习者内部学习过程的发生。因此,学习的阶段以及学生内部活动过程应该与教学阶段相吻合。根据自己对教学理论与学习理论的研究,加涅提出了许多具体的教学设计技术,诸如确定并陈述教学目标的技术、任务分析的技术、教学实践、教学结果测量与评价的技术等④。加涅的教学设计模式是在他的学习理论、教学理论的基础上提出的,同时考虑学习条件与学习结果的教学设计的基本原理与技术⑤。具体来说,就是根据不同的学习结果类型创设不同的学习内部条件并安排相应的学习外部条件,从而促进学习的有效发生。依照信息加工理论的基本思想,加涅的教学设计模式在基本程序上包括九个步骤,依次为:

① 引起注意;
② 告知学习者学习目标;
③ 回顾所需的先决技能;
④ 呈现刺激材料;
⑤ 提供学习指导;
⑥ 引发学习行为;
⑦ 提供行为正确与否的反馈;
⑧ 评估学习行为;

---

① 盛群力.教学设计[M].北京:高等教育出版社,2005:16-20.
② 施良方.学习论[M].北京:人民教育出版社,2001:301-326.
③ 施良方,崔允漷.教学理论:课堂教学的原理、策略与研究[M].上海:华东师范大学出版社,1999:18-19.
④ 付晨.解读加涅的教学设计原理[J].辽宁行政学院学报,2008(3):23-26.
⑤ 周效章.加涅的教学设计理论评述[J].周口师范学院学报,2008(4):35-38.

⑨ 增强保持与迁移。

上述九个步骤可用于各种类型的学习过程中,为学习者的有效学习提供基本程序,并可根据不同的教学目标进行适当调整。同时,加涅指出具体的教学设计主要集中在④、⑤、⑥三大事件上。为了求得教学的整体效果,模式强调设计者需要根据具体教学情况,灵活运用教学技巧,恰当安排教学活动,以达到对每一个教学事件的优化。如图1-3所示。

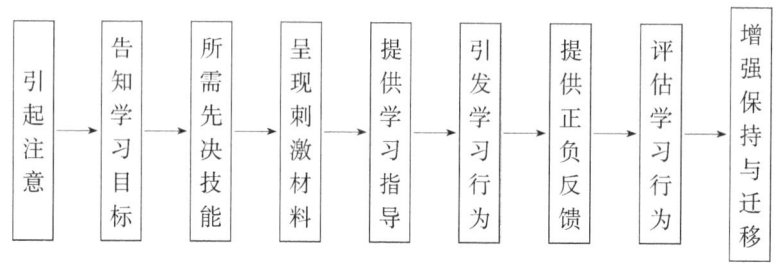

图1-3 加涅的教学设计模式

(三)史密斯——瑞根的教学设计模式

史密斯和瑞根在迪克——凯里教学设计模式基础上,汲取加涅教学设计模式"学习者特征分析"的优点,并考虑认知学习理论对教学内容组织的重要影响,提出了一种新的教学设计模式。该模式较为充分地体现了"联结—认知"学习理论的基本思想。史密斯和瑞根认为,教学设计需要回答三个方面的基本问题:

① 我们要到哪里去?即教学目标是什么?
② 我们怎样到达那里?即需要有什么样的教学策略与媒体?
③ 我们如何知道是否到了那里?即如何检测?如何评估和教学调整?

也就是说,教学设计必须明确三个基本问题:

① 进行教学分析以确定具体的教学目标;
② 开发教学策略与选择教学媒体以确定实现教学目标的具体措施;
③ 开发与实施评价以确定是否达成了教学目标。

据此,史密斯和瑞根将教学设计划分为三个阶段:分析阶段、策略阶段和评价阶段。分析阶段主要进行学习环境、学习者、学习任务的分析,并制定初步的教学目标,编写初步的测验项目。策略阶段主要进行组织策略、传递策略与管理策略的制定,设计相应的教学过程,组织策略考虑如何将所选用的内容加以合理安排,传递策略考虑如何将内容有效地传递给学生,管理策略考虑如何运用组织策略和传递策略来实现特定教学目标。评价阶段主要对教学目标的达成与教学过程实施进行形成性评价,并对预期的教学过程予以修正。

史密斯——瑞根教学设计模式突出情境分析,其特色和新颖之处是按照组织、传递、管理三方面策略进行具体教学设计。需要明确的是,模式虽然用线性序列列出了教学设计的各项活动,但同时指出,实际设计过程并不需要完全刻板地对序列进行套用,很多情况下,教学设计中的各项活动是同时开展或循环往返的,尤其在"心里"进行教学设计活动时更是如此,现实中进行的教学设计往往是环环相扣、层层递进的。史密斯和瑞根还指出,在教学设计和实施中,要保证教学目标、教学策略和教学评价三者之间的一致性,尽量使三者之间"匹配一致",即教学策略(方法)、学习任务(目标)与学习结果的检测互相吻合和配套。例如,教师所设计的一项学习任务是对不同的物体进行"透明物""半透明物"和"不透明物"进行分类,显然,此学习任务属于"概念学习",与之相匹配的教学策略应该是"概念学习策略",也就是说,应该向学生提供属于三个概念的若干正例和反例,在检测时则要学习者举出符合三个概念类别的新实例[1]。如此,则较好地做到了教学目标、学习活动与检测手段之间的"匹配一致",如图1-4所示:

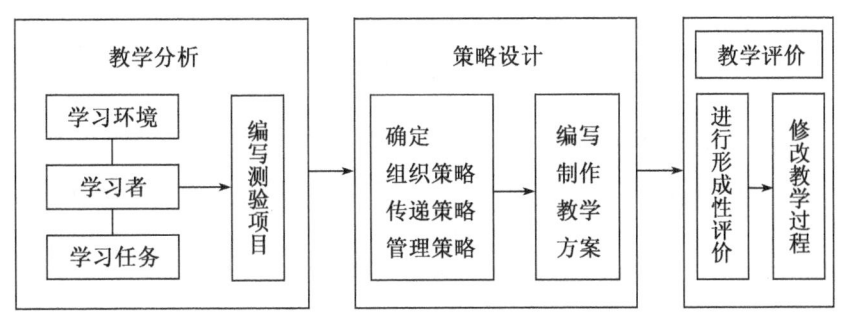

图1-4 史密斯——瑞根的教学设计模式

二、我国常见的教学设计模式

(一) 邵瑞珍的教学设计模式

邵瑞珍从信息论、控制论和系统论的角度将完整的教学过程分解为如下六个步骤[2]。
① 明确教学目标,即详细拟定每节课、每个教学单元的教学预期。
② 进行任务分析,即根据既定教学目标,分析达到目标所需的教学任务。
③ 确定学生水平,即根据学生实际情况,确定学生现有发展水平。
④ 开展教学设计,即根据学生现有水平,设计课堂教学的内容、方法与策略。
⑤ 组织实施教学,即将课的设计付诸实施,既包括教师的教也包括学生的学。
⑥ 教学效果评价,即对照教学目标,确定教学效果,如果达到了教学目标,一个完整的教学过程便告结束;反之,就寻找原因,采取修改或补救措施。

本模式教师中心色彩较浓,但也显示出由教师中心向学生中心的过渡性特色。如图1-5所示。

---

[1] 盛群力.教学设计[M].北京:高等教育出版社,2005:24-26.
[2] 王映学,章晓璇.知识分类与教学设计[M].兰州:甘肃教育出版社,2008:49-50.

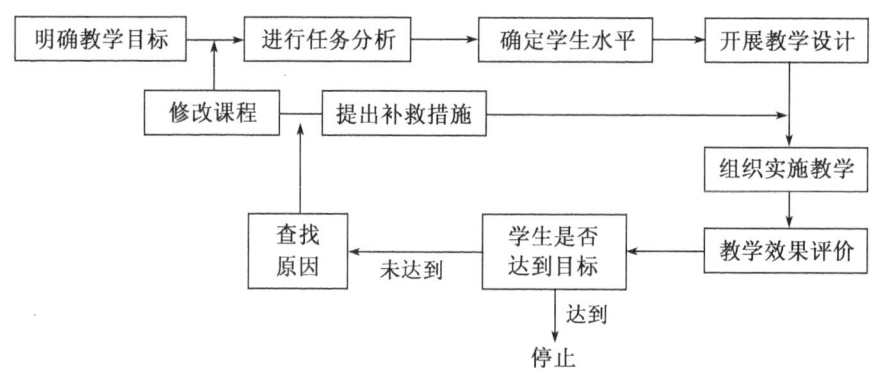

图 1-5 邵瑞珍的教学设计模式

(二) 皮连生的教学设计模式

皮连生认为教学设计主要包括四个环节：目标设置与陈述、教学任务分析、教学策略选择、测评工具开发[①]。

目标设置与陈述。指教师在教学之前必须明确教学目标，教学目标设置适当与否是决定教学是否有效的前提条件。指导教学目标设置的理论主要有布鲁姆的教学目标分类学和加涅的学习结果分类学。

教学任务分析。主要包括以下内容：一是对教材与学生分析，确定单元或单课的具体教学目标；二是对教学目标中的学习结果进行分类；三是对不同类型学习条件的分析，揭示实现教学目标所需的先行条件；四是确定与教学目标有关的学生起点状态。教学设计中设置教学目标和分析教学任务往往难以分开，因此，教学任务分析有时也称教学目标分析。

教学策略选择。教学策略不是指具体的教学方法，而是指为达成一定教学目标而选择的一套教学步骤、方法和媒体等。在知识分类学习理论的基础上，结合知识学习与教学阶段模型，可以按照知识类型设计课型与选择教学策略，也可以按照学习阶段设计课型与选择教学策略。

测评工具开发。预定教学目标达成与否？这是教学设计需要回答的最后一个问题。在目标导向教学设计中，测量是针对教学目标的测量，即目标参照测量；评价也是参照目标的评价。教学设计者可以选择布鲁姆的教学目标分类理论，也可以选择加涅的学习结果分类理论开发测量工具，即编写测验题和试卷。

三、不同教学设计模式对小学科学教学设计的影响

小学科学教学设计是小学科学课堂教学有效性的重要保障。上述不同类型的教学设计模式，基本上都是在实践经验总结的基础上经抽象概括而来，具有一定的普适性，对一线小学科学教学设计能够产生较强的指导作用与借鉴价值。具体体现在两大方面：

首先，为一线小学科学教学设计提供理论与框架，有利于小学科学教师采用不同的设

---

① 皮连生.教育心理学[M].上海:上海教育出版社,2004:445-467.

计类模式进行不同的教学设计,保证小学科学课堂教学的有效进行。

其次,为一线小学科学教学设计提供目标与参照,有利于小学科学教师进行教学设计创新,拓展小学科学教学的设计视野。

第三节　小学科学教学设计的基本构成要素与架构

与传统小学科学教学中的备课相比,小学科学教学设计具有不同的构成要素和基本架构,要想做好小学科学教学设计,必须了解和把握小学科学教学设计的构成要素和基本架构。

一、小学科学备课与教学设计的比较

(一) 小学科学备课的特点

小学科学备课指小学科学教师在上课之前为小学科学教学所进行的一系列准备工作,是对小学科学教学活动的提前谋划,在具体学习过程中起着制定蓝图、预先准备的作用。小学科学备课需要做好三项工作、制定三种计划。三项工作指钻研教材、了解学生和考虑教法;三种计划指学期教学计划、单元教学计划和课时教学计划①。通常简称为"三备三写",即备教材、备学生、备教法;写学期计划、写单元计划、写课时计划。在当前基础教育课程改革的背景下,传统的小学科学备课已暴露出一些不足,"三备三写"虽然有其便利性和有用性,但视野偏窄,理念较落后。小学科学备课主要有以下特点②。

1. 以小学科学教师为中心

小学科学备课过程中,科学教师往往从其主观愿望出发,凭借个人教学经验、主观意志等,依据小学科学教学任务,进行教学安排与策划。小学生在这一过程中多处于"听众"地位,学生的"学"紧紧围绕教师的"教"而存在,容易丧失学生在学习过程中的自主性与主动性。小学科学教师备课中容易忽视小学生的个体差异,要求小学生从同一起点出发,使用相同的课程标准,采用固定的小学科学教材,在统一的教学目标指引下,以相同的速度前进,达到相同的终点。这样往往导致小学科学教学中"经验论"占优势,缺乏培养小学生的创造性思维与多元化智能,不利于小学生的全面发展与综合素质提高。

2. 以小学科学知识为本位

小学科学教师备课过程中,常常表现为以指定的小学科学教材为特定的教学内容,追求小学科学学科知识的完整性,忽视小学生的知识经验与知识存量,不注意教学过程中师生之间、生生之间的互动与情感交流,从而使小学生多是被动地去"记"知识,而丧失了学习过程中应有的情感性与科学知识发展的动态性。

3. 以静态的小学科学教案为载体

传统小学科学教学中,教师备课的成果往往表现为一个经过预设,形式单一的静态教

---

① 盛群力,马兰.试论系统设计教学中的备课程序[J].教育研究,2009(5):12-14.
② 李家清.新理念地理教学论[M].北京:北京大学出版社,2009:126-130.

案。整个教案主要由小学科学教师依据自身经验和小学科学教材知识预设而成,教案完成后即成为一个固定的"剧本"。教师既是剧本的编剧,又是具体的"演员",教学时教师将"剧本"应用于不同的班级,小学生只能充当"观众"被动适应。这种以静态的小学科学教案为载体的备课方式,势必造成小学科学教师将对小学科学教材与教案的认知过程替代对小学生学习特点与规律的认知过程,不利于对小学生科学学习积极性和主动性的激发。

4. 以结果性小学科学教学评价为准绳

传统小学科学教学中,小学科学教师备课的重点通常在于对小学科学学习结果的评价,而忽视对小学生科学学习过程和学习质量的评价。教学评价的目的主要是为了定分数、划等级,而对于教学中可能出现的低效教学甚至无效教学,或者没有评价反馈设计,或者缺乏应急备用方案设计,从而使小学科学具体教学过程缺乏调控性及应对性。在这样一种评价趋势的导引与影响下,小学生在小学科学学习过程中势必会被迫追求学习结果与成绩等级,进而造成应试教育的加强,而忽视素质教育的开展。

总之,小学科学备课是为了使小学科学教学更好服务于小学生的科学学习,备课是一个重新建构小学科学教学范式的过程,也是小学师生的一次假释性对话。在小学科学备课过程中,需要注意如下问题:一是只备小学科学教材,不备小学科学课程标准;二是没有充分搜集有关小学科学的教学资料与信息;三是忽视小学生科学学习活动的设计;四是联系小学生的生活经验不够;五是没有将现代教育技术融入小学科学整体教学之中。

(二) 小学科学教学设计的优势

小学科学教学设计由小学科学备课发展而来,突出新理念,提倡学习者中心地位,从小学生角度出发,保障每一位小学生的发展,体现以小学生发展为本。小学科学教学设计强调小学生在教学过程中的主动参与,提倡让小学生在具体的观察、讨论、质疑、探究等活动中学习小学科学知识,完善个人人格。在教学进程安排上,既注重"目标——策略——评价"的主线,又关注"活动——体验——表现"的主线。与小学科学备课相比,小学科学教学设计需要改变备课中的思维形式,在每个教学环节中同时考虑教学意图、教学主体(学生、教师)、教学行为、教学方式以及对教学效果的预期等。概括而言,小学科学教学设计对于小学科学教学过程的思考不像备课那样是平面的、线状的,而是立体的、网状的,教学过程诸要素的编排不是沿着"教"的单行线进行,而是在"学与教"的双向互动中前行。

小学科学教学设计遵从系统性原则,倡导在小学科学教学过程中形成师生互动的"学习共同体";在小学科学教学评价上,过程与结果并重,"以学论教",注重师生的共同成长。小学科学教学设计重在考虑如何将小学科学教学中的各环节及要素进行统筹安排,尽量做到既着眼整体、统揽全局,又体现循序操作、层层落实,力求高质量达成小学科学教学目标。

在新时期基础教育课程改革背景下,由小学科学传统备课向小学科学教学设计转变的关键是更新教育教学理念,从关注"具体的教材教法"向关注"促进学生的发展"转变①。

---

① 鲁献蓉. 从传统教案走向现代教学设计[J]. 课程. 教材. 教法,2004(7):17-23.

"为学习设计教学",即小学科学教学应努力将外部的教学事件与内部的学习条件联系起来,旨在为学习者提供一组精心安排的外部活动,用以激发、支持和促进学习者的科学学习,根据系统设计教学理念,应对小学科学传统备课中的"三备"加以改造充实,以满足小学生多样化的学习需求,这就是洞察学情、聚焦任务、陈述目标、配置检测和安排过程,简称"五备",即备学生、备任务、备目标、备检测和备过程①。

小学科学教学设计与小学科学备课既有联系也有差别。从联系上讲,二者同属小学科学教学准备的范畴,都有一定的目的性、计划性,都有一个制定教学方案从而对教学活动进行预设的过程。从差别上说,二者在小学科学教学的价值取向、理论基础、教师角色、准备重点和教学手段等方面均有不同。首先,价值取向上,小学科学教学设计强调以小学生的学为中心,为小学生怎样学做准备,关注小学生的科学学习和发展;小学科学备课则多以教师的教为中心,为小学教师怎样教做准备,关注的是小学科学知识的传授。其次,理论基础上,小学科学教学设计主要以教学理论、传播理论、学习理论和系统理论等现代教育理论为理论基础;小学科学备课则更多是以小学科学教师的个体教学经验为基础。第三,教师角色上,小学科学教学设计中,小学科学教师是教学过程的设计者、组织者和引导者;小学科学备课中,小学科学教师更多体现为控制者、解疑者和传递者。第四,准备重点上,小学科学教学设计以促进小学生的发展为核心,注重对小学生进行有效教学的策略研究,强调小学科学知识、能力和情感的统一,注重小学科学教学的整体性;小学科学备课以具体的小学科学教材教法研究为重点,一切围绕小学科学教材内容进行。第五,教学手段上,小学科学教学设计注重现代教学方法与媒体的选择与运用,并强调各种媒体的优化与组合;小学科学备课通常考虑的是传统的小学科学教学媒体,教学手段较为单一。

二、小学科学教学设计的基本要素

小学科学教学设计在构成要素上主要包括以下方面的内容。

(一) 小学科学课程标准解读

小学科学课程标准是小学科学教学设计的方向指南。如何将小学科学课程标准的要求恰当地运用于小学科学教学设计,并在小学科学教学实践过程中发挥其深层次的内涵与功能,需要对其进行合理的解读。小学科学教材不同章节的内容在小学科学课程标准中均有相应的解释与说明,并有相应的实施建议,一定程度上可以为小学科学教学设计提供参考和借鉴。需要注意的是,小学科学课程标准的相关内容并不是小学科学教学设计的限制与"紧箍咒",而是从一定层次和高度对小学科学教学设计做出的要求和建议。进行小学科学课堂教学设计时,小学科学教师需要根据小学科学教学内容、教学环境、教学对象等去解读课标,力求做到实事求是、因时制宜、因地制宜等,对小学科学课程标准进行科学合理的解读与运用。

(二) 小学生科学学习需要分析

小学生科学学习需要是小学生当前科学学习状态与教师期望状态之间的差距,也是

---

① 盛群力,马兰.试论系统设计教学中的备课程序[J].教育研究,2009(5):12-14.

小学生当前科学学习水平与教师期望的学习水平之间的差距。乌美娜将这一关系表述为：期望达到的学习状况与当前学习状况的差值，即学习需要。小学生科学学习需要分析就是进行小学科学教学设计时必须确定的小学生科学学习的初始状态，包括小学生的认知结构、身心特点、已有知识和能力存量等。实质上是一种差距分析，目的在于通过分析，理顺问题与方法、目的与手段之间的关系；重点在于小学生科学学习起点行为的分析，即小学生科学学习的初始状态，如必备的科学知识、技能和心理品质等；其总体要求在于通过分析提出有代表性的"差距"资料和数据。在此基础上，为制定小学科学教学目标、选择小学科学教学方法、设计小学科学教学过程等提供依据。小学生科学学习需要分析是小学生科学学习能否成功的关键，也是小学科学教学实现预定目标的关键。例如，小学生对"天气"概念的理解，必须具有气温、降水等方面的相关知识，缺乏这些知识，小学生要理解"天气"的概念就会有困难甚至不可能。因此，只有在客观分析小学生科学学习需要的基础上，才能准确、科学、合理地进行小学科学教学设计。分析小学生科学学习需要，核心是解决小学科学教师"为何教"、小学生科学学习"为何学"的问题①。

（三）小学科学教学内容分析

小学科学教学内容是实现小学科学教学目标的载体，小学科学教学内容来源于小学科学教材，又不同于小学科学教材。因此，在小学科学教学设计过程中就存在一个使教材内容转化为教学内容的过程。小学科学教学内容是一个相对完整的知识体系，不同内容之间存在一定的内在联系。进行小学科学教学内容分析时，一般顺序是：由整体内容分析到单元内容分析再到章节内容分析。首先，研读小学科学教材的整体内容构成，分析具体章节内容在整体内容中的地位与作用；其次，精读单元内容，分析章节内容在单元内容中的地位与作用；最后，细读章节内容，分析章节内容与以前学过的、今后将要学的内容有哪些方面的联系，章节内容期望达到的广度和深度等，即在整体联系的背景下，确定章节内容与其他哪些内容要建立相关的联系，在此基础上梳理出具体内容的知识类型、呈现方式、重点难点及深广度等。小学科学教学内容的分析方法主要有概念图法、信息加工法、归类法、层级法等，运用不同方法进行内容分析时应体现由已知到未知、由整体到部分、由一般到个别的顺序，并且注意不同内容之间的纵横向联系。具体而言，小学科学教学内容分析就是将小学生需要习得的小学科学知识、能力、情感等进行分析，并将其分解为一系列子目，为小学科学教学条件的创设和学习顺序的安排提供依据。分析小学科学教学内容，核心是解决小学科学教师"教什么"、小学生科学学习"学什么"的问题。

（四）小学科学教学目标拟定

正如旅行的人出发前必须明确目的地一样，小学科学教师在教学前也必须明确自己的教学目标。小学科学教学目标是对小学科学教学活动所要达到的预期结果的描述，在教学设计中具有至关重要的地位和作用，教学目标设置适当与否是决定教学是否有效的重要前提和条件②。小学科学教学目标是小学科学教师设计小学科学教学的出发点，具

---

① 徐英俊.教学设计[M].北京：教育科学出版社，2001：60.
② 皮连生.教育心理学[M].上海：上海教育出版社，2004：445.

有强大的导向功能,有利于保证小学科学教师对教学过程的自觉控制,同时,小学科学教学目标能引领小学生科学学习的发展方向,激励小学生的科学学习动机。教学之初,教师向学生准确陈述小学科学教学目标,能够激发小学生对新的学习任务的期望和达到教学目标的欲望,调动小学生的学习积极性与主动性,并通过评价与反馈对学生的学习动机与学习定势进行强化。此外,小学科学教学目标通过可测、可评、可衡量的教学行为变化,可以作为小学科学教学评价的重要依据,保证小学科学教学评价的效度和信度,有利于协助小学科学教师评价与修正教学进程。

(五)小学科学教学方法选择

心理学研究表明,单一的刺激容易形成疲劳,如果一节课或一个教学单元仅采用一两种教学方法,常常会使学生情绪低落,注意力分散,加重学习负担,尤其是在内容多样的小学科学教学中,方法使用简单更容易形成枯燥沉闷的课堂气氛。小学科学教学方法选择是小学科学教学设计的重要一环。小学科学教学方法包括教法和学法,是指向于特定教学目标,受特定教学内容制约,为师生共同遵循的教与学的操作规范,是符合教育和认知规律的一系列活动方式、手段和技术的总和。小学科学教学方法类型多样,各种方法的作用、特点、使用范围与选用原则也不尽相同,具体选择时需要考虑诸多因素。当前常用的小学科学教学方法主要有:讲授法、启发法、发现法、案例法、讨论法等。因此,进行小学科学教学方法选择时,需要对不同的小学科学教学内容进行剖析,需要根据不同的学习主题和知识属性,选择恰当的教学方法,并结合实际进行多种教学方法的优化组合,以实现教学方法的高效使用。

(六)小学科学教学媒体使用

教学媒体指承载和传递教学信息的工具或载体。由于分类方法不同,小学科学教学媒体有多种类型。依据教学媒体的物质属性及其功能,通常将小学科学教学媒体分为语言、图像、实验、电教、系统等类型,如表1-1所示。

表1-1 小学科学教学媒体分类

媒体大类	亚类	举例
语言媒体		讲授、朗读
图像媒体	地图	挂图、地形图
	图画	图片、板图、略图
	示意图	位置示意图、关系示意图
	统计图	统计图、统计表
实验媒体	实验中涉及的媒体	模型、标本
电教媒体	电声类	广播、唱片、磁带
	光学投影类	投影、幻灯
	电视类	电影、录像、电视
系统媒体	计算机辅助教学系统	多媒体

过去可供使用的小学科学教学媒体较少，主要是黑板、粉笔、挂图、模型等，现在随着科技水平的提高，在原有教学媒体的基础上，出现了越来越多的现代化、高科技媒体类型，大大拓展了小学科学教学媒体的选择余地与使用空间。进行小学科学教学设计，小学科学教师应根据小学科学教材内容、小学生学习特征、教学目标、教学方法等选择与使用适宜的教学媒体。小学科学教学媒体的合理使用就是根据小学科学教学实际需要和具体要求，将教学内容与方法转换为通过具体媒体呈现的详细、可控、可操作的实施方案，以把教学内容充分呈献给小学生，使小学生尽可能以较少的时间、较小的投入，获得较大的学习效果。可见，如何有效使用小学科学教学媒体、充分发挥不同教学媒体的优势以促进小学生科学认知的形成，具有举足轻重的作用。

（七）小学科学教学过程安排

教学过程是教学设计的主体，主要内容是关于教学的实施过程与方法步骤，即用图文或流程图的方式，简明扼要地表达教学过程中各环节的具体安排。一直以来，小学科学教学过程被片面地认为是小学科学教师的教授过程，从而形成了以小学科学教师为中心、小学生被动"听讲"接受学习的教学过程。新时期基础教育课程改革倡导"改变课程过于注重知识传授的倾向，强调形成积极主动的学习态度，使获得基础知识和基本技能的过程，同时成为学会学习和形成正确价值观的过程"。在教学过程中，"倡导学生主动参与、乐于探究、勤于动手，培养学生搜集和处理信息的能力、获取新知识的能力、分析和解决问题的能力以及交流与合作的能力"。在新的理念指导下，合作、探究、自主等创新型教学过程设计显示出良好的发展趋势。

（八）小学科学教学效果评价

上述环节完成，即可得到小学科学教学设计的初步产品，即小学科学教学设计方案。方案的效果如何？小学科学课程标准解读、小学生科学学习需要分析、小学科学教学内容分析是否准确？小学科学教学目标、小学科学教学方法、小学科学教学媒体的拟定与使用是否科学？小学科学教学过程安排是否流畅？等等，要回答这些问题，就必须对小学科学教学设计的效果进行评价。小学科学教学评价就是依据小学科学教学目标，结合小学科学教学实际，对小学科学教学活动中的要素、过程以及结果进行价值判断。小学科学教学评价既可采用形成性评价，也可采用总结性评价。作为小学科学教学的重要组成部分，小学科学教学评价贯穿于小学科学整个教学过程。为了充分发挥小学科学教学评价的功能，基础教育课程改革提出了过程与结果并重的评价理念，倡导评价主体多元化，评价方式多样化。

三、小学科学教学设计的基本架构

（一）小学科学教学设计的基本流程

综合上述分析，可以将小学科学教学设计的基本流程划分为三个主要阶段：即分析阶段、设计阶段和评价阶段，以下分别简要说明。

1. 分析阶段

主要包括研读小学科学课程标准、分析小学生科学学习需要、分析小学科学教学内容等。通过对上述内容的分析,理解和领会具体的小学科学教学内容,开发有效的小学科学教学辅助资源,为下一阶段的小学科学教学设计做好准备。

2. 设计阶段

主要包括拟定小学科学教学目标、选择小学科学教学方法、运用小学科学教学媒体、安排小学科学教学过程等。在小学科学教学目标设计中,重点是课程目标、单元目标与课时目标的衔接问题,通过对小学科学教学内容的分析,制定科学合理的教学目标;在小学科学教学方法选择中,重点是分析教学方法与教学内容的内在联系性、教学方法与小学生兴趣的有效结合点、教学方法与科学知识讲授的承转过渡等,以使选择的教学方法能够获得良好的教学效果;在小学科学教学媒体运用中,重点是教学过程中不同媒体的选择与使用问题;在小学科学教学过程设计中,重点是简明扼要地写出整个教学过程的流程安排与操作程序等,直观清晰地表示小学科学教学过程中各环节的先后顺序与各要素之间的相互关系。

3. 评价阶段

主要包括形成性评价与总结性评价,即对具体的小学科学教学设计方案进行价值判断,为进一步的完善修改提供参考与借鉴。

(二)小学科学教学设计的基本架构

小学科学教学设计是一个系统工程,核心工作是围绕小学科学课程标准、小学科学教学目标、小学科学教学方法、小学科学教学过程等要素,对小学科学教学设计中的各个环节进行分析、设计与评价,以保障小学科学教学目标的达成和实现,其基本构架如图1-6所示。

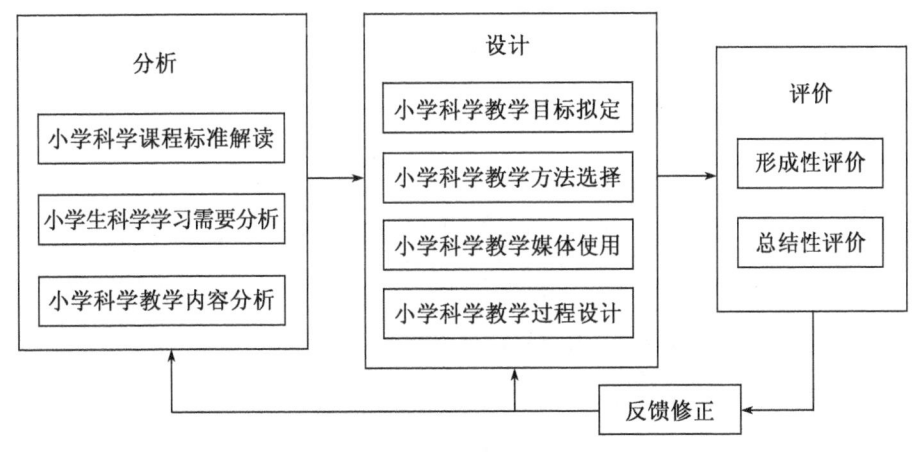

图1-6 小学科学教学设计的基本架构

在以上架构中,首先,针对小学科学课程标准、小学生科学学习需要、小学科学教学内容等进行解读与分析;其次,根据解读与分析的结果,依次进行小学科学教学目标、小学科学教学方法、小学科学教学媒体与小学科学教学过程的拟定、选择、使用与设计;最后,对小学科学教学设计及实施进行针对性的效果评价、反馈与修正,并将其投入到新一轮教学设计当中。整个教学设计在往复不断的设计过程中持续改进与完善,以确保预定教学目标的达成与实现。

本章小结

小学科学教学设计是小学科学教师对小学科学课堂教学行为进行的一种事先筹划过程,主要具有如下特征:以小学科学课程标准为遵循、以促进小学生身心发展为目的、以小学科学教学理论为指导、以最优化的教学效果为取向。开展小学科学教学设计有利于小学科学教学理论与实践相结合,有利于小学科学课程改革的顺利推进,有利于小学科学教师的专业化发展。国内外常见的教学设计模式为小学科学教学设计提供了重要的参考和借鉴。小学科学教学设计和小学科学备课既有联系,也有区别,小学科学教学设计更适应现代教学的需要。小学科学教学设计在流程上主要包括分析、设计和评价三个阶段。基于系统工程的思路,可以建立小学科学教学设计的基本架构。

 ## 思考训练

1. 简答小学科学教学设计的内涵。
2. 比较国内外不同教学设计模式的异同。
3. 简述小学科学教学设计与备课的主要差别与联系。
4. 描述小学科学教学设计的基本流程,绘制小学科学教学设计架构图。
5. 选择小学科学教科书中的任一节教材内容,进行小学科学教学设计的训练。

第二章
小学科学教学发展历程

 本章概要

西方科学教学大概经历了实物导向、自然研究导向、实用导向和探究导向四个阶段,对近代以来中国小学科学教学产生了重要影响。但中国小学科学教学的发展更多源自自身对科学的思考与探索,在古今教学历史中,经历过多次重大改革与变动,从古代迈向近代,从格致演变为科学,从儒学之末上升为关键之科。本章着重探讨国内外小学科学教学发展的基本历程。

 学习目标

通过本章学习,学生能够
- 说出国际小学科学教学发展的基本阶段。
- 描述中国小学科学教学发展的基本阶段。
- 比较国内外小学科学教学发展的异同。
- 简述当下小学科学教学的现状与对策。

 内容结构

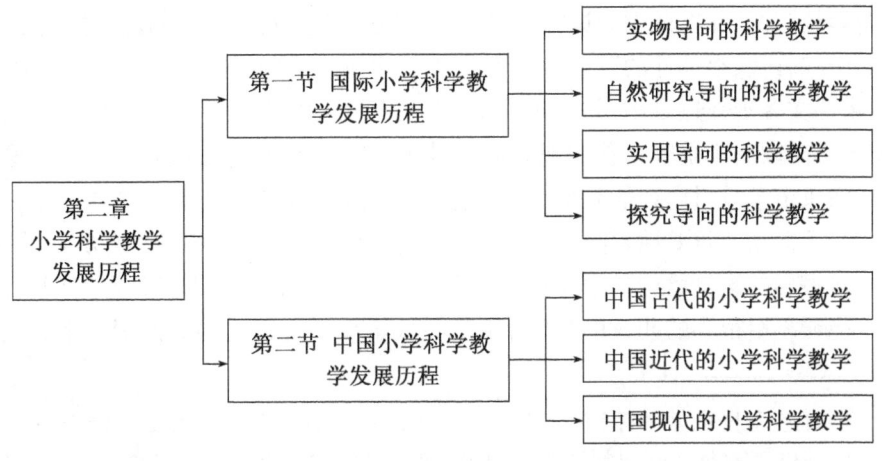

第一节　国际小学科学教学发展历程

西方早期科学教学思想大爆炸

随着西方工业革命的发展,19世纪既是科学时代,也是呼唤科学教育的新时代。很多国家不仅通过立法把《科学》列入课程表,而且关于应该教什么和怎样教意见纷呈,有些教育家主张由科学家分别教各门科学,一些教育家则要综合各门科学于一种统一的学习研究,还有一些课程设计者希望把科学和文学统一起来,达尔文进化论的影响又导致一些教师提出文明进化与儿童心理发展并行的课程建设指导。这一系列大爆炸,催生了很多经典的教学理念和方法。比如,当代科学教学中广泛运用的发现法早在19世纪后期就被斯宾塞明确提出过,"从做中学"则是杜威科学教学理论的核心。

国际上对科学教育的认识是逐步发展的渐变过程,但从教育改革的活动特点看,大致可以将国际小学科学教学的发展分为实物导向、自然研究导向、实用导向和探究导向四个阶段。

一、实物导向的科学教学

19世纪,有教育家主张应该围绕"能量通过物质做功的定律"形成一门统一的科学课程,建议教育应该在使儿童懂得科学的普通定律上下功夫。于是,实物教学法盛行,这是最早为了促使科学教育系统化而提出的学习原理。该理念源自瑞士教育家裴斯泰洛齐的教学法理论,他想改变直接以语言灌输为目的的问答式教学,倡导观察、实验和推理,力求课程跟儿童的自然成长相协调,认为儿童应该研究真实的事物以便充分运用感觉印象。①

基于实物教学理念,最完整的小学科学课程大纲是 EG. 豪在1879年为依利诺伊州平原师范学校写的,并在试用和试验十四年后,以著作《系统的科学教育》为标题公布。该大纲是一个综合性、整体性的科学活动体系,从一年级延伸至九年级,规定了教学内容的范围,要求课文客观叙述事物,并以此估计了学习所需的时间,注明了环环相扣的教学步骤,指明的必需教具都是容易找到或者能为教师易于自制的普通物品。在 EG. 豪看来,智力的成熟决定于教材内容的系统性和一种需要儿童去动脑筋的教学方法。于是,他强调"儿童中心"活动的重要性,并且发展了许多直接把儿童包含进来的教学方法,强调感官知觉和丰富多彩的案例增进科学理解的重要性。他甚至认为"没有任何深奥问题的中心意思是不能够教给很小的儿童的"②,特别是在教学步子迈得足够小的情况下。但是,由

---

① （美）赫德、加拉赫. 小学科学教育的新方向[M]. 刘默耕,译. 北京:文化教育出版社,1980:28.
② （美）赫德、加拉赫. 小学科学教育的新方向[M]. 刘默耕,译. 北京:文化教育出版社,1980:30.

于科学教育初兴,科学在学校中很少被广泛地教授,而且教师们的科学知识实在有限或者不懂得科学的意义,科学走进小学教育中来的尝试都未能取得普遍接受的结果,使得主张充分重视儿童实际经验的实物教学在课堂实践上几乎是空口说白话,E.G.豪的理论对小学科学课堂教学实际产生的影响十分受限。

这一理念在20世纪初被迫切求知科学的中国导入国内,善于学习的国人很快将西方实物教育理念及实用价值追求与东方经世致用理念相融合。洋务运动期间,地主阶级改革派人士成功将"致用"贯彻落实于教育之上,科学技术教育开始在"实学"招牌的庇护下成长。冯桂芬在《采西学议》中,感叹"算学、重学、视学、光学、化学等,皆得格物至理,舆地书备列百国山川厄塞风土物产,多中人所不及"①,呼吁国人重视科学教育。新政之后,"尚实"成为科技教育的官方名牌,直接影响小学科学教育的价值取向。1904年颁布的《奏定学堂章程》将小学科学教育的目标限定于日用生计之用和各项实业之用。其中,初小格致科的"要义"在于"使知动物植物矿物等类之大略形象质性,并格物与人关系,以备有益日用生计之用";高小格致科的"要义"在于"在使知动物植物矿物等类之形象质性,并使知物之关系,及物与人之关系,可适于日用生计及各项实业之用",均直接倾向应用,而科学的其他内涵如科学精神及科学方法却尚未涉及。相关课本与之紧密对应,极为推崇实物教学法。例如商务印书馆《格致课本》序中更指出:"此书中所载之动植物皆宜实物以示儿童,更宜于课余率令里野外游行以观察自然界之直真相,方可得确实之知识且饶理科之兴味。"②教育部审定的《理科实物教授》一书的前言中,编译者表达了对观察法的肯定,"科学之知识,皆由寻常观察而来,儿童脑筋敏锐,因势而利导之,则感发自易。是书由英国《实物教授丛书》译出,以简明之语提格致之要,循序渐进,由浅入深,诚为善本。即凡已读英文本者,更取此书,互相印证,进步尤易。"③

二、自然研究导向的科学教学

"自然研究"作为一个有组织的科学教学原理和方法引入小学是19世纪末20世纪初的事情。它强调通过第一手的观察而不是书本来研究与儿童日常生活发生直接关系的自然事物,以形成儿童对于自然界事物的广博认识和兴趣,并进行简单的科学方法训练,养成良好的观察与思考习惯。④"自然研究"课程内容设计的出发点是自然史和神学。它包含着一种自然神学观念,即通过考察大自然——造物主的复杂设计,传授一种"自然神圣"的理念。从今天的角度来考察,它虽然没有覆盖科学教育的全部内涵,尤其是没有体现科学探究的本质内涵,但在当时仍具有一定的积极意义。比如,它同样强调观察和亲近自然,对于启发孩子们的想象力、对事实的领悟及表述能力,特别是对自然的敬畏等。所以,"自然研究"运动一开始就遭到批评。反对者们认为,它不仅无法实现小学科学教育发展

---

① 郑大华.中国启蒙思想文库,采西学议——冯桂芬,马建忠集[M].沈阳:辽宁人民出版社,1994:82.
② 杜亚泉.格致教科书[M].上海:商务印书馆,1902:02.
③ 徐善祥,吴继杲编译.理科实物教授[M].上海:商务印书馆,1911:03.
④ 张红霞.小学科学课程与教学[M].北京:高等教育出版社,2010:35.

儿童推理、解决问题等基本技能，反而在审美和情绪方面提出了难以达到的要求。

但是，"自然研究"教学法并非没有可取之处。它倡导在科学学习活动中配合读、写、唱、画、游戏和简易采集等项目进行协作教学，对教师颇有吸引力，从而演变为大众教育运动，甚至一度影响到我国近代科学教育的发展，从清末直至民国，实物观察法和实验法均是国内科学教学十分强调的教学法。

清末时期，《癸卯学制》规定："凡教理化者，在本诸实验，得真确之知识，使适于日用生计及实业之用。"其中，小学校"教授理科务须实地观察，或示以标本模型图画等，并施简易实验。"① 观察、实验都成为理科教学的基本方法。科学教学重视观察实验，在当时随着日本等国外教科书的引进而随之传播。到了民国，如1923年由东南大学附属小学编写，经商务印书馆出版的《新法自然研究》就是一套在自然研究教育试验中诞生，极具创新性和代表性的小学科学教科书。该套教科书不仅选材十分注重实用性，还按"自然界的生活""自然界的现象""自然界的利用"三大板块来组织教材内容，把八类素材有机地组合在其中：自然界的生活（春夏季、秋季、冬季）；自然界的现象（气候、天象、季节）；自然界的利用（衣、食、住、行、器具机械）。这种单元编排理念打破了小学科学教科书按学科板块（动物、植物、物理、化学等）安排内容的传统，从学生心理发展的角度进行内容重组，成功克服了1923年《小学自然（包括自然园艺）课程纲要》大纲内容之间缺乏相关性和组织性的缺点，给1929年《小学自然课程暂行标准》中的"自然现象、生活需要、卫生智能"三个板块奠定了基础，十分适合儿童的学习心理。

三、实用导向的科学教学

随着科学技术对社会冲击的加深和杜威实用主义哲学的兴起，儿童的需要和兴趣变成了20世纪30年代小学科学课程形成的主要根据，基本选材方针是以民众生活实际和社会需求为导向的。这种实用导向的科学教学以理性思维和问题解决为目标。杜威认为聪明的公民总体必然是由思维训练有素的个人构成的，他批判传统的科学教育只注重科学知识的传授，而忽略了学生的思维过程以及对科学方法的掌握，从而导致很多死记硬背的现象。于是，他主张"做中学"，把学习过程当作一个科学研究的过程，从而让学生亲历科学。他根据自己对思维心理学的研究，设计了一套教学程序，即"提出问题——构成假设——指导实验——验证假设——自行发现知识"，认为科学教育之所以能够起到重要的作用，是因为它的方法（科学家研究自然界的方法）和训练思维的方法基本上是相同的。

但是，这种预设性目标的弱点十分明显。首先，它所假定的科学思维进程站不住脚。一方面，上面列出的那些步骤并非决然直线通向"发现"步骤；另一方面，它含有似乎"沿着规定系列步骤前进必将会引出问题的答案"这一简单的机械论调。但科学研究的精神实质和具体步骤在事实上显然不是这样固化的，这种教学过程的结果很容易进行错误指导。其次，这种目标只有儿童行为变化上清楚地表现出来了才有意义。但是，很多时候儿童达不到这些目标，基本原因是教学方法不适宜，有的教学方法注定达不到这些目标。再次，

---

① 课程教材研究所.20世纪中国中小学课程标准·教学大纲汇编（自然·社会·常识·卫生卷）[M].北京：人民教育出版社，2001：3.

选材的代表性备受质疑。那些最了解科学的专家们与那些关注儿童智力发展的人会因为立场的不同产生不一致的观点。

但是,这种实用导向的科学教学理念顺应了社会发展的潮流和对儿童基本学习理念的认识,很快也被导入我国,对我国近代科学教学的发展产生了重要的影响。《奏定高等小学堂章程》对"格致科"规定:"在使知动物植物矿物等类之形象质性,并使知物与物之关系,及物与人相对之关系,可适于日用生计及各项实业之用,尤当于农业工业所关重要动植矿等物说详为解说,以精密其观物察理之念"。① 1905年,清政府设立学部,学部尚书容庆于次年呈递了《奏请宣示教育宗旨折》。在这个奏折中,他主张以"忠君、尊孔、尚公、尚武、尚实"为宗旨。② 其中所谓"尚实",就是:"今欲推行普通教育,凡中小学堂所用之教科书,宣取浅近之理与切实可行之事以训谕生徒,修身、图文、算术等种,举其易知易从者勖之以实行,课之以实用;其他格致、画图、手工皆当视为重要科目,以期发达实科学派"③ 这种理念也相应地影响了当时我国的教科书发展。例如,无锡三等公学堂1902年出版的两卷日译本《中国理科教科书》在课本前的约旨中,言道:"理科书即说明自然科学之全体,为工商发达起见,鲸鱼鸡那,吾国不产,研究无益也,是书专务农工制造之进步,故所列教材,只载中土物产"④,将科学视为工商发达、农工制造、经济建设的一种促进手段。于是,编者根据国情和儿童生活情况,"存其日用浅显,与吾国儿童之常伴合者",删去了"深奥之理"和日本国"鲸鱼鸡那"此等特殊物产,并以本国物产为主做了相应的增补。

四、探究导向的科学教学

20世纪50年代之前西方国家实质上没有真正意义上的科学教育课程,即使有也是以知识的传授为主的教材诵读课而已。从20世纪50年代末开始,以美国为首的西方发达国家开始对小学科学课程进行全面的思考,一致认为以知识为主题的旧面貌已经与科技对社会的推动不相符合,必须得到改革。其中,极具刺激的是1957年苏联成功发射第一颗人造地球卫星,给美国很大的震动,被视为科技领域的"珍珠港事件",美国人不约而同地归结为科学教育的失败。为了改革这种现状,由国家科学基金会(National Science Foundation,简称NSF)等机构资助,组织了包括教育学家布鲁纳在内的数十位教育家、科学家深入影响了科学教学的改革。比如,影响较大的ESS(Elementary Science Study)课程由美国教育发展中心设计,它最大限度地体现了布鲁纳的"发现学习"理论,把学生好奇心的培养和具体科学经验的获取作为首要目标。其特色有:

(1)全套课程包含56个有趣的、可以独立进行的教学单元,每个单元包含教师教学手册,并附有教具和学习资料。各单元可以随意选择,没有教学总目标、教学范围和教学顺序。

---

① 课程教材研究所.20世纪中国中小学课程标准·教学大纲汇编(自然·社会·常识·卫生卷)[M].北京:人民教育出版社,2001:3.
② 杨际贤,李正心.二十世纪中华百位教育家思想精粹[M].北京:中国盲文出版社,2001:91.
③ 朱有瓛.中国近代学制史料(第二辑上册)[M].上海:华东师范大学出版社,1989:115.
④ 无锡三等公学堂.中国理科教科书[M].上海:文明书局,1902:序.

(2) 课程内容包含了生命科学和物理科学，单元主题又非常广泛和生活化。强调利用各种具体的事物，帮助儿童经历自由探究的过程。其设计理念是开放式和探究性的，不讲求结果。

(3) 教学过程以儿童为中心，重视儿童在探索过程中获取科学经验以及隐藏在其中的科学概念，反对把一堆概念教给儿童。强调通过科学探究激发儿童的内在动机，增强其自信心。

20世纪五六十年代的科学教育改革，发端于美国，影响到世界上很多国家，如英国、澳大利亚甚至马来西亚等发展中国家。美国学者赫德称从1957年到1978年间的科学教育改革为一场革命，它摒弃了那种古典主义的、死背事实性知识的、讲述型的"教师和事实取向"（teacher-and-fact approach）教学，而代之以"探究取向"（inquiry approach）的教学。① 美国国家科学教师协会1988年手册表示相对之前科学教学侧重于教科书，以通俗科技的众多科学主题为范围，强调演绎思考，以获取正确答案的记忆和接受型学习的模式而言，在此期间，科学教学的理论基础是"探究"和"过程"，侧重于实验室资料，以少数"纯科学"主题为切入点，强调归纳思考，以达到合理的、暂时性的答案的发现和探究学习为模式。② 但是，由于教育界对布鲁纳学科结构理论过度推崇，并将其适用范围扩大到所有年龄阶段、所有能力层次的学生，导致许多新课程在教学上过度重视学生知识结构，很大程度上只是将科学教学从知识化模式转化为结构化模式而已，忽视了如何将特定年龄和能力阶段学生的科学教学实现"探究"和"过程"相联系这一核心问题。

面对课程、教材、教学与儿童学习特点认识存在的鸿沟，20世纪70年代教育哲学思潮又从布鲁纳转向了杜威，在"儿童中心主义"这一教育心理学理念的支撑下，建构主义学习理论风靡一时，将科学教学的探究过程与儿童的科学概念相联系，认为儿童在"探究"过程中构建新概念或者修正旧概念。其中，极具代表性的有杰亚夫（R. Drive）的"前经验"理论。在他看来，较之认知水平，学生的先前经验与学生科学概念的形成与转变的机制密切相关，与学生科学学习成绩的相关性更大。

从20世纪80年代至今，随着建构主义理论对"探究"和"过程"教学模式的进一步丰富，科学教育的目标从学生的概念认知发展到全民科学素养的构建，并推出了全国统一的科学课程标准，对西方近半个世纪以来在科学教育研究和实践方面的主要成就完成了归纳和升华，可谓再攀高峰。其中，随着美国国家研究理事会、美国科学促进会先后颁布《国家科学教育标准》（National Science Education Standards，NSES）（1996年）以及《面向全体美国人的科学》（2001年）、《科学素养的基准》（2001年）等相关文献，该进程的重要标志——美国1985年倡导的"2061计划"得以实施。受其影响，英国从90年代开始大范围推行《国家科学课程（英格兰和威尔士地区）》，对5～16岁孩子的科学教育明确提出了17个方面（分10个层次）的"学习目标"（attainment targets）。1995年，法国中小学科学教育改革拉开序幕，名为"动手做"。1996年7月法国科学院首先支持这个计划，并始终向

---

① 张红霞. 小学科学课程与教学[M]. 北京：高等教育出版社，2010：38.
② 张红霞. 小学科学课程与教学[M]. 北京：高等教育出版社，2010：38.

这项计划提供帮助。随后,这个项目的成果得到法国教育部的高度评价和大力推广,2000年,法国教育部下令在全国小学推行"动手做"的科学教育改革计划,并从2002年起逐步向部分初高中推广。

这一时期相关文件的主要内容如下:第一,科学教育要纠正过度知识化和过程化现象,在"知识""方法""过程"之外,将"价值和态度"纳入其中,奉"科学素养"为基本目标;第二,贯彻科学教学的生活化和经验化特质,不仅与儿童的实际生活经验紧密联系,还要将儿童已有的经验和认识作为教学的起点;第三,科学教育的目标放眼于培养符合时代需求,具有较高科学素养,具备终身科学学习能力的公民;第四,重视教师培训,在学生科学教育标准之外,制定教师学习标准。值得注意的是,虽然所有的观点都强调采取"科学探究"作为科学教育的基本理念和方法。但是,其最重要的贡献是打破了"探究"一元化的教学困局,强调科学素养本就是多元内容的建构和融合,与之对应的课程目标应该多元,与课程目标对应的教学方式应该多样。一个显而易见的事实是仅用诉诸理性的讲授、探究还难以形成环境意识、科学道德等与情感相联系的科学素养。

第二节　中国小学科学教学发展历程

中国近代小学科学教育

中国近代小学科学教育起步于鸦片战争之后。当时西方传教士在中国东南沿海开办教会学校,并采用西方的科学课程体系,小学科学教育由于教会学校传教区域和自主权的不断扩大而适时渗入。例如,著名的马礼逊学堂于1849年所开设的"英文科"就集中于科学课程,有天文、地理、算术、代数、几何、初等机械学、生理学等。洋务运动时期,为了讲求"算学格致之理,制器尚象之法",培养专门的科技人才,清政府主动开设新式学堂引进西方科技教育。其中,工业技术学堂、军事技术学堂约占80%。受此影响,一些由民间人士发起创办的新式小学学堂纷纷将格致、数学等课程列为正式教学科目。比如,1878年张焕纶在上海创立中国近代第一所新式私立小学——正蒙书院,就将地理、格致、数学等科目纳入课程。但是,直到1902年清政府颁布近代历史上第一个学制——"壬寅学制"之后,小学科学教育才真正地被纳入中国教育体制之内,进入稳步发展期。

与国际小学科学教学发展相比,就有文字记载部分而言,迄今为止中国小学科学教育的发展已有两千多年的历史。在此期间,科学教育在教学目标、教学内容和教学方法等方面都经历过无数次重大的改革与变动。为了更好地认识当下小学科学教学改革的性质与意义,更清醒地思考与评价其各项举措,以下将中国小学科学教学历次重大改革简要从古代、近代和现代三大视角进行简述。

一、中国古代的小学科学教学

中国有文字记载的自然科学教育始于夏、商、周三代。从甲骨文和古籍所载来看,商代学校还要进行读、写、算教学。西周的学校以"六艺"为基本课程,即礼、乐、射、御、书、数。《礼记·内则》记述夏、商、周三代的教育中说:"六年教之数与方名,九年教之数日。"《汉书·食货志》记西周的教育说:"八岁入小学,学五方、六甲、书、计之事。"其中,"书"者语文也;"数"和"计"数学也;"方名"和"五方"者,方位、空间也;"数日""六甲"者历法、时间也。"五方"和"六甲"合起来就是现代人所说的"宇宙"或者"自然界"。可以看出,我国古代的自然教学是小学的基础学科,列在语文和数学之首。

春秋战国时期,孔子认为《诗经》就兼有科学教育的任务。孔子在申明"不学诗,无以言"的同时,倡导学诗可以"多识于鸟兽草木之名",这种将科学教育和语文教育综合起来的开端,首开了通过"读"来认识自然万物的先河。当时和孔孟齐名的墨子,可以说是我国科技实验教学的开山鼻祖。墨子曾经用实验的方法揭示光学中小孔成像的原理,这是世界上对光的直线传播的第一次科学解释,同时也是现在许多光学仪器发明的基础。

秦汉时期,只有宫廷学校开设天文、数学等科学教育课程,但涌现了一批比较广泛应用的科学教育教材。例如,赵高的《爰历篇》,胡毋敬的《博学篇》,司马相如的《凡将篇》,陆机的《吴章》等,在当时和此后一千余年都被比较广泛地应用。

隋唐时期,在中央一级政府的国子监(相当于现在的教育部)开创了算学等专科学校,学习内容为财政收支、历法、天文和复杂的数学计算,学制是7年;开设了医学专科学校,医学有四门:医学、针灸学、按摩学和咒禁学,同样有严格的修业年限和课程设置。

宋元一直延续唐代的科学教育体系和课程设置方式。宋代王应麟的《三字经》《小学绀珠》方逢辰的《名物蒙求》等科学启蒙教材在当时和对后世的小学科学教育都有很大的影响。元代的医学和阴阳学的教育相对比较完善,医学主要讲授医理、药理以及针灸推拿之术,阴阳学主要讲授天文、历法和术数。

清代官学建立算学馆,专门向学生传授自然科学的知识。例如,康熙二十五年(1687年),中央官学专门招收官宦子弟(主要是八旗子弟)学习算法;乾隆四年(1739年),国子监管理算学馆,称国子监算学。私学教学内容一方面是《四书》《五经》,一方面是上面提及的蒙学教材。以上情况一直到第一次鸦片战争仍然如此。鸦片战争之后,科学教育被积极引入,主要通过三种途径来实施:一是洋务派创办的近40所新式学堂;二是由一些开明人士主持的近代书院;三是早期改良派实施的科学教育,如创办于1876年的上海格致书院等。

综上所述,虽然中国古代尚未在小学教育阶段单独开设科学课程,遑论进行系统的科学教学,但这并不意味着在小学科学方面一片空白。这一时期科学教学的途径主要有二:一是在"官方学校"中进行,教学对象主要为统治阶级的孩子,基本上采用语言、自然和思想为一体的综合性教材,教学方法以识字、读书和背书为主,自然知识的获取主要靠教师讲解,即使内容与实际联系,往往因脱离实践收效甚微,此种教风,甚至代代相传至今;二是在"社会学校"中进行,教学对象多为广大劳动人民的孩子,教学路线如远古时代那样,将大自然作为课堂,以自然万物为教材,通过效仿成人在生产劳动的实践状况来学习和总结。这种原始的科学教学方式是通过看、说、示范和实践感受获得的。

二、中国近代的小学科学教学

(一) 自然课程标准诞生之前

1902年,清政府颁布了近代历史上第一个学制——"壬寅学制",规定高等小学堂开设科学课程——理科(包含动植物、理化及器物制造),小学科学开始以合法的教育地位正式进入中国教育体制。1904年,清政府颁布且实施了近代历史上第一个学制——"癸卯学制"。该学制改理科为格致(包含动物、植物、矿物三大板块),规定初小每周1课时,高小每周2课时。"癸卯学制"从"教育要义"和"学年安排"(表2-1),也就是教学目标和课程安排两个方面确定了小学科学教学的基本框架。其中,初等小学堂格致科目的"教育要义"为"使知动物植物矿物等类之大略形象质性,并各物与人之关系,以备有益日用生计之用"①。相比之下,高等小学堂格致科目的"教育要义"更多集中于实利性:"使知动物植物矿物等类之形象质性,并使知物与物之关系,及物与人相对之关系,可适于日用生计及各项实业之用,尤当于农业工业所关重要动植矿等物详为解说,以精密其观物察理之念。"②基于此,1905年由兴中会、光复会和华兴会联合组成的同盟会,不仅鼓吹革命的民主主义思潮,而且倡导现代科学知识,强调实业和工艺教育,实行分科和实验教学,成为近代小学科学实验教学的先声。

表2-1 "癸卯学制"初小和高小格致科目学年安排

学年	初小	高小
第一学年	乡土之动物、植物、矿物,凡关于日用所必需者使知其作用及名称	植物、动物、矿物及自然物之形象
第二学年	同上	寻常物理化学之形象
第三学年	重要动物、植物、矿物之形象使观察其生活发育之情状	原质及化合物,简易器具之构造作用
第四学年	同上	植物、动物之互相关系及对人生之关系、人身生理卫生之大要
第五学年	人身生理及卫生之大略	

1912年元旦,孙中山宣誓就任民国临时政府大总统后,任命蔡元培为教育总长,并于1月9日改清朝的"学部"为"教育部",令革除清末封建教育,迅速恢复教育秩序,指导全国教育发展。之后,"壬子癸丑学制"迅速建立,小学科学教育开始由"格致"教育转变为"理科"教育。

相应的小学科学课程更进一步发展。首先,1912年1月19日中华民国教育部发布

---

① 课程教材研究所.20世纪中国中小学课程标准·教学大纲汇编(自然·社会·常识·卫生卷)[M].北京:人民教育出版社,2001:3.

② 课程教材研究所.20世纪中国中小学课程标准·教学大纲汇编(自然·社会·常识·卫生卷)[M].北京:人民教育出版社,2001:3.

我国近代第一个课程标准——《普通教育暂行课程标准》,规定高等小学校设博物、理化两科,视情况加设农科或工科等。其次,1912年9月公布了第一个关于小学教育的《小学校令》,将"格致"改为"理科",仅于高等小学开设,修业3年,每周均为2课时,约占周总课时数的6.7%,与清末相比略有增长。对高等小学"理科"的教授建议是:"宜授习见之植物、动物、矿物及自然现象,使知重要之名称、形状、效用、发育及其相互关系与对于人生之关系;讲授物理化学之重要现象、元素与化合物之性质,简易器械之构造作用,人生生理卫生之大要。"①

1922年11月1日,随着《学校系统改革案》以大总统令的形式向全国颁布,自新文化运动开始酝酿,被全国教育人士广泛讨论和反复修改的首个自下而上的学制——"壬戌学制"诞生了。在之后颁布的《新学制中小学课程纲要》中将小学科学由"理科"改为"自然",从高等小学科目变更为初小和高小合并课程,包括自然研究及园艺的作业,初级小学约占周课时总数的12%,高级小学自然占8%,园艺占4%。② 该时期,中国小学自然教学的目的有三:第一,使学生掌握自然物和自然现象的基本知识,明晰自然与人生的关系;第二,产生欣赏自然、研究自然和爱好田野生活的兴趣和情感;第三,掌握利用自然万物、种植植物、饲养动物的知识和技能。教学内容是学生日常生活中接触到,或者是将来生活实用的自然科学知识,包括花鸟鱼虫及饲养、家禽牲畜、农作物播种及管理、四季物候与日常生活、天体星辰运动、矿产资源与人类生活等等。

(二)自然课程标准诞生之后

1929年,中国第一个小学自然课程标准《小学自然课程暂行标准》问世,该标准开宗明义地规定了小学自然教学的目标:启发学生,进求使学生理解自然的基本知识,养成对于科学的研究态度和试验精神,增进利用自然知识解决物质和精神生活问题的能力,培养欣赏自然,爱护自然的兴趣和理想。由此目标出发,1929年的《小学自然课程暂行标准》则更进一步,最大的贡献在于:

第一,摈弃了清末民初小学科学课程中植物、动物、矿物、物理、化学等学科分块线索,开辟了"自然现象、生活需要的、卫生智能"这三大作业板块来划分教学内容,标志着小学科学课程开始转向对儿童生活世界和认知特点的关注,突出了选材的综合性。

第二,明确了选材问题。1929年《小学自然课程暂行标准》"教学要点"要求教科书中自然教材的选择仍须根据以下4条原则:1. 必须以乡土材料为出发点;2. 必须合时令节气;3. 必须为儿童切身的需要和儿童理解所能了解的;4. 必须重要而有代表价值的。

第三,教学方法强调"以乡土材料为出发点",充分将自然环境作为教学场所,以及引导学生用自己的方法亲身体验、探讨、观察解决问题的过程等。

第四,对于各年级作业的要求更加系统化。重要的是对于各个年级段、各种教学内容所应采取的教学方法要点做了较为详细的说明,内容涉及教学资源的设立、选择、使用,提倡能到野外亲自观察实验的,就不要通过讲授的方法;能用活体材料进行试验、观察教学

---

① 舒新城. 中国近代教育史资料(中册)[M]. 北京:人民教育出版社,1961:449-451.
② 课程教材研究所. 20世纪中国中小学课程标准·教学大纲汇编(自然·社会·常识·卫生卷)[M]. 北京:人民教育出版社,2001:44.

的,就不用标本等,非常注重教学方法的实践性、教学资源的广泛性和学习材料的经济性。

1932年《小学自然课程标准》颁布,常识课正式面世。国民政府教育部颁布的《小学课程标准总纲》有这样的记载:"各科目得依各地方情形,酌量分合。社会、自然、卫生三科,在初级小学得合并为常识一科。"①"常识"科目名称首次在国家课程标准中出现,但是并没有作为课程中的正式通用名称。直至1936年7月教育部修正颁布《小学课程标准》,又取消卫生科的独立设置,将与卫生相关的内容分散到常识和公民训练科目中,"常识"才正式出现在课程科目表中。

1942年《小学高级自然科课程标准》除了强调"教学材料除本标准所包含的以外,应各就本地取材;见于本标准而为当地所无的材料,不妨略去,但在相当机会,仍须用图书等介绍,以启发儿童的思想,扩展儿童的经验"②外,在教学方法和教具方面的强调更为成熟。

第一,要求教学方法应注意下列各点:① 小学自然科的教学方法,应注重观察、实验,活用教室以外的场所,如校园、田野、山林等,使儿童亲自经验。② 教学时应根据儿童学习心理。③ 教学时应充分和社会、劳作、图画等科教材打成一片,作大单元的设计教学。

第二,要求教具的设备和运用应注意下列各点:① 为便于教学起见,可特别设自然教学室,并设置窗口花台、昆虫箱、水族箱、温度计、卫生挂图,以及相当的试验用的器械、药品和参考用的图书,应在相当地点,布置定风针、雨量计、气压表等。② 教师自己对于常见的事物,应有极丰富的知识,并能装修简单的机件,制造简单的应用物品。

总体而言,本阶段随着课程目标趋于完善,小学科学的教学策略灵活,教学方法具体可行。由于年段教学目标、修业年限、周课时的明朗化、具体化,教师在教学过程中的教学策略也能具体化,因此教学效果也越加明显。每一个年级段都有明确的教学内容和要求,教学方法具体,在学生学习阶段又规定了学习的最低限度,因此教师在教学中目的明确,可操作性强。

但是,缺点也十分明显。首先,教学内容虽然体现了时代特点,但多而庞杂。一方面,教学内容多样化,规定了各级各类学堂的科学教学年限和目标。例如,动物、植物和矿物的名称、形象和作用,人体生理及卫生,物理、化学之形象,简单器物之构造,动、植物与人体之关系等更广泛的自然科学内容。教学内容已经接近现代课程。另一方面,教学内容变化很大。例如,1929年到1932年间的科学教育纲要内容涉及学生日常生活中的四季变化、四时物候、衣食住行、饮食起居、动植物与人的关系、人体生理与卫生、地球上的矿物质和能源的开采与使用。但是到了1936年和1942年间,正值中华抗日战争的关键时期,教学内容一方面吸纳了国外同类学科时代性的教学内容,课程标准中更是增加和加重了火车与蒸汽机、汽船与罗盘、飞机的种类和构造应用等体现时代感和战争特点的教学内容。

教学方法的单一化也不可避免。虽然,教学方法上更注意使学生理解,不再单纯要求

---

① 李娟. 试论中国近代小学科学课程概念的变迁[J]. 教育史研究,2017(3):105-114.
② 课程教材研究所. 20世纪中国中小学课程标准·教学大纲汇编(自然·社会·常识·生卷)[M]. 北京:人民教育出版社,2001:37.

学生死记硬背,开始引导学生注重实验学习,开始关注学生学习的自主性,教师教学开始和学生一起研究,教学方式更趋民主化。但当时的小学科学教师要完成这样多的教学内容,采用过多的远足观察、考察、调查,通过动手实践和研讨等教学方法获得对客观事物和自然物的感知,是很难做到的,以知识传授为主的现象无法改变。

三、中国现代的小学科学教学

(一) 改革开放前

新中国成立之后,我国的教育事业有待发展,科学教育也在其列。但是,科学教育不仅迟迟不进,延续了民国时期的旧制,在初小和高小开设自然常识课程;而且,50 年代复制苏联模式,60、70 年代又深陷"停课闹革命"浪潮之中,在时间和空间上都不具备迅速发展的条件。所以,在 20 世纪 80 年代之前,即使国家前后颁布了 3 个教学大纲,科学教育的发展依然是障碍重重,难以形成自己的科学教学体系。

1956 年,在学习苏联的基础上,新中国成立后的第一个自然教学大纲《小学自然教学大纲(草案)》强调小学科学的中心任务是"使儿童对周围自然界最普通的物体和现象获得必要的、初步的具体知识;在这些知识的基础上,使儿童逐渐认识一些他们所能理解的自然现象间的相互联系;了解人能征服自然,使自然为人类服务"①。此外,规定初小学习生物界自然,高小学习无生物界自然,初小阶段每周要专门用一节语文课来上"自然专课"之外,剩下的课程一律包含在语文课中,高小每周两课时自然课。这一规定无疑削弱了小学科学的课程比重,增大了语文课程和教师的教学负担。这一建议在教学实施过程中深受指责,尤其是全国多数初小语文老师纷纷表态,反对在语文课上承担自然教学任务。

1963 年,因教育部坚持初小阶段不单独设立自然课,第二个教学大纲仅规定了高小阶段的自然课教学目标和任务,彻底将自民国以来就存在的初小自然课和常识课删掉了。除了更多地强调劳动教育:"扩大儿童的知识领域,培养儿童爱科学的品德,为儿童进一步学习和将来参加劳动准备必需的基础"②之外,其与 1956 年的教学大纲相去无几,持续至"文化大革命"前夕。

1977 年,国家政治经济和社会秩序初步有序之后,教育部颁布了第三个教学大纲——《全日制十年制学校小学自然常识教学大纲(试行草案)》,自此小学科学冠以"自然常识"之名延续至 20 世纪末。该大纲的目的和任务与之前的基本相同,除了注重强调思想政治教育和革命运动教育目标:"通过自然常识教学对学生进行政治思想教育,逐步培养学生的辩证唯物主义观点,为学生进一步学习和将来参加 3 大革命运动打下初步的基础"之外,依然注重强调"扩大学生的知识领域"。③ 与解放初期相比,仍然减少一个课时,

---

① 课程教材研究所.20 世纪中国中小学课程标准·教学大纲汇编(自然·社会·常识·生卷)[M].北京:人民教育出版社,2001:48.

② 课程教材研究所.20 世纪中国中小学课程标准·教学大纲汇编(自然·社会·常识·生卷)[M].北京:人民教育出版社,2001:61.

③ 课程教材研究所.20 世纪中国中小学课程标准·教学大纲汇编(自然·社会·常识·生卷)[M].北京:人民教育出版社,2001:70.

只在小学高年级开设课程。教学内容与第二个教学大纲基本保持一致,又增加适应现代化需要的先进科学技术的内容,致使教学内容呈现出"深、难、重"的弊端。

(二) 改革开放后

直到20世纪80年代,我国特有的小学科学教育教学体系才开始逐渐形成。1981年3月,教育部颁发《全日制五年制小学教学计划(修订草案)》,明确指出"根据四化需要,必须加强小学自然科学常识教育,培养少年儿童从小爱科学、学科学、用科学的志趣",并将课程名称恢复为"自然",取消了特殊年代因课时不足和师资匮乏而出现的"常识课",并一改从四年级开课的局面,从三年级起开设。①

1992年出版的《九年义务教育全日制小学自然教学大纲(试用)》甚至从小学一年级就开设自然课,从低年级、中年级和高年级三个递进阶段对小学自然课的课时、内容,以及各项内容要点的教学要求做出明确的三级规定,仅从课时数上就使自然课在整个小学阶段的地位得到了明显提升。基于知识传播和智能发展的理念,《大纲》强调的是知识和技能目标,仅仅从教学角度出发,对教学目的和要求、教学内容的确定、教学中应该注意的几个问题等方面做了原则性的说明。它对"生物""人体""水空气""力机械""声光热""电磁""地球"和"宇宙"八个方面的知识与实验做了规定。

此外,教学研究达到一个高峰,涌现出一批具有自身教学风格的自然教学名家。如刘默耕、路培琦和章鼎儿等。在刘默耕先生的引领下还积极引入英美等发达国家的小学科学教学法,使得我国小学科学教学得到了蓬勃发展。刘默耕先生在引入美国的"探究—研讨"教学法时,首先深刻理解并诠释这种教学模式的内涵,然后结合我国的教学实际将其合理地运用到教学中,取得了很好的教学效果。直到今天,"探究—研讨"教学法在我国仍有一定的影响,有些科学教师仍然在课堂教学中采用。

但是,彼时的小学自然教学大纲注重的是基础知识和基本技能的培养和训练,逐渐形成了我国特有的教材教法体系,但存在过于偏重知识、技能培养和考核的倾向。教学往往是教材中先给结论,然后按照教材中的图示和语言提示,重复实验验证过程,没有学生在教师引导下自主探究可言,学生的能力培养也是单一的。科学教学等同于科学知识的传授,它关注科学事实、科学概念、科学定律、科学原理的传递。理应是小学生最喜欢的课程之一的科学并未显示出应有的优势。究其原因,一是小学科学教育方法较单一;另一个是学生受升学压力的无形影响。

于是,在2001年初,教育部开始组织大批专家人士编写了新的小学科学课程标准——《科学(3~6年级)课程标准》,规定学科名称由沿用已久的"自然"改为更加准确的"科学"。这一改动不仅反映了教学内容的扩展,即从以自然现象、生活事物为主拓展到整个自然科学领域,包括与自然科学有关的人文精神、价值观以及科学技术与社会的关系(STS)等,而且还包含了教学目标的转变,从侧重科学知识与技能转向重视科学探究的方法与过程。该课标从培养全体小学生的科学素养进而提升全民科学素养的目标出发进行了一系列探索和革新,极大完善了我国小学科学的教学,尤其是教法体系,主要特点如下:

---

① 课程教材研究所. 20世纪中国中小学课程标准·教学大纲汇编(自然·社会·常识·生卷)[M]. 北京:人民教育出版社,2001:132.

（1）确定探究导向。从我国小学科学教育的实际出发，在历年教学大纲与教材基础上，参考美国、英国、日本、俄罗斯等多个国家与地区的科学课程标准与教材，提出了"科学学习要以探究为核心"等基本教学理念与课改思路。

（2）完善教学指导系统。系统地给出了小学科学课程的教学建议、课堂教学实施与评价、科学教学活动的类型与设计、科学教室的设置等内容，为教师有效实施教学提供了前所未有的详细依据。

（3）灵活教学实施。强调学生主观能动性的同时，以建构的方式既给教师如何实现目标提供启示或范例，又允许教师开发与创造更有效的实施方法与途径，倡导教师"用教材教"而不是"教教材"，鼓励教师灵活变通地实施《标准》。

至此，我国小学科学教学和教法体系初步形成，一改教学大纲仅从教学目的与教学内容两方面对教材与教学过程做出规定的局面，提倡学生在教师和学生共同创设的科学探究情境中，采用多种方式学习科学。在探究理念的指导下，2001年的《标准（实验稿）》不过分强调科学知识自身的逻辑体系和概念、规律的严密性，而是全面考虑课程在知识与技能、过程与方法、价值与情感等方面的整合，以实现科学的教育功能。与1992年《大纲》相比，《标准（实验稿）》在注重知识体系有序的同时更注重内容联系实际形式生动活泼。《标准（实验稿）》借鉴了《大纲》的某些知识体系与知识点，从内容标准的角度，有"科学探究""情感态度与价值观""生命世界""物质世界"和"地球与宇宙"五个方面，其中后三个共同构成了《标准（实验稿）》的知识内容部分，以"具体内容标准"和对应的"活动建议"形式出现。但是，该课标在倡导"科学探究"为科学学习重要方式的同时，产生了"科学探究"程序化、模式化的走过场、轻概念、目标达成不明确等问题。具体的内容标准只是笼统规定，阐述的是整个小学阶段的目标，没有具体分级，导致教材的编写和教师日常的教学难度难以把握。

令人更为惊喜的是，为进一步加强小学科学教育，教育部组织专家对小学科学课程标准进行修订完善，并于2017年2月15日印发实施标准——《义务教育小学科学课程标准》，以"学习进阶"理论为依据，对课程标准进行分段设计，规定小学科学课程起始年级调整为一年级，每周不少于1课时安排课程，三至六年级的课时数保持不变。并在课标的第四部分"实施建议"中详列了"教学建议"，从教学目标建议、教材使用建议、教学活动建议、科学学习场所建议、学科关联建议、教学媒体建议等六个方面更为具体准确地对当下小学科学教学给予指导。

本次课程标准改革在教学方面的变更针对性极强。首先，力图打破科学探究"程式化""唯探究论"等问题。在教学活动建议部分，除了明确小学科学教学中的动手动脑特质和学生主体地位，主要对主张开展探究式学习展开突破，强调不要把探究式学习作为唯一的科学学习方式，要求科学教师应尽可能掌握多种科学教学方法和策略，比如戏剧表演、科学游戏、模型制作、现场考察等，力求打破教学方式单一化的局面。其次，强调科学教学的时代性。本次课标改革为了体现"做中学"的教育思想，在三大领域之外增加了"技术与工程"领域。在教学建议部分不仅强调与数学、语文、综合实践活动有关联和互动，还倡导跨学科学习方式，科学（Science）、技术（Technology）、工程（Engineering）与数学（Mathematics），即STEM，是一种以项目学习、问题解决为导向的课程组织方式，可谓与时俱进。再次,教学目标和中心发生了根本性的变化。在反思探究理念强调新时代核心素养的前提下,2017版《标准》的教学目标和中心由原来的侧重于学生认知发展水平、单纯强调技能方法转向同时关注学生学习过程与方法、情感态度价值观三维目标,升级为培养学生学科核心素养。教师以教学内容为载体,将科学素养的培养作为教学设计的最高准则,根据学生身心发展规律,原有认知水平采用有效的教学方法,真正把科学素养的培养落实到具体课时中,让科学素养在每一堂课中积沙成塔。发展学生的核心素养是一项系统工程,具有发展的连续性和阶段性。

本章小结

在科学的功利性和实用性之外,科学对于训练头脑的重要性及其对道德宗教教育的潜能使十九世纪的西方世界看到了科学教育对儿童的价值所在。尤其是在最后三十年中,资本社会对小学科学教育产生了更多的要求,国际科学教育应运而蓬勃发展,历经实物导向、自然研究导向、实用导向和探究导向四个教学阶段,对近代中国小学科学教学的进步产生了重要影响。然而,中国小学科学教学的发展不仅限于西方科学教育的影响,更多的源于自身对科学的思考与探索。在长期的教学历史中,小学科学的教学目标、教学内容、教学方法乃至教材等经历了多次重大改革与变动,不屈不挠地从古代迈向近代,从格致演变为科学,从儒学之末上升为关键之科。

思考训练

1. 简答国际小学科学教学发展的基本阶段和特点。
2. 简述中国小学科学教学发展的基本阶段和特点。
3. 结合实际案例说明当下小学科学教学状况的困境与对策。

第三章
小学科学课程标准解读

本章概要

小学科学课程标准是国家颁发的关于小学科学课程建设与实施的纲领性文件,对小学科学课程性质、基本理念、设计思路、课程目标、课程内容做出了明确规定,并从教学、评价、教材编写、课程资源开发与利用等方面提出了建议要求。小学科学课程标准是小学科学教材编写的依据,是小学科学教学的依据,也是小学科学教学评估和考试命题的依据,更是国家管理和评价小学科学课程的依据。理解并掌握小学科学课程标准是教学设计的基础。本章着重探讨小学科学课程标准的设计思想、课程目标、课程内容等。

学习目标

通过本章学习,学生能够
- 说出小学科学课程标准的设计思想。
- 描述小学科学课程的性质与基本理念。
- 说明小学科学课程总目标、分目标及其相互关系。
- 解释小学科学课程内容主要概念之间的结构关系。

内容结构

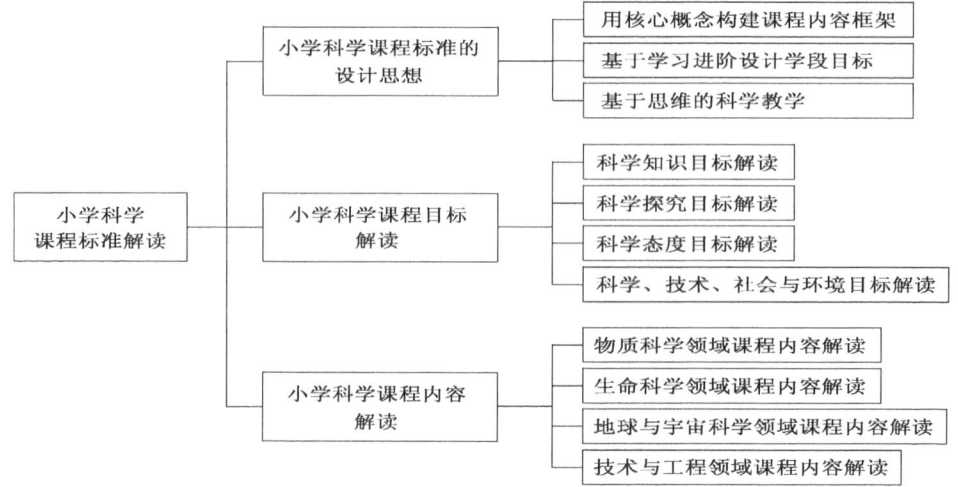

第一节 小学科学课程标准的设计思想

《义务教育小学科学课程标准》的颁布

2017年2月15日,教育部颁布《义务教育小学科学课程标准》,这是《全日制义务教育科学(3~6年级)科学课程标准(实验稿)》修订后正式颁布。《课程标准(实验稿)》2001年由教育部颁布,2007年,教育部启动实验稿的修订工作;2011年,《义务教育小学科学课程标准(修订稿)》完成,但并未正式颁发。2013年,教育部再次启动标准实验稿修订工作,在2001年实验稿和2011年修订稿的基础上,开展修订工作。历经4年攻关,修订工作完成。2017年2月,正式印发《义务教育小学科学课程标准》。这标志着小学科学课程实验探索阶段已经结束,新的课程标准将引领小学科学教育进入改革提升的全新阶段。

《义务教育小学科学课程标准》是学校科学教育的纲领性文件,是教科书编写、课堂教学、教学评估和教师专业发展的重要依据。与课程标准(实验稿)相比,《义务教育小学科学课程标准》有五大突出变化:① 小学科学课程从一年级开设;② 学习进阶研究成果支持教学目标和内容的分学段描述;③ 课程内容分为四大领域,科学探究和情感态度主线贯穿始终;④ 技术与工程内容进入科学课程;⑤ 用核心概念统领教学内容。① 变化顺应了国内外科学教育的发展趋势,针对小学教育客观条件和实际需求,具有鲜明的时代特征。

小学科学课程在宏观上必须具有良好的一致性与连贯性。一致性指科学课程的内容均指向科学素养,连贯性指各学段内容具有良好的关联和衔接。只有符合学生认知发展、充分调动其生活经验的课程才能构建对核心概念的深入理解,形成良好的科学素养。因此,设计与实施连贯一致的科学课程需要回答三个问题:学习哪些核心概念?学生对核心概念的理解如何?哪些生活经验有助于学生构建对核心概念的深入理解?② 这也是小学科学课程标准在设计思想方面必须要明确的问题。

一、用核心概念构建课程内容框架

科学教育的基本目标是培养学生的科学素养,科学知识是科学素养的重要组成部分,也是学生发展科学思维能力的基础,而科学概念是科学知识的重要内容。因此,科学教育一直重视科学概念的学习。

对专家与新手头脑中知识的研究表明,专家头脑中的知识绝不仅仅是对相关领域的

---

① 刘恩山.《义务教育小学科学课程标准》的变化及其影响[J].人民教育,2017,(7):46-49.
② 刘恩山.义务教育小学科学课程标准解读[M].北京:高等教育出版社,2017:43.

事实和公式的罗列,而是围绕学科核心概念而联系和组织起来的,这些核心概念引导他们去思考自己的领域。对于学生来说,帮助他们围绕学科核心概念来建构和组织头脑中的知识非常重要,这有助于学生对知识的深入理解和迁移应用,并为未来学习和工作打下良好的基础。因此,科学的核心概念就成为科学课程设计和教学中的焦点。①

(一) 什么是科学的核心概念

关于核心概念,英文文献中经常出现的描述词汇主要有核心概念(key concept)、基本概念(fundamental concept)、主要概念(major concept)、大概念(big idea)、基本观点(fundamental idea)、核心观念(key idea)、主要概括(major generalization)等,这些词的意义很相近。目前我国科学教育界使用较多的是"科学大概念"和"科学核心概念",并认为二者在知识的属性和特质上没有本质的不同。

美国教育学家赫德(Hurd)认为,科学课程中的概念和原理应该能够展现当代学科图景,是学科结构的主干部分,它们被称为核心概念。戴伊(Day)指出,核心概念是某个知识领域的中心,虽然不是所有人都接受了这些知识,但它们却获得了广泛的应用,而且这些知识还能经得起时间的检验。费德恩(Feden)等人认为,核心概念是一种学生在忘记其非本质信息或周边信息之后,仍然能应用的概念性知识,教师必须将核心概念清楚地呈现给学生。美国课程专家埃里克森(Erickson)认为,核心概念是指居于学科中心,具有超越课堂之外的持久价值和迁移价值的关键性概念、原理或方法。这些核心概念具有广阔的解释空间,它们源于学科中的各种概念、理论、原理和解释体系,并为领域的发展提供了深入的视角,还为学科之间提供了联系。

总而言之,核心概念是位于学科中心的概念性知识,包括重要概念、原理、理论等的基本理解和解释,这些内容能够展现当代学科图景,是学科结构的主干部分,是对学科核心问题相对本质的看法,围绕相应的核心概念能组织起大量的事实和其他概念。②

核心概念有三个主要特点:具有统摄价值,能够吸纳众多学科知识,揭示事物的本质与联系;具有持久价值,即使学生忘记特定的具体知识后,仍然能够运用概念性知识;具有迁移价值,对核心概念的理解可以迁移到新的情境,解决相关领域的新问题。③

(二) 核心概念在科学课程中的重要地位

科学概念分为科学事实、具体概念、核心概念和跨学科主题四个层级,其结构如图3-1所示。④

科学概念的层级结构的最底层是科学事实。科学事实是无穷无尽、纷繁多样的,其经过提炼升华或抽象出具体概念,具体概念是建立科学课程核心概念的基础。具体概念是

---

① 刘恩山. 义务教育小学科学课程标准解读[M]. 北京:高等教育出版社,2017:37.

② 张颖之,刘恩山. 核心概念在理科教学中的地位和作用——从记忆事实向理解概念的转变[J]. 教育学报,2010,6(1):57-61.

③ 王晨光. 义务教育小学科学课程标准:科学概念·术语·实验[M]. 北京:北京师范大学出版社,2019:2.

④ 王晨光. 新课标下小学科学课程的概念建构及其教学价值[J]. 教育与教学研究,2019,33(01):30-38.

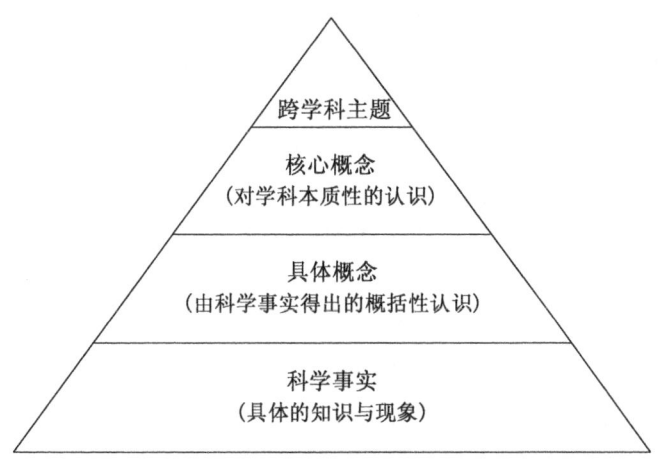

图 3-1　科学概念的层级结构

基于直接经验形成的概括性认识,它比科学事实具有更高的概括性。尽管其有一定的迁移价值,但由于接近事实而解释力有限。科学事实与具体概念构成了学科的基本结构。

核心概念位于学科基本结构之上,是对具体概念及其联系的进一步升华、抽象、概括,比具体概念的统摄性更强,是一种对事物的本质或规律的认识,而这种认识具有普遍的指导价值。教学的中心应该从记忆事实抽象到具体概念,然后再由具体概念升华或揭示出深层理解核心概念和学科的知识结构,进而促进学生思维的发展。因此,应该围绕核心概念组织课程内容。

跨学科主题是建立在核心概念之上的共通概念这些概念超越了学科界限,反映了不同学科的内在统一性。科学的形成源于人类对于自然界的探索,而自然界又是一个普遍联系、相互作用的统一整体。因此,科学的不同领域之间,在学科知识、原理、概念形成和发展以及思维方法和操作技能上是相互联系、相互交叉的。这样在科学领域不同的具体学科之间就一定会存在一些"共通"概念,它们跨越学科界限,具有普适性。从这些"共通"概念中,可以提炼出能统领科学教育各个分支学科的概念,即跨学科主题。科学核心概念是以跨学科主题为导向,为促进学生形成跨学科主题而选择那些居于学科中心、具有广泛迁移价值的关键性概念,它们是建立在科学事实与具体概念基础上的。核心概念在跨学科主题的形成过程中起着承上启下的作用。

课程与教学应该超越事实,以概念为本。提高学生的学习质量应该要求思维能力的提升,而不是掌握更多的事实性内容,具体事实应该作为载体来帮助学生发展深层理解;教学重心应该从讲授事实转移到使用事实,以帮助学生建构对概念的理解;学习重心也应该从记忆事实转移到理解可迁移的核心概念和对更为根本的知识结构进行深层理解,培养和发展思维能力。

关注核心概念的教学并不忽视对事实的学习,而是给学习者提供某些途径,使他们能够组织、保持并应用对于理解核心概念至关重要的那些事实。在教学方法上强调探究问题而不是接受知识,强调理解核心概念而不是记忆零碎的信息,重视论证而不是背诵,并且鼓励学生合作学习,彼此自由交流思想和信息,或运用现代教学设备发展智力。在设计教学活动的过程中,教师还需要关注学生的前概念以及支持发展学生的元认知能力。①

小学科学课程标准要求教师在课堂教学中,将核心概念作为课堂教学目标之一。在确定教学目标的过程中,教师需要思考:核心概念之间的联系,核心概念与学生头脑中原有概念之间的联系,以及核心概念与下一级的一般概念之间的联系。②

二、基于学习进阶的学段目标

学习进阶的研究即对"学生对核心概念的理解是如何发展的?哪些生活经验有助于学生构建对核心概念的深入理解?"这两个问题的回答。

科学课程的设计与实施必须考虑学生的理解是如何发展的,以及各学段学生应分别获取哪些科学知识、能力和理解,即"发展的连贯性"。"发展的连贯性"就是学习进阶最初的思路和追求。

史密斯(Smith)等人首次提出"学习进阶"并将其定义为"学生在学习某一核心概念的过程中,所遵循的一系列逐渐复杂的思维路径"。随后一些研究者也使用学习进阶描绘学生在幼儿园至初中各学段对"自然选择与进化"的理解进程。罗斯曼(Roseman)等人指出,学习进阶是一条由小学延续到高中的、有逻辑的、符合学生发展规律的"概念序列"。美国国家研究委员会将学习进阶界定为"对孩子们在一个较大时间跨度内学习和研究某一主题时,所遵循的连贯的、逐渐深入的思维路径的描述"。斯蒂文斯(Stevens)等人将学习进阶定义为"一种策略性序列,有助于构建和扩展与科学核心概念相关的各概念间的联系"。

萨琳娜(Salinas)在综合多个定义后,提出学习进阶是以实证为基础的、可检验的假说,它阐释了在一段时间内经过适当的教学指导,学生对科学核心概念、科学解释以及科学实践的理解和运用是如何逐渐发展、逐渐深入的。

综上所述,学习进阶是对学生在各学段学习同一主题的概念时所遵循的连贯的、典型的学习路径的描述,一般呈现为围绕核心概念展开的一系列由简单到复杂、相互关联的概念序列。③ 学习进阶实质上就是对核心概念的逐级深入和持续发展。

2017 年版《义务教育小学科学课程标准》中的内容标准以科学四大领域的 18 个核心概念展开,在核心概念的主题下,学习内容分为小学低年级段、中年级段和高年级段,阶梯式展开和由浅入深地提出要求,这种基于学习进阶的思想及研究成果,明确了科学课程设计不只是按照学科逻辑进行的设计,而且要考虑学科知识与认识发展的一致性。

三、基于思维的科学教学

科学思维是科学学科的本质特征,科学知识是解决问题、发展思维的材料,而不是教育目的本身。发展思维应是教育的基本使命,强调知识和思维作为教育应该兼顾的两个

---

① 张颖之,刘恩山.核心概念在理科教学中的地位和作用——从记忆事实向理解概念的转变[J].教育学报,2010,6(1):57-61.
② 刘恩山.义务教育小学科学课程标准解读[M].北京:高等教育出版社,2017:40.
③ 刘晟,刘恩山.学习进阶:关注学生认知发展和生活经验[J].教育学报,2012,8(2):81-87.

维度和层面,以适当的知识积累为基础,在促进学生建构知识的过程中发展学生的思维能力,是课程实施的基本理念。①

《义务教育小学科学课程标准》重视学生的积极思维,强调不仅要在做中学,更要在学中思,要动手和动脑相结合。小学科学课程标准中课程性质、课程理念、课程目标、教学建议等体现了对培养和发展学生思维能力的重视。例如,在课程标准中强调动手动脑、做中学和学中思。在课程性质"小学科学课程是一门实践性课程"部分,强调从学生熟悉的日常生活出发,通过学生亲身经历动手动脑等实践活动,了解科学探究的具体方法和技能,理解基本的科学知识,发现和提出生活实际中的简单科学问题,并尝试用科学方法和科学知识予以解决,在实践中体验和积累认知世界的经验,提高科学能力,培养科学态度,学习与同伴的交流与合作。在课程理念"倡导探究式学习"部分,强调突出创设学习环境,为学生提供更多自主选择的学习空间和充分的探究式学习机会,强调做中学和学中思……在"突出学生的主体地位"部分,强调教师如何做才能突出学生的主体地位。在"科学探究目标"部分,增加了初步了解分析、综合、比较、分类、抽象、概括、推理、类比等思维方法,发展学习能力、思维能力、实践能力和创新能力,以及运用科学语言与他人交流和沟通的能力,并在学段目标中强调了好奇心、问题意识、思维、质疑、反思、评价等。在"教学建议"部分,强调动手动脑做科学,探究的每个要素都会涉及多个科学思维方法,精心设计探究问题,处理好学生自主和教师指导的关系等。②

第二节 小学科学课程目标

教师应该给学生留下什么③

教师上完"昼夜交替现象"一课之后,听课者问学生:"这节课中,你们印象最深刻的是什么?"有学生说模拟实验,有学生说上台展示。听课者追问"还记得老师讲过什么吗?"不少学生说不记得了。是教师讲得不好,还是学生上课开小差了? 是否教师在课堂上讲得越多,学生就获得越多呢? 实际上,使学生产生深刻印象的大多不是教师讲解的内容,而是学生亲自参与的实验和有趣的活动。这个现象提醒教师需要反思:在科学课程教学中,教师应该给学生留下什么? 当学生忘掉许多知识后,能留下来影响学生发展的是什么? 当剥离了课堂教学中技术层面的东西,教师应该留给学生什么?

小学科学课程的总目标是:

培养学生的科学素养,并为他们继续学习,成为合格公民和终身发展奠定良好的基

---

① 郅庭瑾.为智慧而教——超越知识与思维之争[J].全球教育展望,2007,36(7):12-16.
② 刘恩山.义务教育小学科学课程标准解读[M].北京:高等教育出版社,2017:58.
③ 喻伯军.教师应该给学生留下什么[J].科学课,2009(4):1.

础。学生通过科学课程的学习,保持和发展对自然的好奇心和探究热情;了解与认知水平相适应的科学知识;体验科学探究的基本过程,培养良好的学习习惯,发展科学探究能力;发展学习能力、思维能力、实践能力和创新能力,以及用科学语言与他人交流和沟通的能力;形成尊重事实、乐于探究、与他人合作的科学态度;了解科学、技术、社会和环境的关系,具有创新意识、保护环境的意识和社会责任感。①

小学科学课程标准将课程目标分为四个方面:科学知识,科学探究,科学态度,科学、技术、社会与环境。这四个方面基本能够反映科学学科核心素养的本质。科学知识反映了科学观念与应用,在课程标准中表述为科学知识,但在教学过程中,要从观念的高度来学习知识,重视知识在真实情境中的应用;科学探究不仅反映了探究本身,而且包含科学思维的成分,在教学中强调探究与思维的融合,要在做中学,更要在学中思;科学态度和科学、技术、社会与环境反映了科学学科核心素养中的科学态度与责任。每个方面又包括总目标和学段目标。

小学科学课程标准根据学生认知发展的特点,以及对小学科学知识、能力和态度学习进阶的研究,按照低(1~2年级)、中(3~4年级)、高(5~6年级)三个学段呈现课程目标。

一、科学知识目标解读

小学科学课程标准的科学知识目标的设计,一是将科学知识分解成物质科学、生命科学、地球与宇宙科学、技术与工程四个领域;二是基于不同年龄学生思维发展的特点和科学学科的特点,分段设计目标。一般来讲,1~2年级的学段目标主要是认识具体事物的外部特征,符合学生处于具体形象思维阶段的特点;3~4年级的学段目标主要是知道性能、作用、分类、条件、原因、规律等,符合学生由具体形象思维向抽象逻辑思维过渡的特点;5~6年级的学段目标主要是了解事物的结构、功能、变化与相互关系等,需要学生具有一定的抽象思维能力。

科学知识的总目标是:

1. 了解物质的基本性质和基本运动形式,认识物体的运动、力的作用、能量、能量的不同形式及其相互转换。

2. 了解生物体的主要特征,知道生物体的生命活动和生命周期;认识人体和健康以及生物体与环境的相互作用。

3. 了解太阳系和一些星座;认识地球的面貌,了解地球的运动;认识人类与环境的关系,知道地球是人类应当珍惜的家园。

4. 了解技术是人类能力的延伸,技术是改变世界的力量,技术推动着人类社会的发展和文明进程。

科学知识的学段目标,如表 3-1 所示。

---

① 中华人民共和国教育部. 义务教育小学科学课程标准[S/OL]. http://www.moe.gov.cn/srcsite/A26/s8001/201702/W020170215542129302110.pdf,2017.

表 3-1 科学知识学段目标

领域	1~2 年级	3~4 年级	5~6 年级
物质科学	观察、描述常见物体的基本特征；辨别生活中常见的材料；知道常见的力。	测量、描述物体的特征和材料的性能；描述物体的运动，认识力的作用；了解不同形式的能量。	初步了解常见的物质的变化；知道不同能量之间的转换。
生命科学	认识周边常见的动物和植物，能简单描述其外部主要特征。	初步了解植物体和动物体的主要组成部分，知道动植物的生命周期；初步了解动物和植物都能产生后代，使其世代相传；能根据有关特征对生物进行简单分类；初步认识人体的主要生命活动。	初步认识人体的主要生命活动和人体健康；初步了解动物与植物之间的相互关系；了解生物的生存条件和生物的多样性。
地球与宇宙科学	知道与太阳、月球相关的一些自然现象；知道天气、土壤等对植物和人类生活的影响。	知道太阳、地球、月球的运动特征，知道与它们有关的一些自然现象是有规律的；初步了解地球上大气、水、土壤、岩石的基本状况；初步认识大自然为人类生存提供了各种自然资源和能源，以及大自然中的一些自然灾害。	知道太阳系及宇宙中一些星座的基本概况，知道昼夜交替、四季变化分别与地球自转和公转有关；初步了解地球上一些与大气运动、水循环、地壳运动有关的自然现象的成因；认识人类与自然资源和能源的关系，知道地球是人类应当珍惜的家园。
技术与工程	认识身边的人工世界；了解常见的工具，知道简单工具的功能和使用方法；利用身边可制作加工的材料和简单工具动手完成简单的任务。	知道人工世界是设计和制造出来的；意识到使用工具可以更加精确、便利、快捷；知道设计包括一系列步骤，完成一项工程设计需要分工与合作，需要考虑很多因素，任何设计都受到一定的条件制约。	了解技术是人们改造周围环境的方法，是人类能力的延伸，工程是依据科学原理设计和制造物品，解决技术应用的难题，创造丰富多彩的人工世界的一系列活动；了解科学技术推动着人类社会的发展和文明进程。

二、科学探究目标解读

科学探究是提出科学问题，形成猜想和假设，获取和处理信息，基于证据得出结论并做出解释，以及对科学探究过程和结果进行交流、评估、反思的过程和能力。它既是一种学习方式和科学研究的方式，也是一种学习科学观念、发展科学思维、形成科学态度和责任的手段和途径，还是一种综合的能力。

（一）科学探究的总目标

科学探究的总目标有四个方面：

1. 了解科学探究是获取科学知识的主要途径，是通过多种方法寻找证据、运用创造性思维和逻辑推理解决问题，并通过评价与交流等方式达成共识的过程。

2. 知道科学探究需要围绕已提出和聚焦的问题设计研究方案，通过收集和分析信息获取证据，经过推理得出结论，并通过有效表达与他人交流自己的探究结果和观点；能运用科学探究方法解决比较简单的日常生活问题。

3. 初步了解分析、综合、比较、分类、抽象、概括、推理、类比等思维方法,发展学习能力、思维能力、实践能力和创新能力,以及运用科学语言与他人交流和沟通的能力。

4. 初步了解通过科学探究达成共识的科学知识在一定阶段是正确的,但是随着新证据的增加,会不断完善和深入,甚至会发展变化。

上述第一、四点是对于科学探究的理解,是对科学本质理解的一个重要方面。第二点是要求通过科学学习掌握科学探究的过程、方法,形成科学探究的能力,强调科学探究要基于问题和聚焦问题。第三点是强调在科学探究的过程中,要求学生积极思维,发展思维能力、学习能力、实践能力和创新能力等。科学探究要重视学生的思维能力、交流合作能力、创新能力等,这是科学素养的核心成分。[①]

(二) 科学探究的构成要素

课程标准中提出科学探究包含提出问题、做出假设、制订计划、搜集证据、处理信息、得出结论、表达交流、反思评价八个要素。

对科学探究八个要素的理解要注意三点:[②]

一是探究要基于问题。科学研究始于问题,提出问题对科学研究来说意义更为重大,正如爱因斯坦所说:"提出一个问题往往比解决一个问题更重要,因为解决一个问题也许仅是一个学生的或实验上的技能而已,而提出问题、新的可能性、从新的角度看旧的问题,却需要创造性的想象力,而且标志着科学的真正进步。"提出问题是学生创新素质的重要内容。小学科学课程标准特别强调基于问题的探究,课堂教学必须设计基于问题的探究活动。

二是强调表达交流。交流能力与合作能力是21世纪人们所应具备的最重要的素养之一,表达交流是包括能用科学语言、概念图、统计图表、科学小论文、调查报告等方式表述探究的结果,同时,能倾听别人的意见,基于证据质疑并评价别人的探究报告等。

三是注重反思评价。反思评价体现了学生的元认知能力和批判性思维能力,这是学生学习能力的核心,也是探究能力的重要成分。元认知是指人对自己的认知过程的认知,包括元认知知识、元认知体验和元认知监控。其中,元认知监控是其核心成分,即自我监控能力。建构主义学习理论认为,一切知识都必须通过主体的主动建构活动才能被主体掌握,所以学习者必须对自己的学习活动进行计划、检查评价、反馈、控制和调节。因此,在小学科学课程标准中增加了反思评价要素,要求在每一次探究活动中,教师都要引导学生对探究对象、探究过程、思维方法、经验教训、学习收获等进行反思与评价。通过反思与评价,让学生把活动过程中的思维方法领悟上升到一定高度,形成自己的认知策略,从而加快思维方法学习进程,提高元认知能力。

(三) 科学探究的学段目标

科学探究的学段目标如表3-2所示。

[①] 刘恩山. 义务教育小学科学课程标准解读[M]. 北京:高等教育出版社,2017:62.

[②] 刘恩山. 义务教育小学科学课程标准解读[M]. 北京:高等教育出版社,2017:63.

表 3-2 科学探究学段目标

要素	1~2 年级	3~4 年级	5~6 年级
提出问题	在教师指导下,能从具体现象与事物的观察、比较中提出感兴趣的问题。	在教师引导下,能从具体现象与事物的观察、比较中,提出可探究的科学问题。	能基于所学的知识,从事物的结构、功能、变化及相互关系等角度提出可探究的科学问题。
做出假设	在教师指导下,能依据已有的经验,对问题做出简单猜想。	在教师引导下,能基于已有经验和所学知识,从现象和事件发生的条件、过程、原因等方面提出假设。	能基于所学的知识,从事物的结构、功能、变化及相互关系等角度提出有针对性的假设,并能说明假设的依据。
制订计划	在教师指导下,了解科学探究需要制订计划。	在教师引导下,能基于所学知识,制订简单的探究计划。	能基于所学的知识,制订比较完整的探究计划,初步具备实验设计的能力和控制变量的意识,并能设计单一变量的实验方案。
搜集证据	在教师指导下,能利用多种感官或者简单的工具,观察对象的外部形态特征及现象。	在教师引导下,能运用感官和选择恰当的工具、仪器,观察并描述对象的外部形态特征及现象。	能基于所学的知识,通过观察、实验、查阅资料、调查、案例分析等方式获取事物的信息。
处理信息	在教师指导下,能用语言初步描述信息。	在教师引导下,能用比较科学的词汇、图示符号、统计图表等方式记录整理信息,陈述证据和结果。	能基于所学的知识,用科学语言、概念图、统计图表等方式记录整理信息,表述探究结果。
得出结论	在教师指导下,有运用观察与描述、比较与分类等方法得出结论的意识。	在教师引导下,能依据证据,运用分析、比较、推理、概括等方法,分析结果,得出结论。	能基于所学的知识,运用分析、比较、推理、概括等方法得出科学探究的结论,判断结论与假设是否一致。
表达交流	在教师指导下,能简要讲述探究过程与结论,并与同学讨论、交流。	在教师引导下,能正确讲述自己的探究过程与结论,能倾听别人的意见,并与之交流。	能基于所学的知识,采用不同的表述方式,如科学小论文、调查报告等方式,呈现探究的过程与结论;能基于证据质疑并评价别人的探究报告。
反思评价	在教师指导下,具有对探究过程、方法和结果进行反思、评价与改进的意识。	在教师引导下,能对自己的探究过程、方法和结果进行反思,做出自我评价与调整。	能对探究活动进行过程性反思,及时调整,并对探究活动进行总结性评价,完善探究报告。

低年级段学生的思维能力处于具体形象思维阶段,因此,关注具体现象与事物的外部特征观察、描述、比较、分类、判断等;中年级段学生的思维能力处于由具体形象思维向抽象逻辑思维过渡的关键时期,因此,在关注具体现象和外部特征的基础上,分析现象和事件发生的条件、过程、原因等,涉及规律性、归纳、推理;高年级段学生具有一定的抽象思维能力,关注事物的结构、功能、变化与相互关系,涉及概括、系统化、控制变量等。[①]

---

① 刘恩山. 义务教育小学科学课程标准解读[M]. 北京:高等教育出版社,2017:64.

三、科学态度目标解读

小学科学课程标准中科学态度总目标是：

1. 对自然现象保持好奇心和探究热情,乐于参加观察、实验、制作、调查等科学活动,并能在活动中克服困难,完成预定的任务。
2. 具有基于证据和推理发表自己见解的意识;乐于倾听不同的意见和理解别人的想法,不迷信权威;实事求是,勇于修正与完善自己的观点。
3. 在科学学习中运用批判性思维大胆质疑,善于从不同角度思考问题,追求创新。
4. 在科学探究活动中主动与他人合作,积极参与交流和讨论,尊重他人的情感和态度。

态度通常是指个人对某一客体所持的评价与心理倾向。科学态度是科学素养的重要维度,也是科学教育固有的教育价值。课程标准中科学态度学段目标包括探究兴趣、实事求是、追求创新和合作分享四个维度,其分学段目标如表3-3所示。

表3-3 科学态度学段目标

维度	1~2年级	3~4年级	5~6年级
探究兴趣	能在好奇心的驱使下,对常见的动植物和物质的外在特征生活中的科学现象、自然现象表现出探究兴趣。	能在好奇心的驱使下,表现出对现象和事件发生的条件、过程、原因等方面的探究兴趣。	表现出对事物的结构、功能、变化及相互关系进行科学探究的兴趣。
实事求是	能如实讲述事实,当发现事实与自己原有的想法不同时,能尊重事实,养成用事实说话的意识。	在科学探究中能以事实为依据,不从众,不轻易相信权威与书本;面对有说服力的证据,能调整自己的观点。	在尊重证据的前提下,坚持正确的观点;当多人观察、实验结果出现不一致时,不急于下结论,而是分析原因,再次观察、实验,以事实为依据做出判断。
追求创新	在教师指导下,能围绕一个主题做出猜测,尝试多角度、多方式认识事物。	乐于尝试运用多种材料、多种思路、多样方法完成科学探究,体会创新乐趣。	能大胆质疑,从不同视角提出研究思路,采用新的方法、利用新的材料,完成探究、设计与制作,培养创新精神。
合作分享	愿意倾听、分享他人的信息;乐于表达、讲述自己的观点;能按要求进行合作探究学习。	能接纳他人的观点,完善自己的探究;能分工协作,进行多人合作的探究学习;乐于为完成探究活动,分享彼此的想法,贡献自己的力量。	能接受别人的批评意见,反思、调整自己的探究;在进行多人合作时,愿意沟通交流,综合考虑小组各成员的意见,形成集体的观点。

（一）探究兴趣

探究兴趣是指人力求认识、探究自然界奥秘或从事科学活动的心理倾向。它总是伴随着良好的情感体验。当一个人对科学和探究发生了兴趣,就会积极、主动地投入科学学习和探究活动中,大胆探索、废寝忘食、克服困难、力求成功,并得到很大的满足。所以,探究兴趣是推动学生进行科学探究和学习的一种最实际的内部动力。许多科学家取得伟大成就的原因之一,就是具有浓厚而稳定的兴趣和强烈的求知欲。因此,小学科学教学的主要任务之一就是培养学生具有积极的科学探究和学习兴趣。

科学探究兴趣是学生在一定的科学探究需要的基础上,在科学探究与学习过程中形成和发展起来的。科学探究兴趣一般分为四个层次:一是直觉兴趣,即对丰富多彩的科学现象的自发兴趣。二是操作兴趣,即通过亲手操作获取现象、观察过程的兴趣。三是因果兴趣,即对探究科学现象发生原因的兴趣。四是理论兴趣,即对把具体的因果认识上升为一套能有效地分析客观事物所进行的过程的理论结构,以及运用该结构中的概念规律能动地解决科学问题的兴趣。从教学中的认知过程看,前两个层次基本处于外部感性兴趣阶段,后两个层次则基本处于内在理性兴趣阶段。教师在教学中如果忽视了前两个层次,直接让学生产生理性兴趣是比较困难的,正所谓欲速则不达。忽略对事物的感性兴趣,兴趣的强度不但会受到削弱,而且可能反而使学生对科学丧失兴趣。另外,停留在直觉兴趣和操作兴趣阶段的学生对学习科学的兴趣,既不易持久,也不利于真正学好科学知识,所以,外部的感性兴趣有待于进一步深化,并上升到内在理性兴趣阶段。一般说来,对科学探究具有相当因果兴趣和理论兴趣的学生,较能持久地进行主动思维,从而学好科学。

课程标准依据上述四个层次对探究兴趣进行分级,小学低年级主要是直觉兴趣和操作兴趣层次,与所学知识和探究活动融合,主要表现为学生能在好奇心的驱使下,对常见的动植物和物质外在特征、生活中的科学现象和自然现象表现出探究兴趣;中年级和高年级主要是因果兴趣,也有部分理论兴趣的成分。中年级的主要表现为学生能在好奇心的驱使下,对现象和事件发生的条件、过程、原因等方面有探究兴趣;高年级的主要表现为学生有对事物的结构、功能、变化及相互关系进行科学探究的兴趣。①

(二) 实事求是

提升学生科学论证能力是科学教育的重要目标。科学论证很重要的特点就是基于证据的思维,这就要求学生形成实事求是的科学态度,具有基于证据和推理发表自己见解的意识;乐于倾听不同的意见和理解别人的想法,不迷信权威;勇于基于证据修正和完善自己的观点。

实事求是这一维度的学段目标进阶为:1~2年级学生具有实事求是的意识;3~4年级学生能基于证据坚持或者调整自己的观点;5~6年级学生能对不一致的结果进行分析,并进行再次观察和实验。②

(三) 追求创新

创新包括创造性思维和创造性人格两个基本心理品质。创造性思维是根据一定的目的,运用一切已知信息,在新颖、独特且有价值地(或恰当地)产生某种产品的过程中表现出来的智能品质或能力。新颖性与价值性是创造性思维的两个基本要求。流畅性、灵活性和独创性是创造性思维的三个主要品质。

---

① 刘恩山. 义务教育小学科学课程标准解读[M]. 北京:高等教育出版社,2017:67.
② 刘恩山. 义务教育小学科学课程标准解读[M]. 北京:高等教育出版社,2017:67.

创造性人格是指主体在后天学习活动中逐步养成,在创造活动中表现和发展起来,对促进人的成才和促进创造成果的产生起导向和决定作用的优良的理想、信念、意志情感、情绪、道德等非智力素质的总和。

科学态度目标的追求创新维度主要从创造性思维和创造性人格两个方面来考虑,结合科学学科的特点和小学生的实际,1~2年级学生尝试从多角度、多方式认识事物,反映创造性思维的流畅性和灵活性;3~4年级一方面强调学生创新的乐趣(属于创造性人格),另一方面要求学生尝试采用多种材料、多种思路、多种方法完成科学探究,反映创造性思维的流畅性和灵活性;5~6年级学生具有大胆质疑的人格特质,能从不同视角提出研究思路(反映创造性思维的流畅性和灵活性),采取新的方法,利用新的材料(反映创造性思维的新颖性和独创性),并能完成探究、设计和制作(能够有产品)。①

(四) 合作分享

合作分享是团队成员为了共同的目标积极主动合作、有效交流分享、协同完成任务的综合能力表现,分享是合作的纽带,合作有助于促进良好的分享。合作分享是个体参与社会和科学议题的主要途径与方法,是21世纪必备的核心素养。

在合作分享维度:1~2年级学生主要能愿意倾听和表达观点;3~4年级学生主要能接纳他人的观点,能分工合作探究,乐于分享;5~6年级学生主要能反思、调整自己的探究,与他人达成共识。②

四、科学、技术、社会与环境目标解读

科学、技术、社会与环境之间相互联系、相互制约,是科学素养的重要内容,是人类共同关注的问题,直接影响科技的进步、人类的生存和社会的发展。一方面人们享受着科技带来的便利;另一方面人们又面临着环境污染、能源危机、交通拥堵、食品安全等问题。绿色、环保、低碳成为现代社会倡导的重要价值观,如何做到经济、社会、环境、资源等协调发展,是必须解决的问题。小学科学课程需要培养学生了解科学、技术、社会和环境的关系,具有保护环境的意识和社会责任感,这一目标是社会主义核心价值观在科学学科中的具体表现。③

科学、技术、社会与环境方面的总目标是:

1. 初步了解所学的科学知识在日常生活中的应用。

2. 初步了解人类活动对自然环境、生活条件及社会变迁的影响;了解社会需求是推动科学技术发展的动力;了解科学技术已成为社会与经济发展的重要推动力量。

3. 初步了解在科学技术的研究与应用中,需要考虑伦理和道德的价值取向;热爱自然,珍爱生命,具有保护环境的意识和社会责任感。

由于核心素养着力解决的是提高学生面对复杂情境下的问题解决能力,因此,将科学探究中所形成的知识应用到真实情境,解决实际问题,是学生核心素养的重要表现。因

---

① 刘恩山. 义务教育小学科学课程标准解读[M]. 北京:高等教育出版社,2017:68.
② 林长春,黄晓. 小学科学课程标准与教材研究[M]. 北京:高等教育出版社,2020:50.
③ 刘恩山. 义务教育小学科学课程标准解读[M]. 北京:高等教育出版社,2017:69.

此,课程标准中关于科学、技术、社会和环境的目标不仅包括科学技术与日常生活的联系、科学技术与社会发展的联系、人类与自然的和谐相处三个方面,而且强调在解决实际问题中的应用。

科学、技术、社会与环境目标按照由具体到抽象、由知识到观念、由简单到复杂、由意识到行动进行分级,1~2年级学生基本在具体、简单、知识水平;5~6年级学生基本在观念与抽象、抽象与复杂、复杂与行动水平;3~4年级学生处于中间水平。表3-4列出了科学、技术与环境方面的学段目标。①

表3-4 科学、技术、社会与环境学段目标

关系	1~2年级	3~4年级	5~6年级
科学技术与日常生活的联系	了解生活中常见的科技产品及其给人类生活带来的便利。	了解科学技术对人类生活方式和思维方式的影响。	了解科学技术可以减少自然灾害对人类生活的影响;了解在科学研究与技术应用中必须考虑伦理和道德的价值取向。
科学技术与社会发展的联系	了解人类可以利用科学技术改造自然,让生活环境不断得到改善。	了解并意识到人类对产品不断改进以适应自己不断增加的需求;了解人类的需求是影响科学技术发展的关键因素。	了解人类的好奇和社会的需求是科学技术发展的动力,技术的发展和应用影响着社会发展。
人类与自然和谐相处	了解人类的生活和生产需要从自然界获取资源,同时会产生废弃物,有些垃圾可以回收利用;珍爱生命,保护身边的动植物,意识到保护环境的重要性。	了解人类的生活和生产可能造成对环境的破坏,具有参与环境保护活动的意识,愿意采取行动保护环境、节约资源。	认识到人类、动植物、环境的相互影响和相互依存关系,了解地球上的资源是有限的,人类活动会对环境产生正面和负面的影响,自觉采取行动,保护环境。

第三节 小学科学课程内容

小学科学课程内容的体系结构

按照围绕核心概念设计小学科学课程内容的思路,《义务教育小学科学课程标准》在科学课程内容设计方面,考虑学生实际情况,以学生能够感知到的科学、技术、工程中一些比较直观、学生有兴趣学习的重要内容为载体,选择了18个主要概念作为小学科学课程的学习内容。其中,物质科学领域、生命科学领域分别有6个主要概念,地球与宇宙科学

---

① 刘恩山.义务教育小学科学课程标准解读[M].北京:高等教育出版社,2017:69.

领域、技术与工程领域分别有 3 个主要概念。这四大领域的 18 个主要概念被分解为 75 个学习内容,分布在 1～2 年级、3～4 年级、5～6 年级三个学段中。如图 3-2 所示。

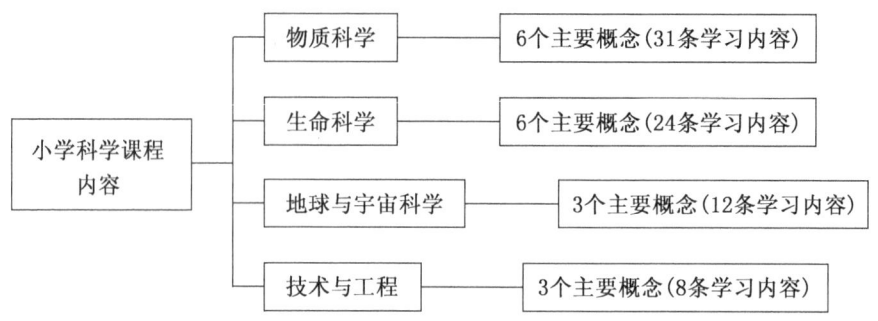

图 3-2 小学科学课程内容的体系结构

小学科学课程内容体系较好反映了当今国际科学教育与课程改革的新动态,也反映了广泛认同的科学大概念、核心概念、学习进阶进入课程内容设计的新思想,标志着我国小学科学教育在课程改革方面迈向新时代的新起点,对小学科学教材的编写、小学科学教学、小学科学教学评价等都具有重要的实践指导意义,大大增强了《义务教育小学科学课程标准》的指导性与可操作性。

一、物质科学领域课程内容解读

(一) 物质科学领域的主要概念

物质科学领域的课程内容选择了适合小学生学习的六个主要概念,分别是:

主要概念 1:物体具有一定的特征,材料具有一定的性能。
主要概念 2:水是一种常见而重要的单一物质。
主要概念 3:空气是一种常见而重要的混合物质。
主要概念 4:物体的运动可以用位置、快慢和方向来描述。
主要概念 5:力作用于物体,可以改变物体的形状和运动状态。
主要概念 6:机械能、声、光、热、电、磁是能量的不同表现形式。

这六个主要概念之间并不是孤立的,而是有着本质的内在联系,其结构关系如图 3-3 所示,具有以下特点:①

(1) 主要概念结构有三个层级。第一层级是"物质世界",非常明确地给出了物质科学的研究对象和研究域;第二层级是"物质""运动"和"能量",它们既是物质科学的三个跨学科主题,也是物质科学的三个学科核心概念;第三层级是三个学科核心主题(概念)的具体化。

(2)"物质""运动"和"能量"概括了物质世界的主要特征。"物质"反映了物质世界的构成性特征,即世界是物质的;"运动"反映了物质世界的存在特征,即物质是运动的;"能量"反映了物质世界"运动"的原因特征,即运动是需要能量的。

---

① 刘恩山.义务教育小学科学课程标准解读[M].北京:高等教育出版社,2017:73.

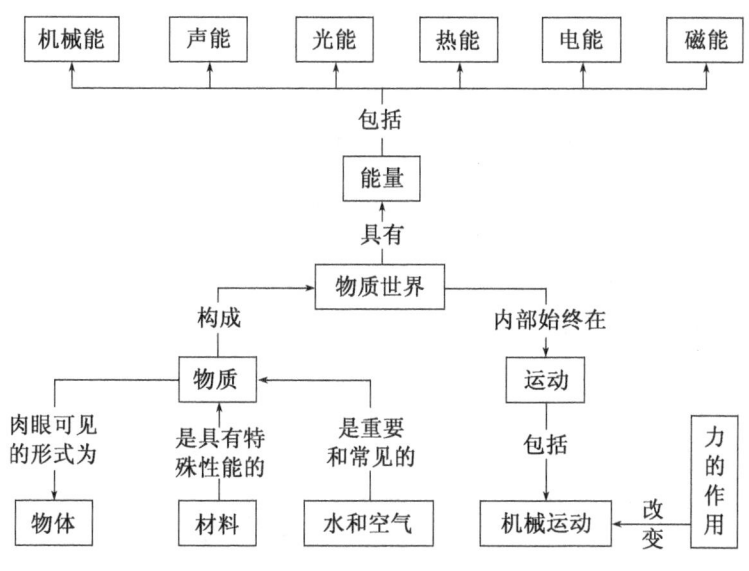

图 3-3 物质科学领域主要概念结构图

（3）三个学科核心主题（概念）的具体化。"物质""运动"和"能量"这三个学科核心主题（概念）的具体化采取了两种方式：一种是以"具体形式"的方式具体化，如"能量"包括机械能、声能、光能、热能、电能、磁能；另一种是以"典型具象"的方式具体化，如水和空气是重要和常见的物质、运动包括机械运动等。

（二）物质科学领域的学习内容

物质科学领域的每一主要概念都分解为若干具体的学习内容，这些学习内容也不是孤立的，它们之间也具有一定的结构。

主要概念 1：物体具有一定的特征，材料具有一定的性能。

该主题共有五项学习内容，分别是：

1.1　物体具有质量、体积等特征。

1.2　材料具有一定的性能。

1.3　物质一般有三种状态：固态、液态和气态。

1.4　利用物体的特征或材料的性能，把混合在一起的物体分离。

1.5　物体在变化时，构成物体的物质可能改变，也可能不改变。

"物质""物体"和"材料"是物质科学中的最基本概念。"物体"是具象化了的物质，"材料"是功能化了的物质，正是通过对具体"物体"特征和"材料"性能的认识，学生才能逐渐形成"物质"概念。因此，学习内容 1.1 和 1.2，其重要价值之一就是引导小学生建立"物质"概念，形成"物质意识"。学习内容 1.3、1.4、1.5 是在学生基本有了物质意识以后，从物质的"状态""变化"和"分离"等方面进一步丰富和拓展物质概念。①

---

① 刘恩山. 义务教育小学科学课程标准解读[M]. 北京：高等教育出版社，2017：74.

主要概念 2：水是一种常见而重要的单一物质。

该主题共有两项学习内容,分别是：

2.1 水在自然状态下有三种存在状态。

2.2 有些物质在水里能够溶解,而有些物质在水里很难溶解。

水是小学生非常熟悉而且常见的一种物质,但他们常把"液态水"称为水,认为"冰"和"水蒸气"并不是水。因此,非常有必要使小学生认识到一杯水、一块冰、一缕水蒸气,虽然是三种不同的物质状态,但这三种物体所含的物质却是一样的,都是水。所以,这一学习内容对于小学生形成物体视角和物质意识具有非常重大的价值。水有非常广泛和重要的用途,其中作为溶剂是水的一大功能,溶解现象是小学生非常熟悉的,以此作为切入口来认识水的价值是适合的。①

主要概念 3：空气是一种常见而重要的混合物质。

该主题共有三项学习内容,分别是：

3.1 空气具有质量并占有一定的空间,形状随容器而变,没有固定的体积。

3.2 空气是由氮气、氧气、二氧化碳等组成的混合物质。

3.3 空气的流动是风形成的原因。

空气是小学生非常熟悉而且常见的一种物质。对小学生而言,这种物质比较特别。特殊之处在于它不像一块冰、一瓶可乐饮料等物体那样容易被感知;它不像水、铁等物体那样只含有一种物质。因此,从物体视角认识空气的特征,从物质视角认识空气的物质组成,就显得尤为重要。学习内容 3.3 是小学生较早接触到的因果性知识,从事实性知识的学习到因果性知识的学习,标志着小学生所学习的物质科学知识的类型和水平的提高。因果性知识具有解释力,科学解释属于高阶思维,因此,因果性知识的学习可以发展小学生的高阶思维能力。②

主要概念 4：物体的运动可以用位置、快慢和方向来描述。

该主题共有三项学习内容,分别是：

4.1 可以用某个物体相对于另一个物体的方向和距离来描述该物体在某个时刻的位置。

4.2 通常用速度大小描述物体运动的快慢。

4.3 物体的机械运动有不同的形式。

儿童在进入小学之前就观察到物体的运动、运动的快慢和位置的变化等现象,对物体的运动比较熟悉,他们能用日常的词语和概念解释物体的运动,但他们并不知道如何科学、准确地描述、了解和预测物体的运动状态。学习内容 4.1 使学生了解如何用科学及数学的方法描述物体的位置以及位置的变化,包括参照物、坐标系等自然科学的基本原理和规则,这是学生理解物体运动的基础。学习内容 4.2 帮助学生理解速度是描述运动状态的基本物理量,通过思考,比较描述物体运动快慢的方法,理解速度的数值计算。学习内

---

① 刘恩山. 义务教育小学科学课程标准解读[M]. 北京：高等教育出版社,2017：75.

② 刘恩山. 义务教育小学科学课程标准解读[M]. 北京：高等教育出版社,2017：75.

容 4.3 可以帮助学生了解物体机械运动的不同形式。①

主要概念 5：力作用于物体，可以改变物体的形状和运动状态。

该主题共有两项学习内容，分别是：

5.1 有的力直接施加在物体上，有的力可以通过看不见的物质施加在物体上。

5.2 物体运动的改变与施加在物体上的力有关。

学习内容 5.1 帮助小学生了解力是物体与物体间的相互作用。由于力并不可见，小学生不易理解且会产生各类迷思概念，因而在小学阶段学习有关力的基本概念，引导小学生建构和感受推力、拉力、摩擦力、磁力、浮力等各种力，并由此理解有些力可直接作用在物体上，如推力和拉力；有些力隔着一段距离也能作用在物体上，如磁力。从而初步建立正确的力的概念，为理解更多更复杂的力打好基础。

学习内容 5.2 表征了力与物体运动的因果关系。通过有关物体运动主要概念的学习，学生虽然能了解到物体位置、速度、运动方向等会随着物体的运动而变化，但对运动变化背后的原因却很难透彻理解，甚至无法将运动与力关联在一起。当然，小学生完全建立力与运动的关系是比较困难的，因此，在小学阶段，帮助学生建立两者之间的联系是首要任务，促进学生理解当有力作用于物体上时，物体的运动状态会发生变化，这有助于小学生建立力与运动之间的正确关系。②

主要概念 6：机械能、声、光、热、电、磁是能量的不同表现形式。

该主题之下有六个学习内容，每个学习内容之下又包括若干具体内容。

6.1 声音因物体振动而产生，通过物质传播。

有关声音的学习内容包括三项具体内容，分别是：

6.1.1 声音可以在气体、液体和固体中向各个方向传播。

6.1.2 声音因物体振动而产生。

6.1.3 声音的高低、强弱与物体振动有关。

"声音"是小学生非常熟悉的日常现象，物体的振动产生声音，这三项具体内容表征出声音产生的原因（内容 6.1.2）、声音的特征（内容 6.1.3）以及声音的传播（内容 6.1.1），是小学生理解声音作为一种能量的表现形式的基础。小学生通过探究活动了解声音在各种介质中的传播，声音在介质中的传播将声源振动的能量向外传递。了解声音传播可以向各个方向进行，感知声音的高低、强弱等特征，观察物体发出声音时伴随着物体的振动，进而了解声音产生的原因，有助于小学生对声音的理解。③

6.2 太阳光包含不同颜色的光，光遇到不同的物质时传播方向会发生改变。

有关光的学习内容包括三项具体内容，分别是：

6.2.1 有的光直接来自发光的物体，有的光来自反射光的物体。

6.2.2 光在空气中沿直线传播；行进中的光遇到物体时会发生反射，会改变光的传播方向，会形成阴影。

---

① 刘恩山. 义务教育小学科学课程标准解读[M]. 北京：高等教育出版社，2017：76.
② 刘恩山. 义务教育小学科学课程标准解读[M]. 北京：高等教育出版社，2017：76.
③ 刘恩山. 义务教育小学科学课程标准解读[M]. 北京：高等教育出版社，2017：77.

6.2.3 太阳光包含不同颜色的光。

这些学习内容包括对光源的认知(内容6.2.1)、光在介质中的传播(内容6.2.2)以及太阳光中的色光(内容6.2.3)。这些科学概念与日常生活现象紧密相关,人类能够通过视觉感知周围的世界有赖于光。可以帮助小学生通过观察和实验探究解释眼睛为什么能看到物体、影子是怎么形成的等问题。①

6.3 热可以改变物质的状态,以不同方式传递。

热是人们常用的一种能量表现形式。

有关热的学习内容包括三项具体内容,分别是:

6.3.1 用温度来表示物体冷热的程度,摄氏度是温度的一种计量单位。

6.3.2 加热或冷却时物体的体积会发生变化;加热和冷却也可以改变某些物质的状态。

6.3.3 热可以在物体内和物体间传递,通常热从温度高的物体传向温度低的物体。

昼夜的变化、四季的更替、地球上不同的气候与物候,都与热现象有关。人类的日常生活也离不开冷与暖的话题。学生在幼儿期就已经接触到一些与热现象相关的自然现象,并在生活中常使用温度、冷、热、传热、保温等日常用语。进入小学阶段,需要帮助学生建立相关的、正确的科学概念,包括学习如何用温度表征物体的冷热程度(内容6.3.1);了解热作为能量的一种形式,如何在自然界传递和转换(内容6.3.3);了解热对物体状态的影响(内容6.3.2)。这既有利于学生建立正确的世界观与宇宙观,也有助于学生建立最基本的对能量的认识,以及对热现象的认识。②

6.4 电可以在特定物质中流动,是人们日常生活中不可缺少的一种能源。

有关电的学习内容包括三项具体内容,分别是:

6.4.1 电路是包括电源在内的闭合回路,电路的通断可以被控制。

6.4.2 有的材料容易导电,而有的材料不容易导电。

6.4.3 电是重要的能源,但有时也具有危险性。

电的利用是人类文明发展史中重要的历史历程,它带来了人类社会的第二次工业革命。如今,电已成为人类日常生活中不可缺少的能源和重要组成部分。因此,学生对电是既熟悉又陌生,了解电的基本知识,学习使用电的基本常识,是小学科学课程中不可缺少的内容。在这条学习内容中,学生通过探究活动了解基本的电路原理,知道如何控制电路(内容6.4.1);了解导电性是材料的一种特性,不同材料的导电性不同,可以利用材料的导电性制成具有特殊用途的元件(内容6.4.2);了解日常生活中、人类如何利用电能,知道电的危险性和防护措施(内容6.4.3)。这些具体内容不仅建构起小学生电学的基本知识,也可将科学学习与日常生活问题紧密结合起来。③

6.5 磁铁有磁性,可对某些物体产生作用。

有关磁的学习内容包括两项具体内容,分别是:

---

① 刘恩山.义务教育小学科学课程标准解读[M].北京:高等教育出版社,2017:77.
② 刘恩山.义务教育小学科学课程标准解读[M].北京:高等教育出版社,2017:78.
③ 刘恩山.义务教育小学科学课程标准解读[M].北京:高等教育出版社,2017:78.

6.5.1 磁铁能对某些物体产生作用。

6.5.2 磁铁总是同时存在着两个不同的磁极,相同的磁极相斥,不同的磁极相吸。

磁是自然界常见的一种自然现象,也是能量的一种表现形式。其原理和微观本质虽然复杂,但磁铁在生活中使用广泛,是开展自然科学教育的良好载体。因此,本条学习内容有利于帮助小学生了解有关磁现象的基本常识。也有助于学生理解磁力的基本属性,以小学生常见的磁铁为研究对象,用探究的方法了解磁极的概念和原理,有助于学生可以将日常现象归纳为科学原理,促进学生对科学本质的理解。①

6.6 自然界有多种表现形式的能量转换。

有关能量转换的学习内容包括两项具体内容,分别是:

6.6.1 自然界存在多种能量的表现形式。

6.6.2 一种表现形式的能量可以转换为另一种表现形式。

能量是物质科学领域中重要的一部分,也是本条主要概念集中要学习的内容。学习内容6.1至6.5,可以帮助学生从声、光、热、电、磁各个部分了解能量的基本形式,最终汇总在内容6.6之下。这不仅从整体上用能量的形式统一了声、光、热、电、磁,表示出这些都是能量的不同形式,并且通过学习内容6.6.2说明这些内容之间是可以相互转换和传递的,从而帮助学生从整体上初步建构能量及能量转换的概念。②

(三) 学习目标的进阶结构

物质科学领域学习内容,不同学段有不同的学习要求和学习目标,具有较为突出的"学习进阶"特征。

1. 知识进阶

物质科学领域的学习内容,从知识视角来看,具有以下进阶特征:③

(1) 从事实性知识到解释性知识

事实性知识一般安排在小学低段(1~2年级),主要是对事物外部特征或具体现象的观察、描述和分类等,如"通过观察,描述物体的轻重、薄厚、颜色、表面粗糙程度、形状等特征""观察并描述水的颜色、状态、气味等特征"等。解释性知识一般安排在小学中段(3~4年级)或高段(5~6年级),主要是对现象的原因与条件或事物的结构与功能的解释,如"知道空气的流动是风形成的原因""通过实验,知道搅拌和温度是影响物质在水中溶解快慢的常见因素""知道温度是影响水结冰和水沸腾过程的主要因素"等。

(2) 从定性知识到定量知识

定性知识一般安排在小学低段,如"观察并描述空气的颜色、状态、气味等特征""知道有些物质能够溶解在水里,如食盐和白糖等;有些物质很难溶解在水里,如沙和食用油等"等。定量知识一般安排在小学中段,如"通过观察,描述一定量的不同物质在一定量水中的溶解情况""观察并描述一般情况下,当温度升高到100 ℃或降低到0 ℃时,水会沸腾或结冰"等。

---

① 刘恩山.义务教育小学科学课程标准解读[M].北京:高等教育出版社,2017:79.
② 刘恩山.义务教育小学科学课程标准解读[M].北京:高等教育出版社,2017:80.
③ 刘恩山.义务教育小学科学课程标准解读[M].北京:高等教育出版社,2017:80.

（3）从具体知识到抽象知识

具体知识一般安排在小学低段，如"辨别生活中常见的材料""观察并描述水的颜色、状态、气味等特征"等。抽象知识一般安排在小学中段，如"知道冰、水、水蒸气虽然状态不同，但都是同一种物质""知道冰、水、水蒸气在形状和体积等方面的区别"等。

（4）从简单知识到复杂知识

简单知识一般安排在小学低段，如"辨别生活中常见的材料"。复杂知识一般安排在小学中段或高段，如"根据物体的特征或材料的性能将两种混合在一起的物体分离开来，如分离沙和糖、铁屑和木屑等""知道有些物体发生了变化，如燃烧后的纸、生锈的铁等，构成物体的物质也发生了改变""知道空气是一种混合物质，氮气和氧气是空气的主要成分"等。

2. 能力发展进阶

物质科学领域的学习内容，从能力发展视角来看，具有以下进阶特征：①

（1）从科学观察到科学实验

科学观察和科学实验是小学生获得物质科学知识的重要途径和方法。课程标准特别重视小学生科学观察能力和科学实验能力发展的进阶设计。科学观察活动一般安排在小学低段，如"通过观察，描述物体的轻重、薄厚、颜色、表面粗糙程度、形状等特征""观察并描述空气的颜色、状态、气味等特征"等。科学实验活动一般安排在小学中段或高段，如"能够使用简单的仪器测量物体的长度、质量、体积、温度等常见特征并使用恰当的计量单位进行记录""通过实验，知道搅拌和温度是影响物质在水中溶解快慢的常见因素""知道温度是影响水结冰和水沸腾过程的主要因素"等。

（2）从简单描述到复杂描述

描述是对所观察的现象进行叙述的一种方法。简单描述是指对物质及其运动和变化的简单特征的直接叙述。复杂描述是指对物质及其运动和变化的过程或复杂特征的叙述。课程标准重视小学生描述能力发展的进阶设计。简单描述一般安排在小学低段，如"观察并描述水的颜色、状态、气味等特征"（简单特征）。复杂描述一般安排在小学中段或高段，如"描述某些材料的导电性、透明程度等性能，说出它们的主要用途"（中段，复杂特征），"观察常见材料的漂浮能力、导热性等性能，说出它们的主要用途"（高段，复杂特征），"描述一定量的不同物质在一定量水中的溶解情况"（中段，过程）。

（3）从特征描述到分类辨识再到因果关联

描述、解释和预测是科学研究的三大基本功能，也是科学家们最主要的研究工作，同时也是科学思维方式的反映和体现。从特征描述到分类辨识，再到因果关联，是科学思维方式在小学阶段的具体体现。课程标准重视小学生科学思维能力发展的进阶设计。"特征描述"一般安排在小学低段或中段，如"描述水的颜色、状态、气味等特征"（低段），"能够使用简单的仪器测量物体的长度、质量、体积、温度等常见特征，并使用恰当的计量单位进行记录"（中段）。"分类辨识"一般安排在小学低段或中段，如"根据物体的外部特征对物体进行简单分类"（低段），"知道冰、水、水蒸气在形状和体积等方面的区别"（中段）。"因

---

① 刘恩山.义务教育小学科学课程标准解读[M].北京:高等教育出版社,2017:81.

果关联"一般安排在小学中段或高段,如"知道空气的流动是风形成的主要原因"(中段),"知道温度是影响水结冰和水沸腾过程的主要因素"(高段)。

二、生命科学领域课程内容解读

(一) 生命科学领域的主要概念

在生命科学领域,主要包括六个主要概念。通过主要概念的学习,小学生应能够从个体的外部形态、结构和生命活动、繁殖以及个体与周围环境(生物环境和无机环境)的关系等方面逐步构建对生命的初步认识。六个主要概念分别是:

主要概念7:地球上生活着不同种类的生物。
主要概念8:植物能适应环境,可制造和获取养分来维持自身的生存。
主要概念9:动物能适应环境,通过获取植物和其他动物的养分来维持生存。
主要概念10:人体由多个系统组成,分工配合,共同维持生命活动。
主要概念11:植物和动物都能繁殖后代,使它们得以世代相传。
主要概念12:动植物之间、动植物与环境之间存在着相互依存的关系。

通过对主要概念7的学习,学生应认识到地球上生存着多种多样的生物,包括生活中常见的各种各样的动物、植物和微生物。从宏观上认识多种多样的生物,符合小学生认识事物的规律,是学生认识生命世界的基础。

主要概念8和9帮助学生从适应的角度认识到动物和植物能够适应环境,同时还应从生存需求的角度认识动物和植物的生活需要一定的条件,动物与植物的主要区别之一是植物所需的营养物质可以通过自己制造,以供自身的生存需要。动物不能自己制造营养物质,要靠从植物或其他动物那里获得。因此,这两个概念是从个体结构和生命活动的层面阐释动物和植物的特点。

主要概念10是关于人体结构的内容,与学生的自身息息相关。通过这一主要概念的学习,学生应能够了解人体用于感知外界环境刺激以及与呼吸和消化有关的主要器官,同时还能了解脑的重要性,并学会保持脑的健康。因此,这个主要概念也是从个体结构和基本生命活动的层面阐释人的特点。

主要概念11的主要内容是生物通过繁殖而使得物种得以生存和延续,学生既要了解生物的生命周期,还要了解不同的繁殖方式,进而理解遗传与进化的基础知识。因此,通过这一主要概念的学习,学生可以逐步建立动态思考的方式,从进化与适应的角度认识生物的多样性。

主要概念12涉及植物、动物和无机环境之间的相互作用,即生物之间,以及生物与无机环境之间相互作用,形成一个统一的有机整体。通过学习,学生应建立系统的思维方式,同时初步尝试从动态和发展的角度认识生物与环境之间的相互关系。

各主要概念之间的关系如图3-4所示。

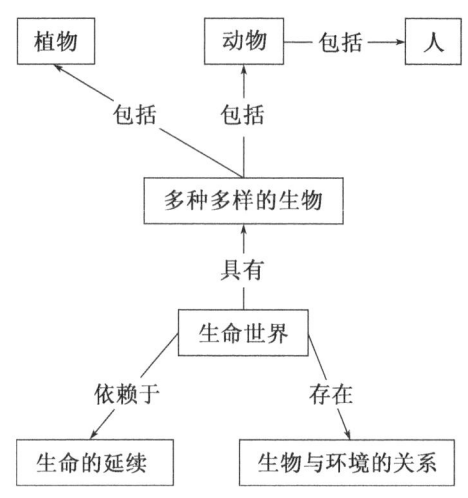

图 3-4 生命科学领域主要概念结构图

从以上分析可以看出,主要概念 7 是从宏观的角度展示生物多样性,主要概念 8、9、10 主要是从个体的形态结构和生命活动的层面认识不同类型的生物,因此这四个主要概念都是从静态的视角认识生命世界的。主要概念 11 是从个体间信息传递的角度分析遗传和变异现象,而主要概念 12 则是从系统的角度阐述生态系统中各要素之间的相互作用。因此,学生的学习是从直观到抽象,从感性到理性,由表及里,逐渐认识生命世界的过程。①

(二) 生命科学领域的学习内容

生命科学领域中的每个主要概念都分解为若干项具体的学习内容,这些学习内容是主要概念的下位概念,是对主要概念的进一步阐释,它们共同构成了生命科学领域的内容体系。

主要概念 7:地球上生活着不同种类的生物。

这个主要概念共包含五项学习内容,分别如下:

7.1 生物具有区别于非生物的特征。

7.2 地球上存在不同的动物,不同的动物具有许多不同的特征,同一种动物也存在个体差异。

7.3 地球上存在不同的植物,不同的植物具有许多不同的特征,同一种植物也存在个体差异。

7.4 细胞是生物体的基本组成单位。

7.5 地球上多种多样的微生物与我们的生活密切相关。

在学习时,学生通过列举身边常见的生物,尝试区别生物和非生物,并初步归纳生物的主要特征。在此基础上进一步区分植物和动物,尝试归纳各自的共同特征,初步建立植物和动物这两个重要生物类群的概念。学生还会发现,同一种动物或植物在形态结构上

---

① 刘恩山. 义务教育小学科学课程标准解读[M]. 北京:高等教育出版社,2017:92-93.

也会存在个体差异,这种差异就是生物变异的重要表现。而对于微生物这一生物类群,由于大部分微生物个体微小,不易观察和辨认,因此,在小学阶段仅要求学生初步了解微生物与人类生活的关系。最后,学生要通过观察,初步认识到绝大部分生物体都是由细胞构成的,即细胞是生物体的基本组成单位。

从以上分析可知,这一概念主要是要求学生通过个体特征的描述,进行比较和归纳,理解不同生物类群的主要特征,同时还要找到不同生物类群,以及同种生物不同个体之间的差异,从而初步建立生物多样性的概念。①

主要概念 8:植物能适应环境,可制造和获取养分来维持自身的生存。

这个主要概念共包含三项学习内容,分别如下:

8.1 植物具有获取和制造养分的结构。

8.2 植物的一生会经历不同发展阶段,其外部形态结构也会发生相应的变化。

8.3 植物能够适应其所在的环境。

学生在学习时,应该从生活经验出发,说出植物生存需要的基本条件,如水、阳光等。从植物体的结构层次的角度,了解个体的基本构成及其相应的主要功能,特别是认识到植物体可以通过绿色叶片自行制造生存所需的养分。从个体生命周期的动态视角,认识植物体一生所经历的不同阶段。从个体与环境相互作用的角度,认识植物体在形态结构等方面的不同特点可以使其适应环境,以维持良好生存状态的需求。②

主要概念 9:动物能适应环境,通过获取植物和其他动物的养分来维持生存。

这个主要概念共包含三项学习内容,分别如下:

9.1 动物通过不同的器官感知环境。

9.2 动物能够适应季节的变化。

9.3 动物的行为能够适应环境的变化。

在学习时,学生应该从生活经验出发,说出动物可以通过不同的器官(如眼、耳、鼻、皮肤、四肢、鳃等)感知外界环境的刺激,了解这些器官的主要功能。学生还应进一步理解动物需要从外界获得营养物质以维持自身的生存,这也是区别于植物的主要特征之一。最后,从动物行为变化的角度认识动物对环境变化的适应,例如迁徙、毛色在不同季节的变化等,这些都是动物适应环境变化时在行为方面所发生的变化,其根本目的是维持良好的生存状态。③

主要概念 10:人体由多个系统组成,分工配合,共同维持生命活动。

这个主要概念共包含五项学习内容,分别如下:

10.1 人体有感知各种环境刺激的器官。

10.2 人体具有进行各种生命活动所需的器官。

10.3 人脑具有高级功能,能够指挥人的行动,产生思想和情感,进行认知和决策。

10.4 脑需要被保护。

---

① 刘恩山.义务教育小学科学课程标准解读[M].北京:高等教育出版社,2017:94.
② 刘恩山.义务教育小学科学课程标准解读[M].北京:高等教育出版社,2017:94.
③ 刘恩山.义务教育小学科学课程标准解读[M].北京:高等教育出版社,2017:94.

10.5 生活习惯和生存环境会对人体产生一定影响。

学生在学习时,首先应该从自身的外部结构出发,说出人体与外界环境传递信号的重要器官,如眼、耳、鼻、舌、皮肤等,了解这些器官可以帮助人体感知外界环境的刺激,有助于趋利避害。其次,认识人体的内部器官,例如与呼吸和消化相关的器官,初步认识这些器官的主要功能。再次,由于脑科学的发展非常迅速,加之脑是人思想和行为的控制中心,因此,学生还要了解脑的主要功能,并在生活和学习中学会保护脑。最后,学生要从健康的角度认识到生活习惯和生存环境对人体健康的影响,以帮助他们认识到养成良好生活习惯、保护环境对人体健康的重要性。①

主要概念11:植物和动物都能繁殖后代,使它们得以世代相传。

这个主要概念共包含四项学习内容,分别如下:

11.1 生物有生有死;从生到死的过程中,有不同的发展阶段。

11.2 生物繁殖后代的方式有多种。

11.3 生物体的后代与亲代非常相似,但也有一些细微的不同。

11.4 有些曾经生活在地球上的植物和动物现在已不复存在,而有些现今存活的生物与它们具有相似之处。

学生在学习时,主要是从繁殖、遗传、变异和进化等方面理解生命现象。首先由他们最熟悉的生物生死现象入手,使他们进一步认识到生死之间有不同的发展阶段。其次,在此基础上进一步思考生物是如何世代延续的,这就过渡到了繁殖产生后代这一话题上,通过学习,了解不同的繁殖方式,例如有性生殖、营养繁殖、胎生、卵生等。在此过程中,还可以进一步发现后代与亲代,以及后代之间都有许多相似之处,也有差异性,这也就是遗传与变异现象。最后,学生要从长时间轴的角度理解生物从古至今的发展历程,即生物进化。②

主要概念12:动植物之间、动植物与环境之间存在着相互依存的关系。

这个主要概念共包含四项学习内容,分别如下:

12.1 动物和植物都有基本生存需要,如空气和水;动物还需要食物,植物还需要光。栖息地能满足生物的基本需要。

12.2 动物的生存依赖于植物,一些动物吃其他动物。

12.3 动物会给植物的生存带来影响。

12.4 自然或人为干扰能引起生物栖息地的改变,这种改变对于生活在该地的植物和动物种类、数量可能产生影响。

学生需要从不同生物之间,以及生物与环境之间的相互关系理解生物多样性是如何保持的,即理解生态系统各成分的关系。首先,应该从生物成分的角度理解动植物的生存条件,明确二者之间的共性和不同之处。其次,理解动物与植物,以及与其他动物之间的相互捕食关系,即食物链和食物网,这是生态系统的营养结构基础。最后,理解生态系统的任何一个成分发生变化时,其他成分都会发生变化,尤其是理解人类活动对动物、植物

---

① 刘恩山.义务教育小学科学课程标准解读[M].北京:高等教育出版社,2017:95.
② 刘恩山.义务教育小学科学课程标准解读[M].北京:高等教育出版社,2017:95.

和环境产生的负面影响,使学生逐渐形成环保意识。①

三、地球与宇宙科学领域课程内容解读

(一) 地球与宇宙科学领域的主要概念

"地球与宇宙科学"领域将帮助学生形成以下三个主要概念:

主要概念13:在太阳系中,地球、月球和其他星球有规律地运动着。

主要概念14:地球上有大气、水、生物、土壤和岩石,地球内部有地壳、地幔和地核。

主要概念15:地球是人类生存的家园。

其知识结构如图3-5所示。

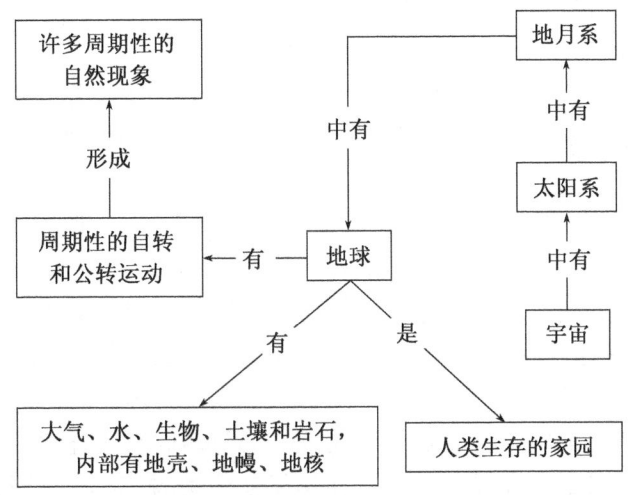

图3-5 地球与宇宙科学领域主要概念结构图

结构图的上半部分主要体现本领域的主要概念13,涉及的知识目标:了解与地球相关的宇宙环境,知道"宇宙""太阳系""地月系"的基本概况,以及在这样的宇宙环境中,"地球周期性的自转和公转运动"及其形成的"许多周期性的自然现象"。结构图的左下部分主要体现本领域的主要概念14。结构图的右下部分主要体现本领域的主要概念15。

上述三个主要概念既有各自独立的知识线条,也有不可分割的相互关系。地球是宇宙空间中的一个天体,是目前唯一适于人类生存的星球。无论是认识宇宙空间的基本结构,以及从宇宙空间的角度认识地球,还是认识地球本身的物质组成,小学生都是非常感兴趣的。地球在宇宙空间中的运动包括自转和公转,这两种运动的综合作用使地球上产生了许多具有周期性的自然现象。这些自然现象是地球上大气、水、土壤、岩石、生物等物质要素运动变化的基础。大气、水、土壤、岩石、生物等物质要素的运动变化使地球形成了不同的地理环境,并影响着人类的活动。在当代,人类活动对地球环境乃至宇宙环境的影响日趋加剧,"人地关系"的讨论日益升温。因此,对于地球与宇宙科学的学习目标必然延

---

① 刘恩山.义务教育小学科学课程标准解读[M].北京:高等教育出版社,2017:96.

伸到人类活动,这样也体现了学习的实用价值。①

(二) 地球与宇宙科学领域的学习内容之间的联系②

本领域围绕三个主要概念,确定了12条学习内容。

主要概念 13:在太阳系中,地球、月球和其他星球有规律地运动着。

地球作为太阳系中的一颗行星,其自转和公转的周期性运动形成了许多有规律的自然现象。据此,确定了两条学习内容:

13.1 地球每天自西向东围绕地轴自转,形成昼夜变化等有规律的自然现象。

13.2 地球每年自西向东绕太阳公转,形成四季等有规律的自然现象。

月球是和我们最靠近的自然天体,也是地球唯一的天然卫星,地月系的周期性运动使月相呈现有规律的变化。据此,确定了第三条学习内容:

13.3 月球围绕地球运动,月相每月有规律地变化。

正如地球是人类的家园一样,太阳系是地球的家园。而太阳作为银河系中的一颗恒星,银河系是太阳系的家园,银河系又仅仅是宇宙中千亿个星系中的普通一员。据此,确定了第四条学习内容:

13.4 太阳系是人类已经探测到的宇宙中很小的一部分,地球是太阳系中的一颗行星。

从地球、月球(地月系),到太阳系,再到银河系、宇宙,上述四条学习内容不仅涵盖了天体(地球—行星、月球—卫星、太阳—恒星)、空间(地月系、太阳系、银河系、宇宙)等基本的宇宙知识,而且涵盖了基本的时间(日—地球自转、月—月球运动、年—地球公转)概念。这些内容的学习有利于学生初步形成"宇"(空间)"宙"(时间)的完整概念。

主要概念 14:地球上有大气、水、生物、土壤和岩石,地球内部有地壳、地幔和地核。

大气圈是地球外圈中最外部的由气体组成的圈层,它包围着海洋和陆地。水圈包括地球上的海洋、江河、湖泊、沼泽、冰川和地下水等液态水和固态水,它是一个连续但不规则的圈层。大气圈和水圈结合,组成地表的流体系统,它们的相互作用使地球上的天气和气候发生变化,也使地球表面沧桑巨变。同时,水作为一种自然资源,对人类的生产生活影响巨大。据此,确定了两条学习内容:

14.1 地球被一层大气圈包围着。

14.2 地球表面有由各种水体组成的水圈。

这两条学习内容不仅相互联系,而且与"物质科学"中的水(课程内容 1.3 和 2.1)、空气(课程内容 3.2 和 3.3)的内容密切联系。

土壤(圈)是地球表面环境的基本组成要素之一,处在岩石圈、水圈、大气圈和生物圈紧密接触的地带,它是在自然条件和人类因素共同作用下形成的。土壤是人类重要的自然资源和生产资料。据此,确定了第三条学习内容:

14.3 陆地表面大部分覆盖着土壤,生存着生物。

科学家通过对地震波、地磁场和火山爆发的研究,揭示了地球内部圈层的一些秘密。

---

① 刘恩山.义务教育小学科学课程标准解读[M].北京:高等教育出版社,2017:108.

② 刘恩山.义务教育小学科学课程标准解读[M].北京:高等教育出版社,2017:109-110.

地壳主要由岩石构成(岩石圈),沉积岩、岩浆岩和变质岩是三大类岩石,它们的形成原因不同,具体的类型和特征也有很大区别。地表形态是构成地理环境的要素之一,剧烈地震、火山爆发等突发性地质过程是导致地表形态变化的主要原因。据此,确定了两条学习内容:

14.4 地球表面覆盖着岩石。

14.5 地球内部可以划分为地核、地幔和地壳三个圈层。

大气圈、水圈、土壤圈、岩石圈等地球系统的组成物质相互联系、相互作用,形成各种生态系统,各种生态系统构成了一个完整的生物圈,为生活在其中的人类和生物提供生存的基本条件。因此,本专题的学习内容与"生命科学"中的一些内容(课程内容 8.3、9.3、12.1 和 12.4 等)有联系。通过学习这些内容,学生初步了解地球系统的组成物质的性质、变化规律及其相互之间的联系,初步形成对地球面貌的完整认识。

主要概念 15:地球是人类生存的家园。

地球物质不仅为人类和其他生物提供了基本的生存环境,而且提供了生存的必需资源。资源根据属性特征不同,可分为再生性资源和非再生性资源。再生性资源在合理开发利用和正确管理保护下,可以不断地更新再生,实现良性循环。非再生性资源在人类发展史上,数量相对固定,不能循环再现,随着人类利用资源的规模扩大,这类资源面临着日趋枯竭的威胁。据此,确定了两个学习内容:

15.1 地球为人类生存提供各种自然资源。

15.2 人类生存需要不同形式的能源。

在人类生存的过程中,需要防御各种灾害。其中,既有自然灾害,也有人为(人类活动)灾害,这些灾害严重影响甚至威胁人类自身。据此,确定了学习内容:

15.3 人类生存需要防御各种灾害,人类活动会影响我们生存的环境。

这一主要概念的学习内容并非是独立的,而是第二个主要概念中(甚至包括第一个主要概念中)各学习内容的延续,重在使学生在了解地球组成物质基本特征的基础上,引导学生关注资源、能源与环境问题,初步树立合理利用和保护自然和环境的意识,积极选择有益于自然环境的生活方式。

(三) 学习内容在不同年段分布学习目标的总体考量①

围绕三个主要概念和 12 条学习内容,本领域确定了 55 项学习目标,分布在低、中、高三个年段。

一是考量同一学习内容中科学知识的适切性,即哪类知识适合在哪个年段学习。在低年级阶段,学习的科学知识大多属于事实性知识,即对观察的物体和事件进行客观、确定的陈述,主要是用感觉器官观察世界时形成的感觉经验。在此阶段,学生的认知表现主要是记忆和判断。在中年级阶段,学习的科学知识大多属于规律性知识,即将观察到的事物、现象进行分类、归纳,总结规律,形成概念。在此阶段,学生的认知表现向推理方向发展。在高年级阶段,学习的科学知识主要涉及原理性知识,即通过观察和研究部分事件和

---

① 刘恩山. 义务教育小学科学课程标准解读[M]. 北京:高等教育出版社,2017:111.

情况,概括出一般性的结论,用来解释其他相似的事物或情况。在此阶段,学生的认知表现向运用知识进行分析、解释的方向发展。总体而言,在横向结构上,注重科学知识和科学方法的分布从简单到复杂、从低级到高级,不断上升、不断提高。当然,并不是所有的学习内容都要确定三个阶段的学习目标,需要根据小学生对这一学习内容的理解能力来把握。

二是考量不同学习内容的学习目标在各个阶段的分量分布是否合适。从学习目标的总体安排看,低年段安排了 8 项学习目标,三个主要概念要求的学习目标数量分别为 4、3、1;中年段安排了 21 项学习目标,三个主要概念要求的学习目标数量分别为 6、11、4;高年段安排了 26 项学习目标,三个主要概念要求的学习目标数量分别为 9、7、10。地球与宇宙科学部分内容的学习相对较难,中年级和高年级安排的学习目标比低年级多,而且难度大一些是合适的。就三个主要概念本身的综合性而言,第三个主要概念更为综合,因此在高年级安排了较多的学习目标。

四、技术与工程领域课程内容解读

技术与工程领域是 2017 年版《义务教育小学科学课程标准》新增的内容,是对物质科学领域、生命科学领域和地球与宇宙科学领域内容的实践运用层面综合的表达,不仅丰富了小学科学教育的内涵,也使儿童获得了更广阔的发展空间。儿童的工程技术实践活动与科学探究活动具有同等重要的地位和作用,它们相互补充、相得益彰,是小学科学教育中不可分割的两个方面。

(一) 技术与工程领域的主要概念

在教学中,教师应帮助学生形成三个主要概念:

主要概念 16:人们为了使生产和生活更加便利、快捷、舒适,创造了丰富多彩的人工世界。

主要概念 17:技术的核心是发明,是人们对自然的利用和改造。

主要概念 18:工程技术的关键是设计,工程是运用科学和技术进行设计、解决实际问题和制造产品的活动。

针对这三个概念,必须梳理清楚科学、技术与工程三者之间的关系。如图 3-6 所示。

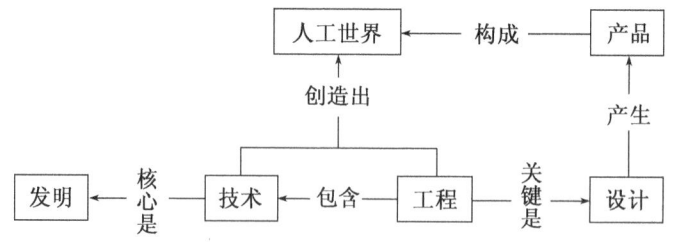

图 3-6 技术与工程领域主要概念结构图

技术与工程能够创造丰富多彩的人工世界。技术的核心是发明,工程的关键是设计,一项工程包含若干技术系统。工程设计可以产生产品,技术发明也可以产生产品,正是不同的产品构成了人类社会多姿多彩的人工世界。

一般而言,科学是对自然界客观规律的探索,科学的任务是要有所发现,从而增加人类的知识和精神财富。科学知识的基本形式是科学概念、科学假说和科学定律,科学活动最典型的形式是科学研究,包括科学实验和理论研究,进行科学活动的主要社会角色是科学家。技术是改造世界的手段、方法和过程,它要求在科学认识的基础上有所发明,从而增加人类的物质财富并使人类生活得更美好。技术知识的基本形式是技术原理和操作方法,技术活动的最典型方式是技术开发,包括发明、拓展、重组、创新等,其主要社会角色是发明家。工程是实际的改造世界的物质实践活动和建造实施过程,工程要有所创造,从而为人类生存发展条件建造所需要的人工自然与物品。工程知识的主要形式是工程原理、设计和施工方案以及建造出来的物品等,工程活动的基本方式是计划、预算、执行、管理、评估等,进行工程活动的基本社会角色是工程师。①

(二) 技术与工程领域的学习内容②

主要概念16:人们为了使生产和生活更加便利、快捷、舒适,创造了丰富多彩的人工世界。

16.1 人工世界和自然世界不一样。

自然世界和人造世界不一样是指,构成人工世界、自然世界产品的构成和这些产品的产生方式不一样。所谓自然世界指的是由自然物构成的世界,是自然界存在的具有实体与能量的物质的总和。自然物就是天然生成之物,具体说来就是不经人力干预而天然生成之物,在地球上原本就有的或经过自然作用产生的,如鸟雀、野兽、鱼虫、草木、矿物等。人对自然具有天然的依赖关系。人是自然界的一部分,人要靠自然界生活。人通过使用工具认识和改造自然,离开自然环境,人类就无法生存。

人类在认识与改造自然的同时,也利用科学技术创造了无比神奇的人工世界。人工世界由各种各样的人造物构成,高楼大厦、汽车马路、手机电视等人造物构成了丰富多彩的人工世界。人造物给人类生活带来了便利、快捷与舒适,提高了人们的生活质量。在人类的发展历史上,人掌握的改造自然的方式都与满足人的自身生存需要有关,与人追求自身的价值有关。

16.2 技术与工程产品改变了人们的生产和生活。

科学技术让我们的生活更加轻松便捷,提高我们的生活质量。随着科学技术的迅速发展,一项新技术的诞生常常会直接促进人类形成新的生活方式、生存方式和思维方式。如今,气象预报能让我们早做准备、减少损失;食品的加工与保存技术能让我们享受到四季与各地的美味;使用机械节省了大量的人力,制造技术改变了人类的劳作方式,电力的发明与电器的使用更使生活变得方便、舒适;信息技术改变了人类的通信方式,手机和电视使我们便于沟通信息、传播知识,微信和淘宝则让我们交往和购物的方式发生了彻底的改变;生化技术改变了生物的繁殖和生长方式;建筑工程改变了人类的居住和生活模式;高铁和飞机改变了人类的出行方式;基因工程更是改变了人类对疾病的认识。

---

① 刘恩山.义务教育小学科学课程标准解读[M].北京:高等教育出版社,2017:111.
② 刘恩山.义务教育小学科学课程标准解读[M].北京:高等教育出版社,2017:125-132.

主要概念17：技术的核心是发明，是人们对自然的利用和改造。

17.1 技术发明通常蕴含着一定的科学原理。

科学与技术有着不同的目的和任务：科学活动是为了认识自然，技术活动则为了改造自然。相应地，科学和技术的结果也不一样：科学活动的结果是获得新的知识，而技术活动的结果则是创造新的产品。同时，科学和技术之间是相互联系、相互依赖、相辅相成的。人们改造自然的活动必须建立在认识自然规律的基础之上，而认识自然则是为了改造自然。科学的理论来源于实践，同时也要应用于实践。技术的发明需要建立在有关科学原理的基础上，同时也促进和丰富了人们的科学认识，技术依靠科学同时又促进科学的发展。

17.2 技术包括人们利用和改造自然的方法、程序和产品。

技术是人们为了满足需求而对自然界进行改变的各种操作方法和技能，表现为运用知识、工具和技能解决实际问题的一种能力，是人们在生产实践过程中所利用的各种方法、程序、规则技巧的总称。它帮助人们解决"做什么""怎样做"以及"怎样做得更好"等问题。技术更普遍为人所知的还是产品及产品所产生的社会效益。

17.3 工具是一种物化的技术。

使用工具指动物利用外界物体作为身体功能的延伸，以达到某种目的。工具、机器或其他设备只是技术的一种物化形态，是形于外的现象，而那些内在的技术原理，以及制造、使用和维修的方式方法，则看不见，摸不着，只有靠理论思维才能把握。工具的使用使人类的劳动得到节约。从本质上说，工具是一种物化的技术。

主要概念18：工程技术的关键是设计，工程是运用科学和技术进行设计、解决实际问题和制造产品的活动。

18.1 工程是以科学和技术为基础的系统性工作。

《辞海》将工程定义为"以某组设想的目标为依据，应用有关的科学知识和技术手段，通过一群人的有组织活动将某个(或某些)现有实体(自然的或人造的)转化为具有预期使用价值的人造产品过程"。

18.2 工程的关键是设计。

在小学阶段的技术与工程教育往往表述为工程技术，并没有做出严格的区分，内容围绕实践的行动和规则，主要解决科学活动中"如何做"的问题。"一项工程"一定是若干领域的科学和若干技术的综合应用，通过一系列综合应用，优化组合，使自然界的物质和能源的特性能够通过各种结构、机器、产品、系统和过程，用最短的时间和精而少的人力做出高效、可靠且对人类有用的东西。在这个过程中，最为关键的就是设计。设计是基于一定设想的、有目的的规划及创造活动。

18.3 工程设计需要考虑可利用的条件和制约因素，并不断改进和完善。

任何一项工程，在将书面的或头脑中的原理进行工程化，也就是付诸现实的造物活动时，不仅要考虑技术的可行性，还要考虑设备、资金、人员配备、环境、多种方案的决策、工程风险等诸多问题，其中任何一个环节出错都会使工程无法得到有效的实施，甚至会失败。

(三) 技术与工程领域不同年段学习目标的进阶关系①

16.1 人工世界和自然世界不一样。

1~2年级	3~4年级	5~6年级
知道植物、动物、河流、山脉、海洋等构成了自然世界,而建筑物、纺织产品、交通工具、家用电器、通信工具等构成了人工世界。 知道我们周围的人工世界是由人设计并制造出来的。	区分生活中常见的天然材料和人造材料。	

儿童从出生开始,就接触周围的物质世界。在幼儿园阶段,儿童通过"种养殖"活动、在大自然中踏青和春游活动,已经对自然界的事物有了较多认识。同时,儿童始终生活在一个人工的物质世界中,但是他们从未区分过这两个世界有什么不同。在小学低年级阶段有两条目标,儿童需要知道植物、动物、河流、山脉、海洋等构成的是一个自然世界,而建筑物、纺织产品、交通工具、家用电器、通信工具等构成的是一个人工世界,并且需要意识到人工世界是由人设计并制造出来的。儿童通过区分生活中常见的自然物和人造物来认识自然世界和人工世界的组成,由此建立起自然世界和人工世界这两个概念。

到了小学中年级,儿童则需要区分生活中常见的天然材料和人造材料。材料是制造工具和产品的基本要素,人们通过设计和改造自然物的材料、结构和形状,来实现不同的功能。儿童通过接触生活中的常见材料,如铜、铁、铝、木头、石头、塑料等,知道它们的基本性质,如质地、软硬等,并且利用它们制作简单的工具和器物。这里需要注意的,自然材料和自然物是两个不同的概念。自然物一定是自然材料构成的,但是自然材料构成的物品不一定是自然物。例如,柳条是自然物,但用柳条编制成的柳条筐则是人造物。

该条目在小学高年级没有具体的要求,学生可在中、低年级的基础上去了解人工世界中不断出现的新材料,如纳米材料、合金材料等。

16.2 技术与工程产品改变了人们的生产和生活。

1~2年级	3~4年级	5~6年级
体会生活中科技产品带来的便利、快捷和舒适。 知道周围人工世界是由人设计并制造出来的。	举例说出制造技术、运输技术、建筑技术、能源技术、生化技术、通信技术的产品。	知道重大的发明和技术会给人类社会发展带来的深远影响和变化。 知道某些科技产品可能对人类生活和环境产生负面影响。

根据小学低年级学生的认知水平和年龄特点,在此阶段要让他们更多地体会科技产品给人们带来的各种各样的便利、快捷和舒适,如电灯给人们照明带来方便、手机给人们通话带来方便等,体会技术与工程的产品能够让人类生活得更加舒适和美好。当然,也要知道如何安全妥善地使用生活中常见的工具,如剪刀、钳子等。学生还可以认识生活中常见仪器和工具,了解它们对人体器官的拓展功能,如显微镜、传感器等。了解常见的数字传感技术和传感器,知道现代数字传感技术高度发达,能够更精确地测量和工作。

---

① 刘恩山. 义务教育小学科学课程标准解读[M]. 北京:高等教育出版社,2017:132-140.

到了中年级，学生需要了解与人类生产生活密切相关的六大技术领域的相关产品，并且能够说出制造技术、运输技术、建筑技术、能源技术、生化技术、通信技术的产品。

到了小学高年级，学生需要达到两条学习目标：知道重大的发明和技术会给人类社会发展带来的深远影响和变化；知道某些科技产品可能对人类生活和环境产生负面影响。落实本条目的有关教学一定要渗透科学技术史教育。例如，认识农业时代、工业时代和信息时代的工具特点与科技产品，尤其是要认识人类历史上重要的科技创新与发明，如电的发现和电灯发明、蒸汽机的发明和改进、计算机和互联网的产生等。

科学技术改变了人类的生产和生活，这种改变既有正面的影响，也有负面的影响。科学技术中的伦理问题由来已久。技术伦理是科学家不可回避的问题，也是教学中不可避免的问题。

17.1 技术发明通常蕴含着一定的科学原理。

1～2年级	3～4年级	5～6年级
	知道一些著名工程师、发明家的研究事迹，了解他们的设计和发明过程。	知道很多发明可以在自然界找到原型，能够说出工程师利用科学原理发明创造的实例。

由于低年级学生还不能明确进行身份识别，还较难准确区分科学家和工程师的工作性质和工作范围。低年级学生只能了解一些简单的科技产品的名称及其用途，对科技产品的技术原理还不能明白。他们更多地着眼于现象，着眼于生活，缺乏探究原理的能力和认知储备，所以，本条目学习内容在低年级不做要求。

到了小学中年级，学生需要了解现代社会与科学技术相关的职业，能够区分科学家和工程师的工作范围，知道工程师是当今社会不可或缺的职业群体，需要知道一些著名工程师、发明家的研究事迹，了解他们的设计和发明过程。同时也应该知道著名科学家的研究事迹，了解他们进行科学研究的过程。

在高年级，学生需要知道很多发明可以在自然界找到原型，能够说出工程师利用科学原理发明创造的实例。例如，蝙蝠和雷达、眼睛和照相机之间的关系等；了解科学上重要的发现及其过程，体会科学发展需要有毅力及勇于创新的科学从业人员的努力；了解科学发现过程中科学家所拥有的批判思考、探究思考及创造思考的特点和作用。

17.2 技术包括人们利用和改造自然的方法、程序和产品。

1～2年级	3～4年级	5～6年级
认识周围简单科技产品的结构和功能。	举例说出改变方法和程序可以提高工作效率。	认识生活中保温、防霉、防锈等技术的应用。

技术就是人们运用知识、信息、经验和技能，并借助于一定的物质手段以达到认识、改造、利用、控制、组织和管理自然与社会的完整系统和过程。

在小学低年级，我们需要引导学生认识物化层面的技术，认识周围简单科技产品的结构和功能。例如，知道和了解剪刀、锤子、电冰箱、洗衣机、电饭锅、自行车等生活中常见的工具；比较人力和机器的区别；认识文字、电话、手机、网络、电视录音、录像设备等常见的信息传播设备，能够制作土电话通话筒，传送声音信息等。

到小学中年级,需要引导学生认识人化的技术,这也意味着,对技术的内涵有更为深刻的认识,包括认识工艺程序、规则方法系统等。意识到改变方法和程序可以提高工作效率。

在小学高年级,则侧重于认识生活中保温、防霉、防锈等技术的应用,例如,了解生活中常见的食品保存、加工技术,如腌制、冷藏、风干等;了解生活中的食品技术和食品安全问题,如食品防腐和保鲜、食品添加剂的安全等;了解生活中的隔热保温技术和产品;了解生活中的防霉技术,知道酒、醋、酱是生物发酵的结果;了解防锈技术等。

17.3 工具是一种物化的技术。

1~2年级	3~4年级	5~6年级
认识常见工具,了解其功能。使用工具对材料进行简单加工。描述肉眼观察和简单仪器观察的不同。	使用和制作简易的古代的测量仪器模型,如日晷、沙漏等。知道使用工具可以更加精确、便利和快捷。	知道完成某些任务需要特定的工具。知道杠杆、滑轮、轮轴、斜面等是常见的简单机械。使用杠杆、滑轮、轮轴、斜面等简单机械解决生活中的实际问题。

在小学低年级,需要帮助学生认识生活中常见的劳动工具,了解其名称及功能;会使用工具对物品进行简单加工,如使用锤子、镊子、小刀等;会使用工具对材料进行简单加工;描述肉眼观察和简单仪器观察的不同。

到小学中年级,学生则需要使用和制作简易的古代的测量仪器模型,了解生活中常见仪器及其功能;会操作和使用这些简单的仪器,例如,温度计、测力计、指南针等;会使用常见的体积测量仪器,如量筒、量杯、雨量器等;会使用常见的长度测量工具、时间测量仪器和观察仪器;能认识并会制作和使用古代的测量仪器,如日晷、沙漏等;知道时间测量的简单原理;知道使用工具可以更加精确、便利和快捷。

小学高年级的学生应该知道杠杆、滑轮、轮轴、斜面等是常见的简单机械,并会使用简单机械解决生活中的实际问题。对于杠杆的原理、滑轮和轮轴是杠杆的变形、斜面的原理不做教学要求,只需了解浅显的简单机械的各种现象和在生活中的运用就行了,只需要了解人们利用一些装置来改变力的传递方向、大小,控制物体的运动状态等。

18.1 工程是以科学和技术为基础的系统性工作。

1~2年级	3~4年级	5~6年级
	举例说出,一项工程运用到的科学技术和原理,如汽车刹车系统的设计中运用到的科学与技术。	了解一项工程需要由多个系统组成,如建造住宅需要考虑结构、供水、采光、供暖系统等。

工程活动是技术要素和非技术要素的集成,是一个系统,而不是要素的简单累加。作为一个系统,工程既有整体性的新特征,又有技术要素和非技术要素的非线性相关机制。因此,在中年级,只要求学生举例说出一项工程运用到的科学技术和原理,例如,汽车刹车系统的设计中运用到的科学与技术;了解家庭电力的供应系统,并知道安全使用常见的家

用电器等。

而到了小学高年级,学生则需要了解一项工程需要由多个系统组成,如建造住宅需要考虑结构、供水、采光、供暖系统等。学生可以认识自己家的住房环境系统,如梁柱、楼板、墙、门窗、楼梯等材料,以及供水、采光、供暖系统等。

18.2 工程的关键是设计。

1~2年级	3~4年级	5~6年级
	知道工程设计的基本步骤包括明确问题、确定方案、设计制作、改进完善等。 针对一个具体的任务,按照设计的基本步骤来设计一个产品或完成指定的任务。	利用摄影、录像、文字与图案、绘图或实物,表达自己的创意与构想。 将自己简单的创意转化为模型或实物。 根据现实的需要设计简单器具、生产物品或完成任务。

在小学中年级,学生需要知道工程设计的基本步骤,即明确问题、确定方案、设计制作、改进完善等几个方面,并且能针对一个具体的任务,按照设计的基本步骤来设计产品或完成指定的任务。这个阶段的要求比较浅显,学生只需要了解设计、制作、完成任务的基本流程即可。

而到了高年级,学生则需要学会利用摄影、录像、文字与图案、绘图或实物,表达自己的创意与构想,需要将自己的简单创意转化为模型或实物,并且根据现实需要设计简单的器具、生产物品或完成任务。在这个过程中,学生需要了解一件产品的诞生过程,利用科学原理设计科技作品;能够通过阅读设计图或组装图及产品说明书,来组装或使用工具;能够利用提供的材料来设计产品,完成指定的任务(如利用电线、电池接成通路驱动玩具马达);能运用联想、头脑风暴、概念图等程序发展创意及表现自己对产品改变的想法;能够利用语言、影像(如摄影、录像)、文字与图案、绘图或实物表达创意与构想。

18.3 工程设计需要考虑可利用的条件和制约因素,并不断改进和完善。

1~2年级	3~4年级	5~6年级
利用提供的材料和工具,通过口述、图示等方式表达自己的设计与想法,并完成任务。 对自己和他人的作品提出改进建议。	对自己或他人设计的想法、草图、模型等提出改进建议,并说明理由。 在制作过程中及完成后进行相应的测试和调整。	根据设计意图,分析可利用的资源。 简单评估完成一个产品或系统的可行性,预想使用效果。 从经济效益、社会效益、环境效益等方面评价某个工程设计,并提出改进和完善建议。

在低年级,学生需要利用教师提供的材料和工具,通过口述、图示等方式表达自己的设计与想法,并且完成简单的技术任务。这里的口述和图示只是简单地说一说,并不作过高要求,不要求很全面、很完整,只需要表达清楚自己的主张就行了。他们还可以对自己和他人的作品提出改进建议,这里实际上渗透了工程设计需要批判性思维。

而进入中年级以后,学习进阶表现为,能够在观察和提问的基础上,对他人的想法、草图、模型等提出自己的意见和建议,并说明理由;在制作过程中及完成后进行相应的测试和调整。相比较而言,对中年级学生在难度和独立性上提出了更高的要求。从评价对象来分,有对设计过程的评价和对设计成果的评价两类;从评价者来分有设计者自我评价(自评)和他人评价(他评)两类。

而到了高年级,学生则需要根据设计意图,能够分析自己周围的可用资源;能够将自己的简单创意转化为实物或模型;能够诊断故障,以发现事物或系统不能正常工作的原因,并能够加以修复;能够简单评估完成一个产品或系统的可行性,预想使用效果;能够从经济效益、社会效益、环境效益等方面评价某个工程设计,并提出改进和完善建议,知道执行制作过程中及完成后的机能测试与调整,学习安排工作的步骤;能够将头脑中的创意和想象最大可能地变成实际的作品或者系统的方案和过程;能够创新地改进现有产品或方案和过程;能够简单评估一个产品或系统的各种权衡因素,并预想使用效果,把握使用时机;在想办法改良作品时,能够研讨变化的原因,获得对物质性质的了解,再来着手改进。

本章小结

《义务教育小学科学课程标准》吸收科学教育研究最新成果,围绕核心概念构建课程内容,基于学习进阶设计不同学段的学习目标,重视学生科学思维能力的培养,强调不仅在做中学,更要在学中思,动手动脑相结合。小学科学课程标准将课程目标分为四个方面:科学知识,科学探究,科学态度,科学、技术、社会与环境。根据学生认知发展特点以及小学科学知识、能力和态度学习进阶的研究,按照低(1~2年级)、中(3~4年级)、高(5~6年级)三个学段呈现课程目标。课程内容覆盖物质科学、生命科学、地球与宇宙科学、技术与工程四大领域18个主要概念,分三个学段对75个学习内容提出了明确的学习要求。

思考训练

1. 简述小学科学课程的性质。
2. 说明2017年《义务教育小学科学课程标准》的新变化。
3. 小学科学课程标准如何体现"基于思维的科学教学"?
4. 观摩一节小学科学课堂现场教学,分析是否体现了义务教育小学科学课程标准的基本理念?实现了哪些课程目标?通过什么方式实现的?

第四章
学习理论与小学科学学习

 本章概要

　　学习理论是关于学习的实质、过程、条件等的理论。不同学习理论对"学习是如何发生的"有不同的解释。认知主义学习理论主张学习的核心内容是学科基本知识结构,重视学习者认知结构的形成。人本主义学习理论认为学习是自我发起、自我认知和自我情感投入的活动,强调"做中学"。建构主义学习理论认为学习是学习者在与环境相互作用过程中形成的认知结构的变化,强调实践与对话。本章着重探讨认知主义学习理论、人本主义学习理论和建构主义学习理论的基本观点及其对小学科学教学的启示。

 学习目标

通过本章学习,学生能够
- 说出认知主义、人本主义和建构主义学习理论的基本观点。
- 阐述认知主义、人本主义和建构主义学习理论对小学科学教学的启示。

 内容结构

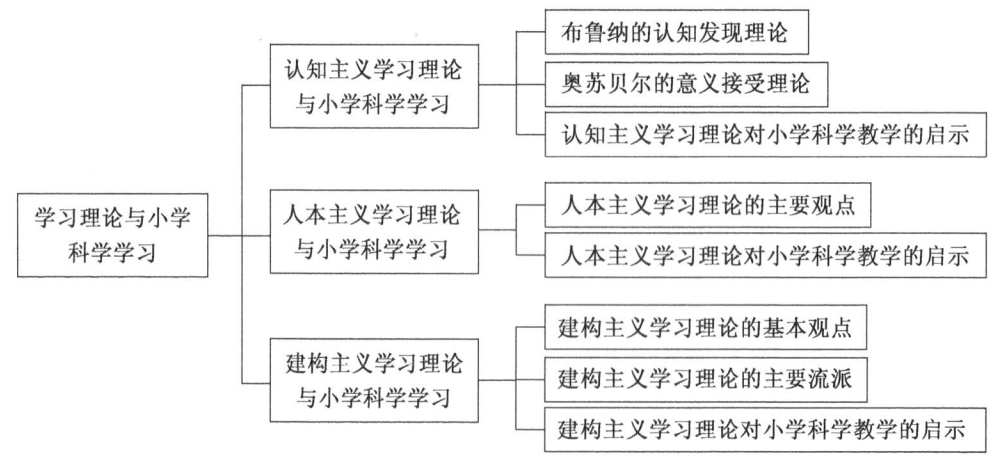

第一节 认知主义学习理论与小学科学学习

毛衣自己会发热吗?

有的小学生相信冬天穿的毛衣自己会发热。于是教师让他们做实验,把温度计放进毛衣里测量他们的温度,看看毛衣的温度会不会改变。儿童面对毛衣温度没有改变的现实,仍不愿放弃他们原先的看法。有的儿童甚至说:"冷与热有时候真奇怪。也许温度计坏了,因为它是用来测量室内温度的……"儿童为什么会"固执"地坚持自己的错误认识?如何对儿童进行有效的科学教育呢?

一、布鲁纳的认知发现理论

布鲁纳(J. S. Bruner)是美国著名的教育学家与心理学家,他主张学习的目的在于以发现学习的方式,使学科的基本知识结构转变为学生头脑中的认知结构。并强调学生学习的主动性,强调学习的认知过程,重视认知结构的形成,注重学习者的知识结构、内在动机、自发性和积极性在学习中的作用。他的主要观点可以概括为如下几个方面。[1]

(一) 学习的实质是主动地形成认知结构

布鲁纳认为学习是对环境的适应,是一个积极主动的过程。他非常重视人的主动性,认为学习就是学生通过认知,积极地把新知识与已有知识经验联系,获得客观事物的意义和意象,从而形成认知结构的过程。他所谓的认知结构指学生头脑里的知识结构,他们已有的全部观念的内容和组织。学习是认知结构的组织与重新组织,新旧知识发生相互作用,新材料在学习者头脑中获得了新的意义,这就是学习变化的实质。

(二) 学习的过程包括获得、转化和评价

布鲁纳认为学习包含三个几乎是同时发生的过程:新知识的获得、知识的转化及其评价。新知识的获得是在原有知识的基础上,对原有知识的增加或替代,也可能是对原有知识的补充或提炼,这是一个渐进的过程;知识的转化是学习者把获得的信息转化为各种不同的形式,使之超出他们最初呈现的事实,以利于适应新的学习任务,从而获得更多的知识积累;评价是学习者考察获得知识的方法是否恰当,运用知识是否正确,对知识的合理性做出判断。教师在帮助学生进行评价中具有决定性的作用。布鲁纳认为学生不是被动的接受者,而是主动的信息加工者。通过上述过程,学习者建立了更完善、更系统的认知结构。

---

[1] 陈威.小学生认知与学习[M].北京:高等教育出版社,2013:140-142.

(三) 学习的核心内容应是各门学科的基本知识结构

布鲁纳认为学习的核心内容应是各门学科的基本的知识结构,他所谓的学科的基本知识结构,是指学科的基本概念与原理、基本态度与方法等。他认为,学生理解了学科的基本知识结构,领会了基本原理和观念,就容易掌握整个学科的具体内容,就容易记住学科的知识,并能够把特殊的课题或事物作为更普遍事情的特例去理解,不仅学习特定的事物,还学习适合于理解可能遇见的类似实物的模式,因而能够促进学习的迁移,促进智力的发展,并激发学习动机。

(四) 学习的主要方法是发现学习

布鲁纳认为发现学习应成为学生学习的主要方法之一。所谓发现学习,指教师不是把学习的内容直接呈现给学生,而是学生在教师的指导下,在学习情境中,通过自己的观察和思考,发现事物之间的内在联系,赋予它们意义,达到对所学知识的理解和掌握并形成一定的认知结构。发现并不限于寻求人类未知的事物,它还包括通过头脑思考获得知识的一切方法。学生所获得的知识,尽管是人类已知晓的事物,但如果这些知识是依靠学生自己的力量引发出来的,那么对于学生来说仍然是种"发现"。发现学习的过程是学生主动探索的过程,学生获得知识是在积极地参与活动中主动建构的知识。教学要帮助学生超越所给予的信息,要有利于学生对知识的迁移。

二、奥苏贝尔的意义接受理论

奥苏贝尔(D. P. Ausubel)对学生在课堂里的学习进行了系统的研究,提出了有意义接受学习理论。他关于学生学习的主要观点可以概括为以下几个方面。①

(一) 学习分类

奥苏贝尔区分了接受学习和发现学习、机械学习与有意义学习,重视接受学习,主张有意义学习。

1. 接受学习与发现学习

在接受学习中,学习的主要内容基本上是教师以定论的形式传授给学生的。对学生来讲,学习不包括任何的发现,只要求他们把教学内容加以内化(即把它结合进自己的认知结构中),以便将来能够运用。

发现学习的基本特征是,学习的主要内容不是教师现成地给予学生的,而是在学生内化之前,必须由他们自己去发现的。换言之,学生学习的首要任务是发现,然后便同接受学习一样,把发现的内容加以内化,以便将来在一定的场合下予以运用。所以,发现学习比接受学习多了前面一个阶段——发现。

2. 机械学习与有意义学习

根据学习材料与学生原有知识的关系,奥苏贝尔把学习分为机械学习与有意义学习两种。他认为机械学习在两种条件下发生:第一,学习材料本身无内在逻辑意义,如电话号码、孤立的历史年代等,在这种情况下发生的学习是机械学习;第二,学习材料本身有逻

---

① 陈威. 小学生认知与学习[M]. 北京:高等教育出版社,2013:142-144.

辑意义,如古诗、乘法口诀等,但学生不理解,这种情况下也会发生机械学习。

奥苏贝尔认为,要发生有意义学习,必须满足下列条件:第一,学习材料本身有逻辑意义;第二,学习的内容能够与学生已有的知识结构联系起来;第三,学生还必须具有有意义学习的心向,即学习者积极主动地将新旧知识加以联系的倾向性。

在课堂学习中,由于发现学习费时比较多,一般不宜作为获取大量信息的主要手段,学校主要应采用有意义接受学习的方式,只要教师对学习材料精心挑选,有序组织,为学生创造有意义学习的条件,学生可以通过有意义学习,接收到有用的知识。

(二) 有意义学习的类型

有意义学习主要有如下五类:

1. 表征性学习

学习单个符号或一组符号所表示的意义,包括学习符号和符号所指称的人、事物或性质。

2. 概念学习

概念是一类事物共同的本质特征。概念学习意味着掌握一类事物共同的本质特征。

3. 命题学习

命题指表达判断的语言形式,由句子把主语和宾语联系而成。命题有两类,一类是概括性的,揭示几个概念之间的关系,表示某种规律、定理、规则或原理等;一类是非概括性的,表述一个事实。所以命题学习包括规律、定理或原理学习和事实学习。前者是掌握概念之间的关系,是有意义学习的核心成分。

4. 概念和命题的运用

前三类学习是有意义学习的基本类型。在此基础上,是概念和命题(概括性命题)在简单情境中的运用。

5. 解决问题与创造

解决问题是概念和命题在复杂情境中的运用。学生遇到的新情境越复杂,新情境与原先学习的情境越不相似,问题解决的难度越大,所要求的创造性程度越高。创造是解决问题的最高形式。奥苏贝尔认为解决问题涉及问题条件命题和目标命题、背景命题、推理规则和解决策略。

(三) 认知结构理论

奥苏贝尔认为,当学生把学习内容与自己的认知结构相联系时,有意义学习便发生了。所以,影响课堂教学中有意义学习的最重要的因素是学生的认知结构。所谓认知结构,是指学生现有知识的数量、清晰度和组织方式,具体由学生眼下能回想出的事实、概念、命题、理论等构成。奥苏贝尔认为影响学习的认知结构变量主要有原有知识的可利用性、原有知识的巩固性和新旧知识的可辨别性。

1. 原有知识的可利用性

奥苏贝尔认为,当学习新的知识时,如果在学生原有知识结构中能找到适当的可以用于同化新知识的原有知识(包括概念、命题或具体例子等),那么该学生的认知结构就具有原有知识的可利用性。反之,如果在学生原有知识结构中找不到用于同化新知识的原有知识,那么该学生的认知结构就缺乏原有知识的可利用性。

奥苏贝尔认为,原有知识的可利用性是影响学习的最重要因素,也是最重要的认知结构变量。他更强调上位的、包容范围大和概括程度高的原有知识的作用。如果在学习新知识时,学生认知结构中缺乏这样的上位观念,教师可以从外部给学生的认知结构嵌入一个这样的观念,使之起吸收与同化新知识的作用,这种从外部嵌入的观念被称为"先行组织者"。

先行组织者是先于学习任务本身呈现的一种引导性学习材料,它的抽象、概括和综合水平高于学习任务,并且与认知结构中原有的观念和新的学习任务相关联。其作用是为新的学习任务提供观念上的固着点,增加新旧知识之间的可辨别性,以促进学习的迁移。后来人们提出,"组织者"不仅可以是先行的,也可以放在学习材料之后呈现;不仅可以是陈述性的,也可以是比较性的,即比较新材料和认知结构中类似的材料,从而增强新旧知识之间的可辨别性。

2. 原有知识的巩固性

影响学习和保持的第二个变量是同化新知识的原有知识的巩固性。学生的原有知识越牢固,越易促进新的学习。教师可帮助学生利用及时纠正、反馈、过度学习等方法,来增强学生原有的起固定作用的观念的巩固性。原有知识的巩固性有助于新知识的学习与保持。

3. 新旧知识的可辨别性

新旧知识的可辨别性是指当利用旧知识同化新知识时,学生意识到旧知识与新知识的异同点。可辨别性是建立在原有知识的巩固性基础之上的。

三、认知主义学习理论对小学科学教学的启示

(一) 围绕核心概念组织教学

根据奥苏贝尔的观点,在认知结构中是否有适当的起固定作用的观念可以利用,是决定新的学习与保持的重要因素。为了促进学习,教学内容必须有那种具有较高概括性、包容性和强有力的解释效应的核心概念。对科学概念的认识和把握是小学科学教学中的基础性要求,也是设计教学目标的关键之一。

有关专家和新手对比研究表明[①],任何领域专家的知识都不是相关领域事实和公式的堆积,而是围绕核心概念或"大观点"组织的,他们理解相关领域的核心概念和理论结构,能应用核心概念和理论结构去获取新信息的意义,解决新的问题。相反,新手常倾向于用表面特征对问题进行归类,孤立对待问题和事实,看不到知识之间的相互联系。围绕科学核心概念开展教学,就是要通过帮助学生学习核心概念,构建良好的知识结构,增强知识之间的联系,提高解释力,让他们像专家一样思考问题,解决问题。

围绕核心概念开展教学,不但能使教学内容得到提升,而且会让教学主线更清晰,有利于学生发展有结构的知识体系与理解。围绕科学核心概念组织教学,学生的学习将聚

---

① 约翰·D·布兰思福特等编著,程可拉等译. 人是如何学习的——大脑、心理、经验和学校[M]. 上海:华东师范大学出版社,2002.

焦于一组有限的科学概念,这将有助于学生对重要的概念做深入的探究,学生也将有足够的时间建构有意义的理解,获得更丰富的实践机会,深入理解概念的本质。科学核心概念能提供探究新知识的有组织的框架,能为学生今后拓展对概念的理解、提升科学探究的水平做准备,能成为今后知识增长的基础。① 离开了对科学概念的理解和把握,所谓的探究就会沦为低效甚至无效的活动。

(二)教学内容的呈现方式要兼顾知识本体逻辑和学生的认知逻辑

学生的认知结构是从教材的知识结构转化而来的,因而好的教材结构应适合学生的能力,对学生的科学学习过程起到指引作用。教材的编写,要力求体现以学生为本,内容编排遵循一定的逻辑,体现科学知识、科学探究和科学态度的统一,以使学生形成对所学内容的完整认识。

认知心理学家认为,当人们在接触一个完全不熟悉的知识领域时,从已知的较一般的整体中分化出细节,要比从已知的细节中概括出整体容易些。科学知识在学习者头脑中组成一个有层次的结构,最具有包容性的观念处于这个层次结构的顶点,它下面是包容范围较小和越来越分化的命题、概念和具体知识。根据学生认识新事物的自然顺序和认知结构的组织顺序,教学内容的呈现也应遵循由整体到细节的顺序,在顺应知识本体逻辑的同时,使学习材料的组织符合学生的认知逻辑。

教学内容的呈现,除了要从纵的方面遵循由一般到具体、"不断分化"的原则之外,还要从横的方面加强概念、原理、课题乃至章节之间的联系,即"综合贯通"的原则。教师在教学中应引导学生努力探讨概念或主题单元之间的联系,指出它们的异同,消除学生认识中表面的或与实际存在的不一致之处。如果教师的教学或教科书不能使学生做到横向联系和融会贯通,就会出现不良后果,如学生不知道许多表面上不同的术语实际上代表着本质上相同的概念,从而造成认识上的混淆。②

总之,奥苏贝尔提出的学习理论注重有意义的接受学习,认为它是学校学生掌握知识的主要方式,突出认知结构在学生学习中的重要作用;设计"先行组织者"以改进教学效果等观点对小学科学教学实践有着巨大的应用价值。

第二节 人本主义学习理论与小学科学学习

小组实验的自主性

学生分组实验时,老师发现某组的实验只有2号在操作,3号和4号会在需要时搭把手递个东西,而1号是"袖手旁观"的状态。

---

① 姚晓春.小学科学课的建构[M].上海:华东师范大学出版社,2018:199.
② 陈威.小学生认知与学习[M].北京:高等教育出版社,2013:145-146.

老师:怎么就一个人在操作啊? 1号,怎么不试试?
1号:没关系,看看也一样。
老师:亲自做实验和看别人做可不一样哦。
3号:他怕点酒精灯,灭火就更不敢了。
4号:他总是这样,叫他做都不做。
1号:不是因为害怕,我觉得看别人操作也挺有意思的。
老师:正确地操作是不会有危险的。胆大心细就行。实验时每个人都要参与,合理分工,多动动手能培养自己的操作能力,对你理解问题也有帮助。

一、人本主义学习理论的主要观点

罗杰斯(C. R. Rogers)是人本主义学习理论的主要代表人物之一。人本主义学习理论主张应该关注完整的人(the whole person),而不是把人的各个从属的方面(如行为表现、认知过程、情绪障碍)割裂开来加以分析。人本主义学习理论的主要观点可以概括为以下几个方面。

(一) 学习是人类的天性

人本主义学习理论认为每个人都有优异的自我实现的潜能,学习是一种自然现象。人类个体天生就有强烈的好奇心和学习兴趣,有寻求知识、真理和智慧以及探索秘密的欲望,所以儿童是可以自发地进行学习的。[①] 整个学习过程就是自我发展与实现的过程,这不仅是学习和教育的价值所在,从更广的意义上说也是生命的价值所在[②]。因此,自然发生的学习是最符合人的天性的学习,是最好最有价值的学习。

(二) 意义学习是人类真正的学习

罗杰斯把学习分为两类:一类是无意义学习,即学习只涉及认知过程,不涉及个人情感与意义,与完整的人无关。罗杰斯认为,学校学习中的许多内容对学生来说具有这种无意义的性质,即对自己是无个人意义的。另一类学习是意义学习,即学习不是只涉及事实积累的学习,而是使个体的行为、态度、个性以及在未来选择行动方针时发生重大变化的学习。这不仅仅是一种增长知识的学习,不再是和情感对立的认知学习,而且是一种与每个人各部分经验都融合在一起的学习。

罗杰斯的意义学习(significant learning),与奥苏贝尔的有意义学习(meaningful learning)的内涵是不同的,前者关注学习内容与个人之间的关系(个人的需要、价值、目的等),而后者强调新旧知识之间的联系。

罗杰斯认为意义学习具有四个特征:(1)学习具有个人参与的性质,即整个人(包括情感和认知两方面)都投入学习活动中;(2)学习是自我发起的,即便在推动力或刺激来自外界时,但要求发现、获得、掌握和领会的感觉是来自内部的;(3)学习是渗透性的,它会使学生的行为、态度乃至个性都发生变化;(4)学习是由学生自我评价的,因为学生最

---

① 李育华,成强.试论人本主义学习理论与人的发展[J].当代教育科学,2004(13):56-57.
② 陈威.小学生认知与学习[M].北京:高等教育出版社,2013:147.

清楚某种学习是否满足自己的需要,是否有助于获得自己想要知道的东西。①

(三)促进意义学习最有效的方法:"做"中学

罗杰斯认为,促进学习的最有效的方式就是让学生直接面临实际问题,在解决实际问题的过程中进行学习。教师一方面可以让学生直接到第一线去亲身体验;另一方面也可以设计各种场景,让学生扮演各种角色,以获得相应的体验。这些方法有效的原因在于学生是在处理他们正在体验到的问题。

(四)教师是学习的促进者

罗杰斯认为,以学生为中心教学的成败,关键在于教师能不能在课堂上创造出一种自由学习的氛围。作为促进者的教师的首要任务不是"教"而是"促",允许学生自由学习,允许他们满足自己的好奇心。促进者的主要精力应该放在如何创造出一种特殊心理氛围,使学生感到自由和安全,可以任意发挥好奇心,不怕出错和失败,既可以从书本上和老师那里学习,也可以从环境、同学和个人经验中学习。

促进型教师还要集中精力搜集学习材料,向学生提供各种学习资源,并花时间去思考和设计这些学习材料的呈现方式,以使学生在进行切合自身实际需要的学习过程中,优化或简化知识与个人经验的整合。

促进者要重视学生的个别性,珍视学生的求知欲,把保持和释放学生的好奇心作为一个关注的重点。在此基础上,罗杰斯进一步指出,衡量一个教师优秀与否的标准是"看他有多大的创造性以促进学生的学习,以保持或激发学生对学习的热爱"。由此也可以看出,在非指导性教学中,教师作为促进者并不意味着教师作用的降低,而是对作为"促进者"的教师的知识储备和课堂艺术提出了更高的要求。②

二、人本主义学习理论对小学科学教学的启示

人本主义学习理论在教学过程中的实践与应用,具体表现在教学目标、教学方法和教学原则等几个方面。

(一)教学目标要关注学生的情感态度

教学的目标不仅在于知识甚至技能的掌握,而且在于通过教学过程,让学生产生和保持好奇心,让他们以自己的兴趣为导向去探求任何未知领域,让他们开放地面对任何经验,让他们意识到一切事物都是变化的、发展的。罗杰斯认为,情感和认知是人类精神世界中两个不可分割的有机组成部分,彼此融为一体。因此,罗杰斯的教育思想就是要培养"躯体、心智、情感、心力融会一体"的人,也就是既用情感的方式也用认知的方式行事的情知合一的人。这种情知融为一体的人,他称之为"完人"或"功能完善者"。③ 教学过程中不要仅让学生获得知识,而且要重视对学生价值、态度、情感等健康人格的培养和塑造,促进学生全面发展。

---

① 陈威.小学生认知与学习[M].北京:高等教育出版社,2013:147.
② 李育华,成强.试论人本主义学习理论与人的发展[J].当代教育科学,2004(13):56-57.
③ 陈威.小学生认知与学习[M].北京:高等教育出版社,2013:147.

(二) 通过情意因素促进学生自主学习

人本主义学习理论认为学习是一个情感与认知相结合的整个精神世界的活动,情感和认知是学习者精神世界不可分割的部分,是彼此融合在一起的,学习不能脱离学习者的情绪体验而孤立地进行,对其情感的教育与知识的辅导是同等重要的,学习过程就是学生与教师两个完整的精神世界的互相沟通、理解的过程。在教学过程中,教师要相信每一个学生都能以自己的方式学好,要尊重学生,与他们在感情上和思想上产生共鸣,通过情意因素来促进学生自觉地积极学习。一旦师生之间和谐的气氛形成后,学生就会产生自我指向的学习。

罗杰斯还认为,教师要教好学生,除了具有必要的情意因素外,还必须有恰当巧妙的教学方法。凡是可以教给别人的知识,相对来说都是无用的,对人的行为基本上没有什么影响。能够影响一个人的行为的知识,只能是他自己发现并加以同化的知识。也就是说,只有学生自己发现、学到的知识才是有意义的。所以,教学方法就是促进学生学习的方法——真正同化到自己知识结构中的知识是不可传授的。因此,教学不是直接传授某种知识,而是传授获得这种知识的方法,也就是教学生去发现和创造的科学方法。这些方法包括以下几方面。第一,组织好教材,组织教材的主要目的是便于学生自己学习,适合他们的知识水平、学习兴趣和特长。第二,要善于辅导,教师不是直接地一味地去讲解,而是有效地咨询和辅导;辅导的艺术在于适当和启发,适当就是在学生需要时才去辅导,帮其所需,启发就是启迪学生自己去发现、去创造。第三,提供必要的学习材料,让学生自己学习。①

(三) 非指导性教学原则

为了建立和谐融洽的师生关系,实现以学生为中心的非指导性教学,罗杰斯提出教师的教学应遵循三条原则:移情、无条件积极关注和真诚。移情就是要能意识和理解、欣赏别人的感情,就是要善于"将心比心";无条件积极关注就是不加批判地认可学生,"无条件"意味着教师关心学生是出自真诚,不以学生的回报作为交换条件的;真诚就是表里如一,不装模作样。教师只有做到这三点,才能使学生具有安全感和自信心,从而获得真实的自我意识,去充分地实现"自我"。②

综上所述,罗杰斯的人本主义学习理论突出情感在教学活动中的地位和作用,形成了一种以情知协调活动为主线、以情感作为教学活动基本动力的教学模式;以学生的"自我"完善为核心,强调人际关系在教学过程中的重要性,认为课程内容、教学方法、教学手段等都维系于课堂人际关系的形成和发展;把教学活动的重心从教师引向学生,把学生的思想、情感、体验和行为看作教学的主体,从而促进了个别化教学运动的发展。

---

① 谷陟云.罗杰斯的人本主义教育观及其启示[J].现代教育科学,2009(10):76-78.
② 陈威.小学生认知与学习[M].北京:高等教育出版社,2013:147.

第三节　建构主义学习理论与小学科学学习

恰当的课前准备

某教师在指导学生完成连接简单电路后,要求学生以简单电路为基础设计一个研究影响导体(相同材料)电阻大小因素的实验方案,在学生小组讨论后进行交流,交流中教师发现学生对变量控制缺少基本认识,没有一个小组的方案是正确的,情急之下教师给出了自己的方案。

一、建构主义学习理论的基本观点[①]

建构主义认为知识是学习者的主动建构,学习是个体创造性地发现世界的意义的过程。这与客观主义知识观不同,客观主义认为知识是对外部客观世界的被动反映,教学的目的就是让学生获得对现实世界的映像。这种知识观忽视人的能动性,忽视世界的复杂多样性。建构主义对此做了深刻的反思,不再把知识作为绝对可靠的对世界的反映,而是强调个体主动建构世界的意义。

建构主义学习理论有三个重要特点:一是强调学习者原有经验的意义。在正式学习之前,个体在生活与环境的相互作用过程中形成一定的观念,形成自己对事物的解释,这些观念会对学习产生积极或消极的影响。二是认为学习是个体观念或知识结构的改变。在学习过程中,原有的观念与新的知识或经验相互作用,学习者或将新的经验吸纳入原有的知识结构,或转变自己原有的观念以适应新的经验。三是个体学习过程是认知上的不平衡(不协调)达成新的平衡的过程。在学习过程中,新的知识或经验与原有的观念有矛盾或发生冲突,个体即会形成认知上的不平衡或不协调,个体的学习即是通过调节知识结构,以适应新的知识或经验,达成认知上新的平衡。认识认知上的不平衡是学习的一个必要前提,是建构主义方法的一个基本原则。

建构主义心理学的兴起与现代科学的发展和科学哲学观的变化有着密切的联系。现代科学的发展促使人们摈弃世界是绝对的观念,尤其是相对论和量子力学的发现让人们清晰地认识到世界是相对的,自然界中存在不确定性。科学的发展也推动了科学哲学观的转变。按经验主义的观点,科学发现是实验—归纳的过程,也就是说科学规律是在反复实验观察的基础上,通过归纳推理获得的,这与客观主义的知识观相一致。然而,这样的观念与现代科学发现过程存在着明显的矛盾,这引起科学哲学研究者反思,兴起了新的哲学思潮。英国科学哲学家卡尔·波普尔提出了证伪理论,证明了归纳的不可靠性,指出科

[①] 姚晓春.小学科学课的建构——探究式教学设计的理论与实践[M].上海:华东师范大学出版社,2018:119 - 120.

学发现是假设—检验的过程；而托马斯·库恩则认为科学发展过程是科学共同体研究"范式"的整体转换。科学哲学观的转变对当代心理学的研究产生了重大影响。事实上，建构主义心理学与新的科学哲学几乎在20世纪中期同时兴起，它们之间相互作用，相互影响。

二、建构主义学习理论的主要流派

建构主义学习理论主要有以皮亚杰为代表的认知建构论和以维果茨基为代表的社会建构论。

（一）皮亚杰的认知建构论

皮亚杰强调学习者与环境的相互作用，认为知识是个体主动建构的，知识建构通过新旧经验相互作用来实现。皮亚杰以同化和顺应来阐释个体认知结构与环境刺激之间的关系。同化即指个体把外界刺激所提供的信息整合到自己原有认知结构内的过程，原有的认知结构没有改变，而结构的量或范围获得扩展；顺应则是指原有认知结构无法同化新环境提供的信息，个体通过修正或改造原有的认知结构以适应新的经验的过程，在这过程中，个体的认知结构发生了变化。①

皮亚杰认为，同化在认知结构的形成过程中起主要作用，而同化和顺应的交互作用使个体的认知结构不断发展。同化不会改变或更新认知结构，而顺应使结构发生改变，但是同化过程中认知主体动作的不断反复和概括导致了认知结构的形成。当个体遇到新的刺激时，总是试图用原有的认知结构去同化，若获得成功，便得到暂时的平衡，如果用原有认知结构无法同化环境刺激，个体便会调节原有的认知结构或重建新结构，直至达到认识上新的平衡。

皮亚杰提出了认知发展阶段理论，把从儿童到成人的认知发展过程分成感知运动、前运算、具体运算和形式运算四个阶段。在皮亚杰看来，学习从属于个体认知结构的发展水平，因为任何知识的获得都必须通过学习者的同化才有可能，同化必须以认知结构的存在为前提。所以，教学内容不能超出不同阶段学生认知结构的发展水平。

（二）维果茨基的社会建构论

维果茨基强调学习者与社会的相互作用。人自从诞生起就处在周围社会环境的影响之下，这种社会环境的影响使人产生和形成新的行为系统，也就是说高级的心理机能产生于社会性相互作用。维果茨基强调社会文化特征的首要地位，认为高级认知技能从社会（人际）到个体（个人内部）的内化，是由心理间到心理内的转化过程。维果茨基认为所有高级机能都曾经是外部的，一个人此时的认识就是他人过去曾经的认识，个体通过与社会（人际）的相互作用，获得认知机能的发展。维果茨基强调语言在促进内化过程中的首要地位，认为"言语不仅在思维的发展中起着主要作用，而且在整个意识的历史成长中也起着主要的作用"。②

---

① 姚晓春.小学科学课的建构——探究式教学设计的理论与实践[M].上海：华东师范大学出版社,2018:120-121.

② 姚晓春.小学科学课的建构——探究式教学设计的理论与实践[M].上海：华东师范大学出版社,2018:120-121.

维果茨基提出最近发展区的概念。儿童认知发展中有两种发展水平：一是儿童现有的发展水平，即已经完成的行为系统中儿童心理机能发展水平，比如儿童已经掌握的某些概念和规则；二是可能达到的发展水平。这两者之间的差异就是最近发展区。或者说最近发展区是指儿童在成人指导下能达到的解决问题的水平与独自解决问题所能达到的水平之间的差异，它说明了儿童发展的可能性。

认知建构论和社会建构论各有侧重，认知建构论重点关注了学习者个体的心理方面，而社会建构论强调了知识的社会本质。有心理学家对此做了非常精辟的评述："维果茨基关注社会过程，这使他去研究参与这些过程（高级心理机能）所需的表征系统……因此他强调言语的内化。相反，皮亚杰关注儿童同物质现实的相互作用，这使得他探讨操纵物体所需的表征系统。结果，他主要依据反映个体物理动作规律性的图式（认知结构）来看待内化"。

皮亚杰学派对认知学习理论的贡献主要体现在两大方面：一是揭示个体认知成长的历程，即提出了个体认知发展的四个主要阶段；二是揭示了个体认知发展的机制，即同化和顺应，学习是基于个体已有经验的积极的建构。这两方面的研究成果分别推动了之后的认知发展心理学研究，以及关于个人概念以及概念转变的研究。其局限则主要体现在两个方面：一是仅仅关注了个体逻辑推理的阶段化发展，即一般逻辑能力的发展，而忽视了具体内容领域这一重要的学习变量；二是其所谓的建构不太重视社会因素和物理环境对个人认知建构的影响。而近三十年来科学教育领域关于专家和新手的研究不仅论证了具体领域知识对于认知建构的重要性，同时指出了事实性知识的有效组织才是认知成长的关键，因为研究发现各个领域的专家都拥有更具有连接性的知识。同时，维果茨基的学习理论一方面强调学习的社会性本质，从而弥补了皮亚杰个人建构的不足，另一方面他提出的最近发展区揭示了学习者存在最适宜学习空间的问题。也就是说，如果学习者现有的知识水平已知，并且通过已有研究发现了一种可能的学习路径，那么就有可能通过教学促进学习者最近发展区的学习，这一观点成为学习进阶研究的理论前提。①

三、建构主义学习理论对小学科学教学的启示

建构主义学习理论促进了学校教学方式的转变，在小学科学教育领域产生了重要的影响，许多教育科研人员和科学教师以建构主义心理学为指导开展了深入的探索实践。比如，美国学者兰本达的著作《小学科学教育的"探究—研讨"教学法》，第一章的标题是"通过支配材料发现意义"，第二章的标题是"通过语言交流而明确意义"，从中可以非常清晰地看到皮亚杰和维果茨基理论的影响，及其对小学科学教学的指导意义。②

（一）实践与对话——探究式教学的两类基本活动

小学科学探究式教学包括两类基本活动，一类是基于皮亚杰理论的"操作"，一类是基于维果茨基理论的"对话"，这也是探究式教学的基本方法。

---

① 王磊,黄鸣春.科学教育的新兴研究领域:学习进阶研究[J].课程.教材.教法,2014,34(01):112-118.

② 姚晓春.小学科学课的建构——探究式教学设计的理论与实践[M].上海:华东师范大学出版社,2018:122-125.

第一类活动一般指学生的操作性活动,也就是常说的"做中学",包括观察、实验、考察、调查等,学习者通过"操作"发现意义。按照皮亚杰的理论就是通过这些活动促进学生与环境的相互作用,从而实现学生主动的发现和建构。教师的作用不再是传授知识,而是创设学习环境,为学生提供活动必需的材料,提供必要的指导和帮助。

第二类活动主要是在"操作"的基础上组织的交流研讨活动,包括活动内容、过程、结果的交流、问题的研讨、教师针对活动中存在的疑惑和困难的指导等,这类活动是贯穿于探究全过程的。科学探究包括提出问题、做出假设、制定计划、搜集证据、处理信息、得出结论、表达交流、反思评价八个要素。从操作性角度讲,在探究过程中学生的"操作"主要在搜集证据的过程,然而,学生在其他环节(如形成问题与假设、制定计划、解释结果形成结论等)的参与更能反映科学探究的要求。如果这些活动主要由教师完成,那即使学生经历了观察、实验等活动,这样的教学还是传授为主的教学。所以,"操作"的活动不仅仅是学生的动手操作,还应包括学生"心理层面的操作",也就是学生利用自己的经验和技能完成假设、方案设计、解释等活动。维果茨基认为所有高级机能都曾经是外部的,学习是心理间到心理内的转化,强调言语的作用,强调对话与交流。

对话与交流对学习的价值是多方面的。通过对话交流,学生把对问题的看法和思维过程呈现出来,教师能以此对学生的学习和自己的教学进行评估,根据需要对教学及时进行调整。在交流过程中,学生需要对自己的认识进行整理,需对自己的观点进行反思,这样的过程既能促进学生概念的建构,也能促进学生思维品质和能力的提升。对话交流也是师生思想交流的过程,可以让学生了解自己的观点与他人的差异,是学生之间、师生之间思想交互的过程,能促进学生观念的转变,促进学生科学论证和推理能力的发展。平等的对话交流,还能提升学生自信心、激发学生的学习兴趣,形成持续的学习动机。

(二)经验与经验的组织——学生概念建构的过程

建构主义强调学习者的主动建构,但主动建构并不是凭空的想象,而是基于经验的主动学习的经历。皮亚杰强调学习者与环境的相互作用,强调学习者的主动"操作",关注的就是主动学习经历的意义。从学习过程看,学习者主动的操作有三方面的意义:激活并提取原有的经验、获取新的经验、促进知识的主动建构。从教学的角度看,这三个方面也正是教师所应关注的重点,概括起来就是两点:一是学习者的经验,二是经验的组织或概念的建构。由于认知发展的阶段性,直接经验对于小学科学学习有着更突出的地位,也是教学过程中教师首先需要关注的问题。教师应在分析学生经验的基础上创设情境,激活学生的经验、丰富学生的经验或帮助学生获取新的经验。这里有三种情境:一是学生已有比较丰富的经验,教师需要做的是激活学生的经验,帮助他们提取经验;二是学生有一定的经验,但还不足以支持学习目标的达成,这时需要的是丰富学生的经验;三是学生缺少相应的经验,需要教师提供新的经验或为学生提供获取新经验的机会。不同情境下学生的需要是不同的,教师应根据学生的需要设计相应的活动,做出相应的过程安排。就如何促进学生的有效建构,可从建构主义理论中获得以下两方面的操作策略:

其一,活动或任务的设计。学生与环境的相互作用过程不仅仅是获取经验的过程,还应是学生主动建构和发现的过程。这就要求探究活动或学习任务本身既是获得经验的过程,又是学生组织经验、建构知识的过程。

其二，对话与交流活动与过程的安排。建构主义认为学习是个体观念或知识结构的改变，是学习者经历从认知上的不平衡（不协调）到达成新的平衡的过程。这种知识改变的过程，不仅需要与环境的相互作用，还需要师生的对话与交流，按照维果茨基的说法就是心理间到心理内的转化。这既要教师认知学生原有的知识结构与学习目标，更要了解原有知识结构与学习目标之间的差异，由此设计对话交流的内容，通过问题引发认知冲突，制造认知上的不平衡，从而激发学生的认知需求，并通过讨论交流达成新的认知平衡。

（三）通过合作促进学习

维果茨基的社会建构论强调人与人之间的对话与交流，其本身内含着合作的要求。对于小学科学学习来说，强调合作学习更有其独特的意义和价值。共享经验是合作学习基本的意义。同一年龄段的儿童对自然世界有共同的经验，比如日月星辰、季节变化、天气变化等，但他们的经验又是有差异的，不同儿童经验的丰富程度不同，对同一事物的认识也不同，而合作学习为儿童提供共享经验的机会，不仅能丰富他们的经验，更有利于他们建构概念，增进认识，按维果茨基的说法就是利于心理间到心理内的转化。共享经验的过程也是儿童相互启发和激励的过程。儿童经验有差异，而这种差异正是价值所在，它们能触发儿童去思考。同伴之间的互动更能激励他们主动地思考问题，激发他们参与各类活动的主动性，同时也能养成儿童适度竞争的意识。

强调合作学习，还有利于增进儿童对科学过程的认识。科学是人类共同的事业和成果，每一项科学发现都是许多科学家努力的结果，尽管许多科学发现主要由某位或几位科学家完成，但他们的发现离不开其他科学家的工作。通过合作学习，可以让儿童体会在学习过程中不同的个体对完成某项任务都有贡献，而不同的个体所做的贡献有所差异。在这一过程中，可以让他们体会同伴相互合作对完成任务的意义，增强合作的意识，同时也在这一过程中逐步学会合作，增强合作的能力。

本章小结

布鲁纳的认知发现理论认为学习的实质是主动地形成认知结构，学习的过程包括获得、转化和评价，学习的核心内容是各门学科的基本知识结构，学习的主要方法是发现学习。奥苏贝尔的有意义接受理论同样重视学习者认知结构的形成。人本主义学习理论认为学习是人类的天性，是学习者自我发起、认知和情感都投入的活动，强调"做中学"，教师是学习的促进者。建构主义学习理论认为学习是学习者在与环境相互作用过程中形成的认知结构的变化，强调实践与对话。

思考训练

1. 简答认知主义、人本主义和建构主义学习理论的异同。
2. 认知主义、人本主义和建构主义学习理论对小学科学教学有哪些启示？
3. 怎样理解小学生科学学习的认知特征？
4. 举例说明教师应如何依据小学科学学习认知特征进行小学科学教学？

第五章
小学科学教学目标设计

 本章概要

　　小学科学教学目标是课堂教学中所有教学活动的出发点和最终归宿，是教师在具体教学活动之前制定的，具有导向、激励、评测等功能。小学科学教学目标包含科学知识、科学探究、科学态度、科学技术社会与环境四个方面，在进行设计编写时需要遵循一定的原则与策略。本章着重探讨小学科学教学目标设计的含义、分类与特征、编写的基本原则与步骤方法等内容。

 学习目标

通过本章学习，学生能够
- 理解小学科学教学目标的含义。
- 了解小学科学教学目标的分类与功能。
- 掌握小学科学教学目标设计原则与方法。
- 根据小学科学内容编写具体的教学目标。

 内容结构

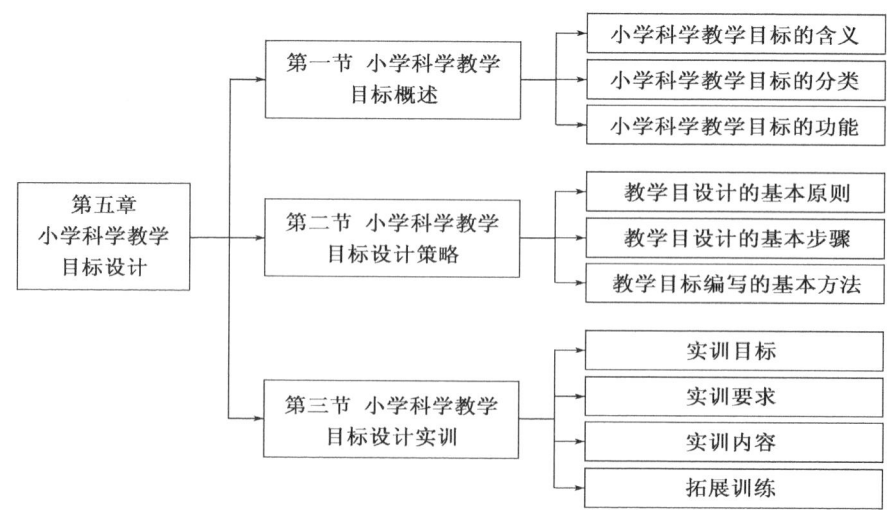

第一节　小学科学教学目标概述

小学科学教学目标的确定

某小学科学教师通过网络教研,针对小学科学教学目标的确定,得出以下讨论结果:第一,教学目标是教学活动的灵魂,是统领教与学全过程的纲领。教学目标的设定,一方面要根据课程标准和教材的要求,参照教师用书,明确教学内容,分析重难点;另一方面要符合学生的实际情况与认知特点。第二,每一节课都应有一个主要目标或核心目标,围绕主要目标组织教学内容和教学策略。第三,教学目标的表述要明确、具体、便于操作、利于检测达成。严格把握用词的准确性与描述的严密性。你认为还应该考虑哪些方面呢?

教育目标的理论研究至少可以追溯到 20 世纪 50 年代,几十年来相继出现了一些目标分类理论流派,比较有影响的是布卢姆、加涅、梅耶等人的研究。这些分类理论流派都对认知领域的分类有较为深入的研究。布卢姆将教学目标分为认知、情感、动作技能三大领域,把认知行为划分为认知(识记、识别)、领会(理解、释义)、运用(简单应用)、分析(复杂应用)、综合(综合应用)、评价(评析、比较判断)六个层次。加涅将学习结果分为五类:言语知识、智力技能、认知策略、态度、动作技能。又将智力技能学习按由简到繁的顺序分成八类:信号学习、刺激—反应学习、连锁学习、言语联想、多样辨别学习、概念学习、规则学习及问题解决(高级规则学习)。梅耶从广义的知识理论出发,将学习结果分为陈述性知识、程序性知识与策略性知识等[①]。

小学科学课程的总目标是培养学生的科学素养,并为他们继续学习、成为合格公民和终身发展奠定良好的基础。

一、小学科学教学目标的含义

小学科学教学目标是科学教师在具体的教学活动之前制定的,通过教学学生需要达到并且能够用一定的手段加以测评的预期教学效果[②]。它是学生通过学习预期产生的心理与行为变化,表现为对学生学习结果的具体描述,往往针对一个单元或一个课时提出。小学科学教学目标是课堂教学中所有教学活动的出发点和最终归宿。

二、小学科学教学目标的分类

小学科学教学目标主要包含科学知识,科学探究,科学态度,科学、技术、社会与环境

[①] 刘德华.小学科学课程与教学[M].北京:中国人民大学出版社,2018:105.
[②] 李中国.小学科学教学设计[M].北京:高等教育出版社,2020:61.

四个方面①。

（一）科学知识

科学知识就是了解或理解基本的科学事实、概念、原理和规律,学会或掌握握相应的基本技能。能用所学知识解释生活和生产中的有关现象,解决有关问题。了解科学在现代生活和技术中的应用及对社会发展的意义。

（二）科学探究

科学探究是指人们通过一定的过程和方法对客观事物和现象进行探索、质疑和研究。现代教育科学使用的科学探究一词具有两个层面的含义:一是科学探究活动,二是科学探究技能。科学探究活动又可以区分为科学家(泛指一切科学工作者)的科学探究活动和学生的科学探究活动,两者在对象、方法和结果上存在差异。科学探究技能是指使人能够顺利完成科学探究活动的动作方式或操作程序。

学生通过科学探究等方式理解科学知识,学习科学技能,体验科学过程与方法,初步理解科学本质,形成科学态度、情感与价值观,培养创新意识和实践能力。

（三）科学态度

科学态度是科学精神的重要内容,是科学课程教学目标的重要方面,科学态度的培养应该贯穿在科学教育的全过程。

（四）科学、技术、社会与环境

理解科学、技术与社会的关系是现代公民科学素养的重要内涵,对这一部分内容的学习是培养学生理论联系实际的作风、参与社会决策的意识、形成可持续发展观念的关键。

当然,科学知识,科学探究,科学态度以及科学、技术、社会与环境四个方面的目标相互依存,互为因果,是一个统一的整体。其相互关系可以这样理解:科学知识是探究学习的基础和载体,科学方法、情感、态度等都依附和融合在科学知识的自主建构过程中,通过经历获得科学知识的探究过程,掌握必要的科学方法,并促进科学习惯和科学意识的形成;与此同时,科学方法和能力的提高、科学情感和态度的提升,又可以反过来促进科学知识的学习。

补充材料 5-1:几种典型的小学科学教育目标

1. 英国小学科学教育目标

20世纪80年代中期以来,英国政府开始制定统一的国家课程标准。其科学课程中主要关注的是科学方法、科学意识、科学与社会的联系教育。与此相适合,科学教育的目标规定为:(1)在掌握自然科学基础知识的同时,认识科学、技术、社会三者的联系及科学的本质。(2)培养集体精神与合作精神。(3)使学生掌握基本科学技能,培养学生的科学思维能力与创造性地运用科学知识的能力。(4)引导学生

---

① 刘恩山.义务教育小学科学课程标准解读[M].北京:高等教育出版社,2017:60.

运用他们的知识和技能去解决实际问题。(5)能用科学的语言进行口头和书面交流。(6)提高学生的实验和调查能力,鼓励学生在科学活动中勇于识别异常结果,并在可能时予以讨论。(7)培养使用与科学有关的实用技术的能力。

2. 日本的科学教育目标

为了培养21世纪社会所需人才,日本自1996年开始对小学教育进行了全面改革,其中义务教育理科改革的基本方针是:(1)贴近自然。(2)有目的、有意识地观察和实验。(3)培养科学的探究能力和态度。(4)培养科学的思维方法。依据新的改革基本方针,日本文部省于1998年12月公布了小学新的理科课程目标,具体内容如下:

表5-1 日本的科学教育目标

目标结构	内容
能力	培养解决实际问题的能力。
态度方法	培养热爱自然,热爱生活的情感;通过发现问题,培养探索自然的好奇心和学习科学的兴趣;培养科学的思维方法。
知识能力	通过观察与实验,认识自然事物和自然现象;认识事物的变化过程,形成动态表象。

3. 总体概况

联合国教科文组织综合了53个发展中国家的500余名教育工作者的观点,将科学教育的重要目标归纳为16项:(1)发展学生智力,以适应迅速变化的世界。(2)发展学生逻辑思维能力。(3)把学生培养成为对本国的建设有贡献的合格公民。(4)培养集体精神。(5)培养学生努力学习的态度。(6)培养学生的公民意识。(7)使学生受到的教育能适合农村社会的要求。(8)培养学生的科学态度(如好探究、重试验)。(9)使学生具有爱社会爱集体而非自私自利的思想作风。(10)增进对社会不同阶层文化的了解。(11)提高社会保健和卫生水平。(12)为社会发展一种能随新知识、新问题的出现而作相应改革的教育。(13)帮助每一个学生获得解决实际问题的能力。(14)学会学习,养成不间断地探索和掌握知识的能力和态度。(15)使学生成为足智多谋的人。(16)培养学生积极的、规范的工作习惯。

不难发现,当今世界范围内对科学教育目标的提法,已从单一学术意境转变为科学大众的走向。在注重智育性和认知性目标的同时,十分强调非认知性的目标,把学生的活动作为重要内容纳入课程,并注重知识的应用,以使学生得到全面发展;强调科学教育的社会目的,把教育作为实现民族抱负和满足国家需要的重要工具。

综上所述,世界各国对科学教育的改革倾注了大量的热情与心血,都想在科技方面有所突破,领先于世界。而在小学科学教学方法上,特别是科学课堂教学方法上,强调以探究为核心的主动学习。不管是法国的"hands on"方案,还是美国的"探究研讨法",都把学生的主动探索、亲身经历作为重点抓手。

——徐敬标.小学科学教学技能[M].上海:华东师范大学出版社,2018:51-52.

三、小学科学教学目标的功能

(一) 导向功能

小学科学教学活动追求什么目的,要达到什么结果,都会受到其教学目标的指导和制约。可以说,整个小学科学教学过程都受教学目标指导和支配;整个小学科学教学过程也是为了教学目标而展开,如果教学目标正确、合理,就会导致有效的教学;否则就会导致无效的教学。所以,小学科学教学目标可以被看作教学活动的"第一要素",确定准确、合理的小学科学教学目标也被认为是教学设计的首要工作或第一环节。教学目标一经确定,就对教学活动起着指引方向的作用。

(二) 激励功能

教学目标作为观念形态的价值意识反映了人的需要,当需要带有清晰而明确的目标和目的意识,并延伸到人的行为领域同行为相联系的时候,则会形成动机。因此,教学目标确定以后,就可以激发出学生的学习积极性和学习动力,学生产生要达到目标的强烈渴望。教学目标要产生最大的激励效果,就要使制定出来的目标符合学生的需要,使学生认识到通过努力达到目标是有价值的,这样就可以引起学生的动机,激发学生的学习兴趣。目标达成度即目标实现的可能性也很重要,教学目标太容易或太难达到,都不能使学生产生动力。只有教学目标高低适宜、难易适度,既高于学生的已有水平,又是学生可以承受的,才能有效地激发学生的学习动机。

(三) 评测功能

教学作为一个系统的、由多因素构成并由各个环节连接而成的序列活动,既包括设计、组织、实施,也包括测量和评价。测量和评价教学活动是一个周期的终结,也是下一周期的开始。它既要明确预定的结果——教学目标是否实现或达到,又要确定目标达成度,还要获得调整目标的反馈信息,这些都要以已定的目标为尺度。正是通过以目标为尺度、为标准的测量和评价,教学活动才不断得到改进,步步完善。

第二节 小学科学教学目标设计策略

教学目标比较

以下是两位教师分别编写的《一杯水的观察》第一课时教学目标①:

A 教师编写的教学目标为:
1. 会用比较的方法认识事物。

---

① 李中国.小学科学教学设计[M].北京:高等教育出版社,2020:76-77.

2. 体会人体感官在认识事物上的重要性,培养学生的安全意识。

3. 在观察研究活动中,培养学生留心观察、尊重他人、敢于发表意见、乐于合作与交流、乐于探究发现周围事物奥秘的学习习惯。

B 教师编写的教学目标为:

1. 在观察、研究活动中培养学生敢于提出不同的见解,合理地描述自己观察到的现象,观察时需要注意顺序;活动结束后,注意收拾实验用品。

2. 会用自己的感官(眼、鼻、舌、手、耳朵)和简单的器材来观察水是一种什么样的东西,并用合适的方法记录观察结果。

3. 通过观察、对比等方法认识水是什么样的。

请仔细观察两个教学目标,指出二者编写的不同之处。

教学目标是教学活动的灵魂,是统领教与学全过程的纲领。它规定学习的具体内容,明确学习的具体任务,决定教学策略的选择,是对具体的学习内容、学习过程、学习结构的抽象概括。因此,课堂教学目标既要注意科学性,又要便于教学的实际操作。其语言表达是对学生学习预设结果达到程度的表达,力求明确、具体,可以观察和测量,要具有概括性,即要对教学内容和教学行为过程进行概括,要具有明确的指向性以及可操作性。

一、小学科学教学目标设计的基本原则

(一) 科学性原则

科学性原则是指教学目标的设计要注意其实现的可能性。各要点的教学目标不一定都能达到最高层次,通常应该选择位于学生的"最近发展区"内,即促进学生经过努力能够达到的层次要求[1]。较高层次教学目标可以考虑设计成动态的、相互联系的若干中间目标,使目标具有发展性。如对放热反应的学习,学生肯定能联想到燃烧能放热、某些爆炸能放热、某些溶解能放热、化学过程有放热、物理与生物过程也有放热等等,但它们有什么本质区别或内在联系,并不需要一气呵成。

(二) 系统性原则

从知识体系角度讲,小学各学科仍是一个相对独立的系统。

系统性原则要求在制订教学目标时,应从教育的总任务出发,把握它在"课程目标—学期(学年)目标—单元(课题)目标—课时目标"这个逐级体系中的地位和作用,采用任务分析法,对任务逐级分解,从而准确地确定具体和细化的教学目标。再者,根据课程标准的要求,教学目标应从知识与技能、过程与方法、情感态度与价值观三方面进行设计,但各类教学目标之间是相互联系、相互促进和相互制约的[2]。智力因素和非智力因素共同影响着学生的发展。因此,系统性原则还要求必须把它们组织成协调和自然的目标体系。

(三) 全面性原则

全面性原则包括三个方面的含义:一是教学目标的制订要面向全体学生,既要制订面

---

[1] 肖福流. 小学数学教学目标设计的科学性探究[J]. 广西教育,2020(5):4-6.
[2] 刘德华. 小学科学课程与教学[M]. 北京:中国人民大学出版社,2018:103.

向全体学生的基本教学目标,又要针对学有余力的学生提出适当的较高要求,制订出有一定弹性的教学目标体系,使全体学生都能充分发展;二是教学目标要有利于学生的全面发展,知识、技能、情感、态度及价值观等领域的目标要有机融合,体现促进学生全面发展的思想,在学生获得知识和技能的过程中,促进其情感体验,帮助其形成科学的世界观和方法论;三是教学目标要体现开放性与多样性,以便识别和挖掘学生的各种智力潜能,培养其多元的智力结构。

(四)层次性原则

在课堂教学中,每节课可能都包含三个维度的教学目标,但通常情况下由于受知识本身以及学生实际和学习环境所限,一节课要实现所有的目标是不现实的。这就要求教师在制订教学目标时,优先选择既重要又具有关键性、迫切性的目标作为主干,对其他目标做出妥善的调整和安排。从知识的记忆目标到理解与运用目标,再到发展能力、解决实际问题和情感体验目标等,由浅入深,层层递进①。特别是对过程与方法、情感态度与价值观领域的目标更不能急于一时,需要制订比较长远的计划逐步完成。

(五)具体性原则

具体性原则是指在设计教学目标时,必须明确、具体、有针对性。要依据课程标准的要求,根据教材的内容和学生的认知结构、能力水平、生活阅历、兴趣、态度、习惯等,把教学目标具体化。教学目标也是教学评价的依据,一个好的目标体系,实际上已蕴涵了学习结果的测量和评价标准。所以在制订教学目标时应该准确地选择和使用相应的行为动词,使其具有可操作性和评价功能②。

(六)甄别性原则

传统教育理念往往关注的是学生的智力有多高,而现代教育理念则更关注学生的智力类型。比如有的学生喜欢学习科学事实、科学理论,有的学生擅长科学探究实验,而有的学生特别喜欢用学到的科学知识去解决一些生活中的实际问题等等。所以教学目标的确定还应该具有甄别性,通过有限的学校教育,为学生的终身发展找到一条比较适合的发展方向,其意义将远远超过教学本身。

二、小学科学教学目标设计的基本步骤

(一)钻研课程标准,分析课程内容

不同学科中不同的课题只能满足与本学科相关的需求,也只能实现与本课题相关的目标。所以教师必须紧密结合小学科学学科特点筛选教学目标,而且筛选出来的目标根据小学科学学科的特点也会有轻重之分。小学科学课程标准的目标部分明确分析了小学科学学科在科学知识,科学探究,科学态度以及科学、技术、社会与环境四方面的课程总目标和分目标,小学科学教师需要把握好小学科学课程标准的具体要求,据其分析相关课程内容。

---

① 舒里红. 目标教学中应遵循教学的层次性原则[J]. 化学教学,2018(5):12-13.
② 李中国. 小学科学教学设计[M]. 北京:高等教育出版社,2020:72.

(二) 钻研教材,明确教学内容和要求

在把握好小学科学课程标准的理念后,就要去分析教材和钻研教材了。由于教材是课程标准的进一步丰富和具体化。教学目标的制定必须是立足于课程标准的基础上对教材进行深入认真分析①。通过研讨课程标准,分析教材内容,要做到从整体上把握课程的基本结构,梳理好教材的内容体系。在此基础上,然后具体分析某个单元的教学内容和课时教学内容,找出其中的基本概念、基本事实、基本方法和基本原理,构思好教学流程,为制定教学目标奠定基础。

(三) 结合学生实际,确定合理目标

不同年龄的学生,认识能力和知识水平是不一样的。即使是同一年龄不同班级的学生,他们的思维习惯、认知水平也是有差异的。所以在制定科学课的教学目标时,还需要考虑学生已有的知识经验、年龄特征、学习风格、学习动机、学习态度等②。此外在兼顾全班学生的同时,也要考虑到学生的个体差异性,最终使学生们都能得到充分发展,也就是所谓的分层教学。

(四) 进行教学目标分类,增强目标可行性

教学目标分类理论是把各门学科的教育教学目标按统一标准分类,使之规范化、系列化、具体化的理论。它对我们进行需求的类别化具有积极的指导作用。在一般的教学目标设计时,教师通常的做法是分成知识、能力和情感三类教学目标,每一种教学目标都用一些抽象、笼统的话语表达。而科学课程的教学目标,要求教师从科学知识,科学探究,科学态度以及科学、技术、社会与环境四个方面分类表述。

(五) 结合教学设计,陈述具体行为目标

完成教学目标分类后,教师可以设计比较笼统的综合性目标,以此指导教学策略与教学流程的设计,然后再根据教学流程来陈述具体行为目标。这些具体的行为目标应该是可以直接观察和测评的,能够解释学生达到目标的成因。应该符合"明确、具体、全面、适当"八个字。

三、小学科学教学目标编写的基本方法

以研究行为目标而著称的美国学者马杰强调应该以具体明确的方式说明学生认为学习完后能做些什么。他在其编写的《程序教学目标编写》中提出,一个完整的教学目标应该包括三个要素,即行为、条件、标准。在教学实践中,研究学者认为有必要在马杰的三要素基础上,加上对教学对象的描述。这样,一个规范的学习目标就包括四个要素,简称ABCD模式。

A——对象(Audience):阐明教学对象。
B——行为(Behavior):说明通过学习后,学习者能做什么(行为的变化)。
C——条件(Condition):说明行为是在什么条件下产生的。

---

① 徐敬标.小学科学教学技能[M].上海:华东师范大学出版社,2018:44.
② 徐敬标.小学科学教学技能[M].上海:华东师范大学出版社,2018:45.

D——标准（Degree）：说明达到上述行为的最低标准（即达到所要求行为的程度）。

小学科学教学目标的设计与编写可以按照这四个要素：行为主体、行为内容、行为条件和行为标准来进行①。例如"学生（行为主体）能够运用温度表（行为条件）测量（行为内容）一杯水的温度，准确率达100%（行为标准）"，通常可以简写为"能够测量一杯水的温度"。

（一）阐明学习行为的主体

学生是行为的主体。行为目标描述的是学生的行为而不是教师的行为②。如"（学生）能够说出鸡蛋孵化的过程"，而不应该是"（教师）让学生说出鸡蛋孵化的过程"。撰写教学目标时，行为主体通常省略。

（二）用行为动词或动宾结构短语表达教学目标

由行为动词和结果构成行为内容，要说明通过学习后，学生能做什么③。例如"会说出鸡蛋的构造"。行为动词应使用可观察、可检测的具体术语，而不能是抽象的术语。在教学设计时，目标领域使用的行为动词列举如下：

1. 科学知识

了解水平——说出、辨认、列举、描述、列出、举例、选择、识别、指认等。

理解水平——解释、说明、比较、概述、认识、区别、推断、对比、归纳等。

应用水平——设计、得出、撰写、分析、解决、检验、拟定、评价、综合等。

2. 科学探究

模拟水平——模拟、尝试等；

独立操作水平——运用、使用、示范、测量、查阅等。

3. 科学态度

经历（感受）水平：参与、体验、交流、分享等。

反应（认同）水平：关注、认同、拒绝等。

领悟（内化）水平：形成、具有、确立、树立、热爱、养成等。

4. 科学、技术、社会和环境

体会、爱护、初步培养、关注、爱护、感受、形成、意识、树立等。

（三）说明达到目标的条件

影响学生学习结果的必要因素是行为条件，它主要说明学生在何种情境下表现出学习行为④，如"使用放大镜后""经过观察讨论"等等。在设计教学目标时对行为条件的表述，实质上指明了何种情况下对教学活动进行评价。

（四）确立一定的判断标准

行为的表现程度反映行为达到的水准，它指的是学生对目标所达到的最低表现水平，

---

① 刘德华. 小学科学课程与教学[M]. 北京：中国人民大学出版社，2017：106.
② 刘德华. 小学科学课程与教学[M]. 北京：中国人民大学出版社，2017：106.
③ 刘德华. 小学科学课程与教学[M]. 北京：中国人民大学出版社，2017：106.
④ 刘德华. 小学科学课程与教学[M]. 北京：中国人民大学出版社，2017：106.

用以衡量学习表现或学习结果所达到的程度①。行为标准通常指在行为的熟练性、精确性、完整性、时间限制等方面规定的标准,如"准确率100%""能够说出蜗牛的三个外形特点"等。

补充材料5－2:小学三四年级科学《声、光、热、电、机械能》单元教学目标的设计

(一)科学知识

1. 了解声音可以在气体、液体和固体中沿各个方向传播,并通过观察活动归纳出声音因震动而产生,同时借助变量控制实验发现物体震动的变化会使声音的高低、强弱发生变化,由此通过调查知道噪音的危害和防治等知识。

2. 用手电筒照射物体形成影子,通过观察影子并设法改变影子的形状、大小和方向,认识影子形成的条件。

3. 学习使用温度计对环境的冷热程度进行测量,并通过物体的加热和冷却发现一般物体具有"热胀冷缩"的性质,还能通过观察描述出加热或冷却时常见物质发生的状态变化。

4. 能够使用小灯泡、导线、电池和开关连接成简单电路,从而了解电路形成的条件,并解释开关的作用。通过将不同材料连入电路,知道有些材料是导体,有些材料是绝缘体。能够列举电的重要用途,知道生活用电的利与弊,知道安全用电。

5. 能够识别日常生活中的能量;知道运动的物体具有能量。

(二)科学探究

1. 能够利用简单的材料制订简单的实验计划,并开展观察、对比和变量控制实验。

2. 能够通过观察描述现象,运用仪器测量和记录数据。

3. 能够运用图示记录现象、运用图表梳理数据,并进行分析、比较,通过归纳等方法得出结论。

(三)科学态度

1. 对声、光、热、电等能量的表现形式具有好奇心与探索兴趣。

2. 乐意与同学合作开展探究活动,善于观察并持严谨的科学态度展开学习。

3. 敢于对他人观点提出质疑,能够基于事实展开讨论,接纳他人意见。

4. 敢于动手操作实验,敢于开展一些科学实践活动。

(四)科学、技术、社会和环境

1. 知道声、光、热、电在生活中的应用价值。

2. 了解噪音污染、光污染等对人类生活产生的影响。

3. 知道热和电存在一定的不安全性,需要防患。

——林静.小学科学18个重要概念全景解读[M].合肥:安徽大学出版社,2019:116-117.

---

① 刘德华.小学科学课程与教学[M].北京:中国人民大学出版社,2017:106.

第三节 小学科学教学目标设计实训

如何利用生成性教学资源

第一节课时,天在下雨,第二节课时雨停了,凸凹不平的地面上出现了一些小水洼。还有几分钟就要上第三节课了,小学科学小刘老师经过学校广场时,发现有学生还未进教室,原来孩子们正在观察和讨论树干上的几只蜗牛。"它们为什么都出来了?""是因为缺氧。下雨时小鱼也会从水中探出头来呼吸。""或许是准备搬家。不是蚂蚁下雨前要搬家的么?"眼看要上课了,小刘老师便招呼同学们进教室。这节课将探究"声音的产生"。刘老师很高兴同学们对自然界保持有好奇心和探究欲望,遗憾的是,蜗牛的探究是下学期"动物与环境"一课的内容。作为教师,他还没有随意改动教学进程的权利,否则教学检查时可能受到批评。走进教室时,刘老师发现仍有同学在小声议论着蜗牛。他不得不把同学的兴趣从蜗牛转到本课的探究内容上。于是就对同学们说:"我刚才已经注意到同学们对于蜗牛的兴趣,这个问题将在下学期学习,你们可以把今天的发现记下来,日后会用得到。这节课,我们需要学习的是'声音是怎样产生的?'下面先来做一个实验……"

你对刘老师的做法认同吗?如果不认同,你会怎么做?

一、实训目标

在充分理解和掌握小学科学教学设计案例中教学目标定位解析的基础上,根据小学科学教材内容对其进行教学目标评析并自主设计教学目标。

二、实训要求

以小组为单位,选择自己感兴趣的小学科学课题,按照教学目标编写的 ABCD 模式进行编写设计,编写时注意关注目标的学科特点、把握教材内容以及学生的基本情况,对科学知识、科学探究、科学态度以及科学、技术、社会与环境四个维度进行教学目标的设计与编写。

三、实训内容

(一)物质科学领域教学目标设计实训

试为《磁铁的两极》设计与编写教学目标(二年级上)。

1. 教材内容简析:《磁铁的两极》是二年级第一单元磁铁的第三课。安排在《磁铁能吸引什么》和《磁铁怎样吸引物体》两课之后。通过前面两课的学习学生已经了解磁铁可以吸引铁一类物质和磁铁有磁力,为本课学习奠定了基础。本课由四部分组成:第一部分聚焦,通过情景活动聚焦到"条形磁铁各部分磁力相同吗?"这一问题上。第二部分探索,通过用回形针感受磁铁各部分磁力、观察磁铁吸引回形针的先后顺序和观察铁粉在磁铁上的分布等活动探索条形磁铁各部分的磁力大小,收集条形磁铁两端磁力大中间磁力小的证据。第三部分研讨,根据实验现象建构磁极的概念。第四部分拓展,运用已学的知识寻找马蹄形磁铁的磁极。

2. 学情分析:学生已经了解磁铁能吸引铁一类的物质,也了解了磁铁具有一种看不见的磁力。在前面一课的学习中学生会隐约感觉到磁铁两端磁力比较大。这些都为本课的学习做好了铺垫。但学生还是不太清楚磁铁各部分磁力的分布情况。另外,虽然经过半年的科学学习,学生的观察与描述能力有所发展,但是仍处于具体形象思维阶段。抽象的概括和语言表达能力还是比较弱,需要教师的指导和辅助。

请根据教学目标设计相关理论知识设计教学目标,将设计好的教学目标填入下表中。

表 5-2 《磁铁的两极》教学目标设计与编写

科学知识目标	
科学探究目标	
科学态度目标	
科学、技术、社会与环境目标	

(二) 生命科学领域教学目标设计实训

试为《观察鱼》设计与编写教学目标(一年级下)。

1. 教材内容简析:《观察鱼》是一年级的一节科学课,在前面几课,学生主要的观察对象是陆生动物,在本课中学生将开展对水生动物——鱼的观察。鱼分布广泛,易得,易养,是水生脊椎动物的代表,它们的形态与之前观察的蜗牛有着较大的区别,具有明显的适应水生环境的身体特征,如鳍、鳃等,这既是动物分类的重要依据,也是动物形态结构与环境相适应的直接表现。

聚焦板块通过"鱼的身体是什么样的呢"这一问题,引导学生对鱼的身体结构特点进行观察探究。探索板块主要分为鱼的外形特点、运动和呼吸三大方面。通过观察鱼并将鱼画下来,发现鱼的身上覆盖着鳞片,长有鳍和鳃;认识鱼的运动主要是靠鳍来完成的;接着思考鱼的嘴为什么会不停地一张一合,引导学生观察鱼是怎样呼吸的。除了观察鱼的外部形态以外,还要了解鱼的骨骼,初步认识鱼作为脊椎动物的主要特征。研讨板块要学生知道鱼生活在水里用鳍运动,用鳃呼吸,它们的身体结构与生活环境是相适应的,从而引向单元的核心概念:动物的形态结构与生活环境是相适应的。

2. 学情分析:鱼是学生比较熟悉的动物,也是餐桌上常见的食物,学生对鱼有一定的认识基础。本课的教学就是在这样的基础上展开的,学生通过观察鱼的身体结构,认识各部分的名称,借助"鱼是怎样运动、怎样呼吸的"这些问题的交流,很容易就能知道鱼的运动跟鳍有关,但是鱼靠什么呼吸还只是一个猜测,如何利用实验的方法来证明自己的猜想,对于一年级的学生来说具有一定的难度。

请根据教学目标设计相关理论知识设计教学目标,将设计好的教学目标填入下表中。

表 5-3 《观察鱼》教学目标设计与编写

科学知识目标	
科学探究目标	
科学态度目标	
科学、技术、社会与环境目标	

(三) 地球与宇宙领域教学目标设计实训

试为《太阳、月球和地球》设计与编写教学目标(三年级下)。

1. **教材简析**:本课是单元的最后一课,有非常重要的作用——学生将对本单元的学习进行梳理,教师将对学生的学习效果、学习能力进行评价。在本课中,学生的主要任务是分组制作一张关于地球的主题海报。每个星球都有自己的主题颜色,例如太阳是红色,月球是灰色,地球也不例外。但是地球的颜色非常丰富,可以是森林的绿色、海洋的蓝色、火山的红色等等。鼓励学生确定和围绕某个主题颜色,然后通过各种方式查找、整理资料,最后合作完成一张主题海报。教材对于地球主题海报的制作步骤给出了详细的介绍。收集和选用相关的图片和文字资料是做好海报的关键。这一环节可以事先布置任务让学生准备材料,在课堂上完成制作任务,也可以将制作任务放在课外进行。

2. **学情分析**:学生在本单元已经对太阳、月球和地球有了初步的认识,了解了三个星球的基本特征,也了解了它们的相同点和不同点,但是学生对三个星球还没有进行一个整体的梳理,知识点比较分散。本节课,教师引领学生制作三个星球的主题海报(重点是制作地球主题海报),在完成制作后,将学生的海报进行展示,让学生相互学习,这样学生就能充分地认识地球。本课将充分锻炼学生收集资料,整理资料,分工合作,展示交流的能力。

请根据教学目标设计相关理论知识设计教学目标,将设计好的教学目标填入下表中。

表 5-4 《太阳、月球和地球》教学目标设计与编写

科学知识目标	
科学探究目标	
科学态度目标	
科学、技术、社会与环境目标	

(四) 技术与工程领域教学目标设计实训

试为《做一个指南针》设计与编写教学目标(二年级下)。

1. **教材内容简析**:本课是二年级下册《磁铁》单元的第 5 课,学生通过前面的学习,初步了解了磁铁是人类生活中一种非常重要的工具。学生已经知道磁铁具有指示南北方向的性质,并认识了指南针。他们会发现,条形磁铁指示南北的实验装置实际上就是一个简

易的指南针。这种发现会激发学生自己制作一个指南针的愿望。本课安排制作指南针的活动,旨在让学生体验包括设计、实施、改进在内的简单的技术与工程实践过程,培养他们动手制作的能力与创造意识,并在制作过程中认识磁化现象。

2. 学情分析:对于二年级的学生而言,水浮式指南针的制作相对较为容易一点,其制作过程包括制作磁针、安装磁针、标注方向等。制作完成后,需要检测指南针的效果,并针对制作过程或测试结果中出现的问题提出改进方法。与科学一年级全册以及二上的难度相比较,这次活动体现了较高难度,既要求学生有充分的想象力,也需要学生有较强的动手能力和调整能力。

请根据教学目标设计相关理论知识设计教学目标,将设计好的教学目标填入下表中。

表5-5 《做一个指南针》教学目标设计与编写

科学知识目标	
科学探究目标	
科学态度目标	
科学、技术、社会与环境目标	

四、拓展训练

阅读下面的案例,运用本章所学知识进行解析。

《观察叶》一课教学目标

1. 科学知识目标

(1) 知道植物的叶是多种多样的,每一种叶在形状、大小、颜色等方面都具有自己的特征。

(2) 知道植物的叶是有生命的,会长大,会变化,也会死亡。

2. 科学探究目标

(1) 在教师指导下,能利用感官观察叶的外部形态特征,并用简单的语言进行描述。

(2) 通过观察,比较各种各样的叶,认识到植物的叶具有相同和不同之处。

3. 科学态度目标

(1) 能在好奇心驱使下,对植物的叶表现出探究兴趣。

(2) 愿意倾听,分享他人有关植物的信息并乐于表达。

4. 科学、技术、社会与环境目标

认识到植物是有生命的是大自然的重要组成部分。

本章小结

小学科学教学目标是教师在具体教学活动之前制定的,通过教学后学生需要达到并且能够用一定手段加以测评的预期教学效果。小学科学教学目标具有导向、激励和评测等功能。小学科学教学目标主要包含科学知识、科学探究、科学态度、科学技术社会与环境四个方面。小学科学教学目标设计需要遵循科学性、系统性、全面性、层次性、具体性、甄别性等原则。小学科学教学目标设计首先要钻研课程标准，分析课程内容；其次要钻研教材，明确教学内容和要求；再次要结合学生实际，确定合理目标；然后进行教学目标分类，增强目标可行性；最后结合教学设计，陈述具体行为目标。

 思考训练

1. 观看一节完整的小学科学优质课视频，尝试总结该节课的教学目标，与设计者的教学目标对照，寻找二者之间的差别，并分析原因。

2. 如何处理和把握小学科学预设目标与生成目标的关系？

3. 选择小学科学任一节教材内容，进行教学目标设计训练。

第六章
小学科学教学内容设计

 本章概要

小学科学教学内容设计,不仅要以学生的主体性发展为立足点和核心,还要以学生的认知、情感和技能发展为根本目标。探索小学科学教学内容设计的策略与方法,需要遵守课标要求、挖掘教材优势、尊重学生基础三大原则,需要完成教材内容的分析与整合、学生基础的分析与厘定、教学重难点的分析与突破三个步骤。本章着重探讨小学科学教学内容设计的含义、基本原则与策略等内容。

 学习目标

通过本章学习,学生能够
- 说出小学科学教学内容设计的含义。
- 描述小学科学教学内容设计的原则。
- 掌握小学科学教学内容的设计策略。
- 分析与运用具体的小学科学教学内容。

 内容结构

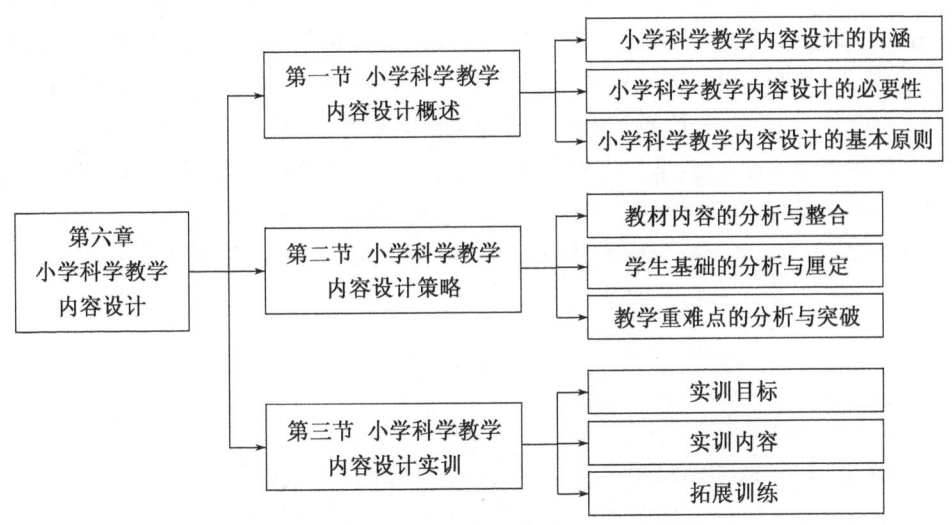

第一节　小学科学教学内容设计概述

小学科学教学内容设计的作用

小学科学内容与现实生活息息相关,课堂教学中,联系学生日常生活,巧设悬念,创设情境,让学生发现并探索科学问题,培养学生爱观察、爱思考的习惯,学以致用,有利于激发学生对新知的探求。例如在《食物中的营养物质》一节,教师利用多媒体设备播放视频,引导学生认识平时吃的食物。随着生活质量的提升,人们的食物种类和营养摄入增多,教师列出平时常见的食物,用问题引导学生,为什么每天要吃很多种食物?这些食物都含有哪些营养呢?食物为人们提供了哪些营养元素?这些营养物质对身体成长具有什么作用?借此指出人类身体的生长发育需要食物中营养物质的提供和补充,引入本节课的学习。通过生活情景展示和引导提问,引发学生对食物及其作用的思考,自然引入学习内容。将生活知识与课堂结合,有利于激发学生学习兴趣,调动学生积极思维,诱发学生的探究心理。

一、小学科学教学内容设计的内涵

教学内容是学与教相互作用过程中有意传递的主要信息,是指为实现教学目标而要求学生系统学习的知识、技能和行为经验的总和,一般包括课程标准、教材和相关课程资源等等。[①]

首先,教学内容一般都被视为被教材规定的。但是,教学设计要根据教学对象、教学模式和教学条件的实际情况对教材内容做出恰当的处理和编排,使课堂教学的内容和教学对象的实际情况相匹配,与教学模式相协调,并使之更加清楚、准确和程序化。

其次,教学内容是课程标准的具体化。教学内容是实现课程目标的载体,是教师施教的重要依据,是教学活动的直接载体,是师生互动的直接媒介,也是学生获取科学知识、发展科学思维、形成初步的科学世界观的重要基础,主要解决"教什么"和"怎么教"的问题。

科学确定教学内容,进行教学内容设计毫无疑问是教学设计的核心环节,是指教师合理分析、选择、组织和安排教学内容的程序呈现过程。要求教师在进行教学内容设计之前要认真分析学生当下的发展水平、课标规定的教学目标以及现有科学教材的年龄、资源、环境和校本适切性等多个教学要素及其之间的关系。其中,认真分析其与教师、学生、课程标准及教材的紧密关系极为必要(见图 6-1)。

---

① 李梅.广东省普通高校公共体育课引入拓展训练的可能性研究[D].华南师范大学,2012.

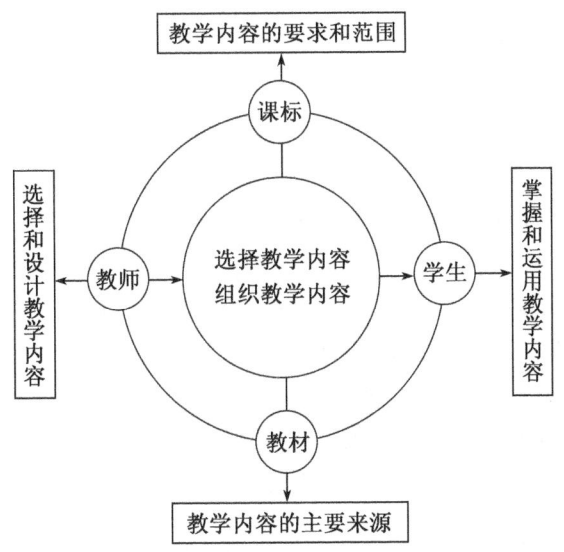

图 6-1　教师、学生、课程标准及教材与教学内容的关系①

这意味着在进行小学科学教学内容设计时,不仅要以学生主体性的发展为立足点和核心,准确地掌握新的教学内容,明确教学的重点、难点和疑点,根据教学模式编排好教学内容的顺序;还要以学生的认知、情感和技能发展为根本目标,根据学生的实际情况复现一些相关的旧知识,以求在教学实践中能够从选择教学内容和组织教学内容两个方面,明确教学要列举的肯定例证和否定例证,探索内容设计的策略与方法。

二、小学科学教学内容设计的必要性

选择哪些知识作为小学科学的教学内容?以怎样的编排形式呈现更适合儿童学习?这些都是教师从事小学科学教学必须明确的问题。因为学习、研究、核定小学科学教学内容,掌握小学科学教材分析的要求与方法,对小学科学教师理解、分析、设计与组织小学科学课堂教学是非常重要的。

(一) 促进教育资源的整合

小学科学教学资源本身极为丰富。第一,国家规定资源,如教育家、学科专家与资深一线教师科学商定,并由相关教育部门出台的课程标准、教学大纲等;第二,文本资源,如基于上述课程标准、教学大纲或者编者的主观教学意向出版的教科书、教师用书、教学辅助用书和教学挂图等;第三,信息技术资源,如与解决科学教学问题相关的课堂实录网络、教学软件、多媒体光盘等;第三,社区教育资源,如图书馆、科技馆、少年宫、博物馆、展览馆、气象站、报纸杂志、电视广播等在社会日常生活环境中映射出的科学教学信息;第四,环境与工具资源,如学校或者社会中用于科学教学操作的学具、教具及实验室等;第五,生成性资源,如科学教学活动中由教师或者学生提出的问题、解决问题的策略、完成的科学

---

① 于蓉,李元平.基于发展学生主体性的教学内容设计研究[J].教育理论与实践,2013,33(05):48-50.

作品等。这些教学资源对学生科学素养的发展具有独有的价值。与传统教科书相比，具有丰富、大量和开放的特质，能够以具体形象、生动活泼和亲身参与等特点，给学生多方面的科学信息刺激，调动学生在科学教学过程以多感官的方式参与，深度激发兴趣、陶冶情操、获取知识和培养能力，是传统教科书所无法代替的。

但是，长期以来小学科学教学资源在开发和应用方面存在一定的滞后性。第一，教学资源的开发主体限于少数的学科专家和课程教学专家，忽视了广大一线教师的能动性；第二，教学资源实施的空间局限于班级课堂，很多地区的科学教学普遍缺少相应的专门教室、实验室、图书馆及参观考察场所等；第三，教学资源的内容限于科学知识，忽视学生科学精神和科学技能的培养；第四，内容结构单一并落后，不仅远离学生的生活经验，还忽视相应学科知识的新发展和各学科知识间的渗透与融合。造成作为主要文本资源的教材一直独占小学科学教育的课堂教学空间，使得人们常常误以为科学课本就是唯一的教学资源，一提到开发和利用小学科学教学资源，就想到订教材、编教材，一提到小学科学教学内容设计反而有一种陌生感。

所以，教材并不是唯一的教学资源。现代信息技术的飞速发展和网络技术的广泛应用，给科学教学设计带来了新的发展机遇。把教材当作圣经一样来解读的时代已经成为过去，凡是有利于提高学生科学素养，与教材相关或与教材暂时相关，但与学生未来有关，能创造出学生主动、和谐发展的教学资源都应该加以开发和利用，以充分拓展教材的空间。

（二）促进教育目标的优化

要实现一定的教学目标，就需要有相应的教学内容作保证。只有教师科学合理地确定教学内容，才能使课堂教学内容的设计符合学生的认知特点，突出重点，突破难点，实现教学目标，达到对知识的掌握以及能力的提升和正确科学态度与价值观的建立。

进行教学不是为了完成教材规定的任务，而是利用教材促进学生的发展，达成预定的教学目标。所以，教师要重新认识和理解教材，树立"教材是范例"的新教材观，要在教学实践中创造性地使用教材，不断使教学过程最优化。改"教教材"为"用教材"，有效提升学生的科学素养，是科学教育的最终目的。教学内容确定的过程就是对教材的再加工过程，教师需要在深刻理解教材内容的基础上，对教材进行裁剪、取舍、编排和组织。有的内容尽管好，但与教学目标不符，就要下决心舍去。对教材的使用和取舍凝聚着教师的学识和智慧，其逻辑蕴含着教师参与课题研究、用教材教授和教学为学生服务等理念。

三、小学科学教学内容设计的基本原则

（一）遵守课标要求

课标，即课程标准是国家规定的小学生要掌握的科学课程的基本标准，是教师教学的标准和目标。科学课的课程目标涉及科学探究、情感态度与价值观、科学知识、技术与环境几大方面，这些目标一直贯穿小学科学课的始终，要求各年级以学习进阶的方式，螺旋式地由低到高达成每一个目标。

根据不同知识领域在学生学习与生活中所具有的作用与价值差异所在，2017年的

《义务教育小学科学课程标准》将 2001 年的《科学(3~6 年级)课程标准》的"内容标准部分"重新规划整合为"课程内容部分",包含物质科学、生命科学、地球与宇宙科学、技术与工程 4 个领域,涉及主要概念 18 个,物质科学领域和生命科学领域各 6 个,地球与宇宙科学领域和技术与工程领域各 3 个,共计 75 个学习内容,分为总目标与学段目标,按四大课程内容分段描述。在教学目标和对应的内容上,体现了学习进阶理念,将小学阶段分为 1~2 年级,3~4 年级,5~6 年级三个阶段,并对每个阶段提出了不同的要求。

据此,标准在课程内容的结构编制上步步推进,层层深入。首先,通过知识结构图的方式将每个领域中的学习内容联结起来,清晰呈现主要概念之间的相互关系;然后,均以表格形式将每个主要概念在不同学段所需达到的要求,以及所需达成的学习目标条理清晰地呈现出来;最后,有针对性地给出一些可供小学科学教师参考并使用的教学活动建议。如此编排,便于小学科学教师更快更好地解读课标,在形成整体把握同时,对每个领域的具体内容及主要概念进行细节把握。教师要基于学习进阶理念促进学生科学素养的发展,教师要明确每一个主题每一个阶段对应的进阶要求,规定各学段学生对某一核心素养所要达到的程度。

在当下科学教学过程中,教师要厘清每一进阶的学习起点、终点,规划好学习进阶的路径,通过连贯、进阶的科学教学发展学生对核心概念的理解,形成良好的知识结构,提高学生实践创新、解决问题的方法和能力。教师要充分考虑到课程标准对这部分内容的规定,指导学生通过一课一课教学内容的学习,最终达到相关要求。教师要充分把握整个课程标准体系,明确每一个年级的分目标,这样落实到每一节课中,才会有的放矢,提高教学效率。

(二) 挖掘教材优势

教材指的是由课程专家、学科专家和优秀科学教师共同编写的系统反映科学学科内容的教学用书,是体现科学课程理念、课程目标及价值取向的现实文本。① 广义上讲,小学科学教材囊括教师指导学生学习科学用到的教科书、讲义、讲授提纲、参考书和声像材料等一切教学材料;狭义上讲,小学科学教材主要是针对科学教科书而言。教材作为科学教学的一种载体、材料和工具,是编者、科学教师及学生之间对话的文本,是教材编者为实现科学教学目标而选择的范例。

教师必须吃透教材,充分挖掘教材的优势。随着课程改革更进一步,小学科学教材越来越科学、规范和丰富。无论是人教版、苏教版还是其他版本,在选材上丰富鲜活,不仅包含多种学科文化、人文素养等丰富的有助于塑造学生科学能动性的教育资源,而且在使用过程中不断地修订得到进一步挖掘和丰富。教师进行小学科学教学设计时应充分挖掘这种优势,充分激发学生学习科学的兴趣与参与探究活动的欲望,特别是对于那些对培养学生的态度、情感与价值观有明显作用的素材,要注意用足、用够,使其在教学中真正发挥应有的作用。

(三) 尊重学生基础

学生的身心发展水平与特点决定了其对科学课程内容的接受程度。只有研究学生的

---

① 蔡海军. 小学科学教学论(试用)[M]. 长沙:湖南科学技术出版社,2007:44.

基础情况,了解他们已经具备或尚需具备的知识、技能和素质,即了解本节课学生认知水平的起点,通过什么样的内容和活动,以及将要达到的终点,才是真正的儿童视角下的科学课堂教学内容设计。

首先,每个班学生的学习基础不同。教师要通过课前调查了解学生的学习起点,通过了解学生对新知识相关的基础知识和技能掌握的程度和范围,根据不同学生的知识能力水平设计教学重难点。

其次,每个班学生的个性特点不同。有的班级活泼,善于表达;有的班级安静,善于活动。教师要创造性地抓住不同班级孩子的兴趣点、问题点和困难点,有效利用学生的生活经验,精心设计贴近学生生活实际的学习材料。这不仅要求教学内容设计要有一定的弹性,要面向全体学生,还要考虑学生发展的差异,要求教学内容的素材应贴近学生的生活现实和学习现实。

再次,每个班学生的思维阶段不同。科学探究过程需要儿童的思维参与,不同年龄儿童的思维技能不同,如分类、预测、推理、设计、假设、解释、交流等。儿童进行课堂探究之前,他们思维技能处于怎样的水平,如何在课堂教学活动中被充分调动,都是需要思考的问题。这就要求小学科学教学内容设计要体现过程性,体现科学知识的形成过程,反映科学知识的应用过程,逐渐培养小学生的科学思维意识和应用意识。

此外,适时地介绍有关教学的背景知识,如科学史料、一些科学概念产生的背景材料、科学家介绍、科学在现代生活中的广泛运用等,不仅使学生了解科学的发生与发展历程,激发学生学习科学的兴趣,同时挖掘了学习科学的人文价值,符合科学教学对学生人文精神培养的诉求。

第二节　小学科学教学内容设计策略

《蚂蚁》一课的教学内容设计[①]

一、教材分析

《蚂蚁》是教育科学出版社小学三年级《科学(上册)》中《动物》单元的第五课。本单元教学的核心概念是生命的基本特征。

本单元是小学生第一次接触、认识和研究小动物,学生还将在接下来的单元中进一步学习有关动物、微生物的科学知识,是一个循序渐进、螺旋式上升的过程。教材安排有3个活动:一是蚂蚁的生活环境;二是观察蚂蚁,了解蚂蚁的生活习性,并画一画蚂蚁的身体;三是交流发现,进一步观察蚂蚁。教材安排了两种观察方法:一是在自然状态下的观

---

① 叶军.从实践走向研究——基于课堂的小学科学教学思考[M].上海:上海交通大学出版社,2018:131-132.

察;二是在课堂中的观察。

二、学情分析与内容设计

学习必须建立在学生已有认知基础之上,以学生已有的经验基础为生长点,促进学生科学思维和探究能力的不断发展。

学生通过蜗牛和蚯蚓的观察学习,已经体验了从整体到局部观察的过程,并学习使用放大镜做更细的观察和用简图画出观察结果。但学生观察往往不细致,容易把观察到的现象和自己原有的生活经验相混淆。学生对蚂蚁的熟悉程度比较高,也比较喜爱蚂蚁。但学生对蚂蚁的身体构造和生活习性不很清楚,尤其受动画、图片中的卡通蚂蚁的影响,对蚂蚁的身体构造有很多错误认识。

基于学生的认知起点,针对三年级学生年龄小、好奇心强、观察方法和观察能力有限的情况,教师需要对学生观察进行肯定、鼓励、指导和帮助,使学生不仅学习细致的观察方法,而且通过观察,纠正原有错误认知,形成正确的认识。

教学重点:观察蚂蚁,用画简图的方法记录蚂蚁的身体结构。

教学难点:细致的观察探究以及正确的交流与评价。

如何整合众多教育资源,使其与教材内容协调配合有效地发挥作用,是小学科学进行教学内容设计时的难点所在。整合教学内容,就是要将课标要求、教材内容和学生基础综合在一起考虑,设计出适合学生年龄特征、认识水平等特点的且不拘泥于教材内容的教学活动,从而高水平地实现教学目标,要求教学内容设计的目标不仅要立足于教材,还要努力打破教材。

一、教材内容的分析与整合

自民国以来,教育界就一直在呼吁:科学课不应当被压缩在狭小的书本上,要面向自然,回归生活,甚至一度强调废除教科书。二十世纪二三十年代,由于实用主义思潮的影响,"儿童中心论""生活中心""做中学"等理念不断传到国内,原有的教育思想深受冲击,让儿童在"做中学",重视儿童的经验等理念不断蔓延。很多科学教育工作者信奉"宇宙为学校,自然为宗师"的时代口号,认为小学科学是一门关于大自然的课程,不应该死守教科书,而应该到大自然中和儿童的生活中去选择适合的教学内容。教科书的选材问题倍受质疑,很多人士建议丢弃传统的教科书,从儿童身边出发自主选择教学内容、设计校本教材进行试验。

在当下,社会对科学教育的要求越来越高,要求教师在实施中要充分发挥自主性、能动性和创造性,教活科学教材。这是因为在实际教学中,部分教师解读教材的能力不足,多数时候是照本宣科,不知道如何选择教学内容,不能够为学生提供有结构的探究材料,教学效果不好。一旦教师对教材的编排意图理解不清,一味照搬教材内容,就会陷入"教教材"的怪圈。因此,在教学中,教师既要深钻教材,又要不拘泥于教材,根据学生的情况适当地调整材料,这样才能设计出真正符合学生需要的课堂教学内容。

(一)根据学生特点,整合教材资料

在解读小学科学教材过程中,我们会发现大部分内容最终都将会以活动形式呈现。

那么,如何使教材所设计的活动基于学生的认知基础,适用大部分学生,从而通过这些活动到达预设的目标呢？这就需要教师针对学生的特点,对教材进行二次开发,进行取舍,或者重新设计,为儿童的思维发展搭好台阶。

在了解小学生年龄、心理特点及认知规律的基础上,对教材进行合理整合,可以取得事半功倍的效果。通过多次教学,有些教材中安排的内容对于刚接触科学的低年级学生来说有一定的难度,不利于相关概念的构建。可以在后来的教学过程中对教材进行有机整合,先让学生从整体上认识身边的各种材料,然后再指导他们对专项材料进行深入探究,最后得出符合认知规律的概念。教学不是为了完成教材规定的任务,而是利用教材实现教学目标,进而促进学生科学素养的全面提高。因此,变"教教材"为"用教材"就显得尤为重要。

以学生的认知过程组织教材,一是为了明确学生概念建构的前后逻辑联系;二是为了突出每课的主要活动,直指科学概念建构,包括探究主题与主要活动、主要活动与科学概念、拓展活动与概念辨析等的梳理,使教材沿着学生的认知过程逐步呈现,并引领学生的探究活动。① 小学《科学》教材单元通常呈主题结构,每个主题目标又分低、中、高三个阶段,总体呈螺旋式上升。因此,教师要读通课程标准中每一内容所对应阶段的目标要求,正确把握各年级的学习进阶,制定合适的学习目标,不轻易拔高要求、增大信息容量,让孩子学得轻松而有意义。

(二) 激发教师热情,填补教材空白

再好的教材也会有局限性,存在尚未明确写出的内容、设计的板块以及提供的材料等。很多教材尽管优势突出,但仍然不能照顾到所有地域、所有学生的需要。但是,恰恰是这些缺憾更容易激发教师在进行教学设计时的创造力和激情。

首先,激发自身的创造力。教材中的学习资源是有限的,而科学教师在实践中以现有的教材为基础,创造出的学习资源却可以是无限的。教师在教学中要通过自己的加工与再创作,使教科书内容问题化、结构化、人文化、综合化和生活化,弥补已有教材的缺陷,使学生更容易理解,对学习更有兴趣。

其次,引导学生去创造。教师作为引导者,要注意把编者有意无意所忽略的编排或者选材部分,通过学生的再造想象补充起来,使之更加具体和深化。但是,教师的作用不仅限于引导学生填补空白,还应通过暗示、启发、组织、引导等途径,让学生积极地交流、比较、反思、选择和整合,从而达到既培养学生再造想象,又培养其科技创造能力的目的。

(三) 根据本地特点,改进教材内容

尽管科学教材在编写过程中尽可能地选用了我国大部分地区都可能有的实物材料,但对于有些地区来说,仍然存在或多或少的问题。因此,应积极倡导教师利用本地资源和环境,使科学教学贴近学生的实际生活。

很多教材本身就不拘泥于本体,十分鼓励师生跳出所提供的案例,对本地植物、动物、矿物等及所存在的自然环境展开观察和研究,鼓励教师根据学生的实际情况对课本上建

---

① 来文. 基于儿童特征的小学科学教学研究[M]. 北京:科学出版社,2015,35.

构的小学科学教学活动进行调整和修改。但是，由于空间和时间的有限性，加之我国地大物博，南北风土人情差异极大，即使是那些很优秀的版本，在内容选择、模式编排、教学方法和活动途径等方面提供的内容也是共性和大众化的，城乡和各地差异很难体现。这就更需要教师在实际科学教学中结合当地的自然资源、气候环境、自然生态状况，乃至科技人士以及学生的生活环境和基本认知水平，对现有的教材内容加以调整、修改和充实。这样才能够从小学生的实际生活中挖掘出一些具有科学探究价值的现实素材，生成具体的、极具针对性的能让学生去经历和探究教学内容，确实有效地把教材内容转化成贴近小学生生活实际的内容。

（四）加强学科联系，延伸教材内容

对于小学生而言，科学课的内容较为复杂，存在一定的抽象性，综合性很强，与其他学科有着密切的横向联系。

首先，小学科学具有自然科学与人文科学兼容，感性与理性并重的特质。在教学过程中，相关学科的知识内容和理论方法可以帮助学生顺利地理解和掌握科学知识，同时也为相关学科知识创造了横向迁移和实践应用的正相关效应时机。教师在指导学生学习各个学科知识的同时，更应该注意发现本学科与其他学科之间的联系，在知识的交叉点上着力，通过各学科的交融和优势互补，促进学生科学素养的全面发展、可持续发展和终身学习能力的形成。

其次，当下小学生的知识面日渐广泛，思维更加活跃，他们所提出和需要解决的科学问题往往超出了课本和学科范畴。综合能力的形成以综合思维为核心，并以思维的全面、深刻和敏捷等为主要特征。这就需要教师在扎实科学素养的同时，及时更新和丰富相关知识结构，尤其要补充解决日常生活中遇到的科学问题所需要多种知识，方能在教学过程中举一反三，旁征博引。通过知识的迁移，引入相关学科知识帮助学生理解记忆科学知识。

由此，加强学科联系，积极展开综合性的教学活动就极为重要。比如，与科技活动相结合——开辟种植园、饲养蚕宝宝、孵化小鸡、观察蝴蝶的一生等；与语文、德育等学科相结合——认养植物、关爱小动物、学习科学家事迹等；与综合实践学科相结合——开展植物采集、汇总、分类、标识等活动；与数学等学科相结合——开展相关科技活动的数据分析、对比和统计等活动。积极把教材与小学生关心的生活热点和社会热点有机结合，开展内容丰富的教学活动，将科技理论与实际紧密结合。

二、学生基础的分析与厘定

研究儿童已知是有的放矢地进行教学设计的重要前提之一。美国教育心理学家奥苏贝尔认为，"如果我不得不把教育心理学还原为一条原理的话，我将会说，影响学习的最重要的原因是儿童已经知道了什么，应当根据儿童原有的知识状况去进行教学。"必须根据学生的认知水平进行单元教材的分析，比如，面对有的现行教材在学生学习和教师教学方面存在的"思维跳跃大，学生前后概念易混淆"和"研究主题不突出，学生主要活动不明显"等困惑，只有以学生的认知建构过程对本单元的教材进行重组与教学实践，才能帮助学生逐步理解相关概念本质，实现以学定教，为促成概念的转化而设计教学。

当下的小学科学教材为了更好地契合儿童的兴趣和认知水平,基本上是活动结构式,每篇教材都由相关联的若干个主题探究活动组成,每个活动都指向学生在探究过程中需要建构的科学概念、提升的过程和方法技能,以及情感态度价值观。小学科学的教学要体现科学探究和科学概念、过程与方法、情感态度价值观的整体发展,强调学生在科学探究活动中整体提升科学素养。

(一) 注重学生的感性经验

儿童进入科学课堂前,科学认知并不是一张白纸。他们通过不同的渠道获取的直接体验和间接体验,促使他们的科学知识,乃至解决问题的科学思维和能力都有一定程度的积累。新的科学学习活动是基于已有知识经验的主动建构,是对原有科学认知基础进行验证、修改和拓展的持续过程。儿童一些已有经验完全是自发的、无意识的、不自觉形成的,存在与科学知识不一致、不完善,甚至是相悖的情况与结论。而且,这些原有认识在儿童的思维中根深蒂固,其中的错误认识对科学概念、科学技能和科学思维的学习有着一定的负迁移作用。在教学中要注意根据小学生的实际认识水平,把握、调整教学难易度,使学生在原有的水平基础上得以发展。教师更要利用儿童已有的科学经验,帮助儿童顺利过渡到正确的智能范围,为后续学习活动奠定基础。

所以,即使是传授理性内容的小学科学教学也要注重学生的感性经验,深入研究儿童,找准教学起点,即学习者学习特定内容已经具备的相关知识、技能、能力和情感态度价值观等的基础。只有以儿童的实际为出发点,才能确定符合最近发展区、难度适宜的教学活动,以恰当的时机、合理的方式呈现认知冲突,才能真正促进儿童的自主学习和有效建构。

(二) 了解学生的能力基础

学生在探究过程中的思维是否顺畅、科学概念建构是否清晰和教材的编排体系、教师的教学过程直接相关。在小学科学课本中,并不是所有的概念主题都极为贴近学生的生活,仍存在很多概念主题所涉及的知识理解起来要依靠比较强的逻辑思维能力和空间想象能力。然而,对小学生来说他们暂时还没有形成这种能力或对这些能力的运用不够熟练,这使得不少学生产生畏难情绪,从而挫伤了学习积极性。

如果探究活动的要求低于儿童原有的研究能力,他们的科学探究兴趣便难以被激发,整个探究活动对于儿童的发展而言作用不大。与此同理,如果探究活动的要求远远超过儿童的原有能力,他们不仅没有能力积极开展探究活动,还会产生畏难情绪,降低探究欲望和信心,同样难以被激发科学探究兴趣。因此,进行小学科学教学设计,必须要把握儿童认知能力已经达到的发展水平,即儿童在科学活动中所达到的发现问题、解决问题和进行总结的水平,然后分析儿童在教师指导下所能达到的水平,找到最近发展区,以此进行针对性的教学设计和实施,才能取得事半功倍的效果。

(三) 注重学生的前概念

小学生在具体现象的观察中,往往以直观的感觉作为观察的结果,而这种观察结果往往受学生的前概念影响,在学生的认知过程中建构的新概念并不稳固,会随着时间的推移模糊不清。尤其面对一些日常生活中熟悉的科学案例,很多前概念在学生头脑中是根深蒂固的,这就需要教师通过各种实验证据来摸清,甚至推翻学生的前概念,在其基础之上加以改进或者完善,以建构正确的概念。例如,教育科学出版社出版的三年级上册第二单元第六课《金鱼》的导入设计:① 观看金鱼图片,提问关于金鱼你已经了解多少呢? ② 揭示课题:今天这节课我们就来观察金鱼的外形和运动,看看能不能有更多的发现? 其设计意图在于:金鱼是常见的家养动物,所以学生对金鱼已经有了一定的认识,通过对金鱼了解性的提问,清楚学生关于金鱼的前概念以及掌握程度,为教学提供学情依据,以便开展基于学生基础的科学论证过程。①

在目前的小学科学教学中,教师都非常注重学生亲身参与的探究实验活动,但是,学生总是不善于对问题进行思考和分析,不能对观察到的现象寻找进一步的证据加以解释和验证,找不到解决问题的合理途径。造成学生探究困惑的主要原因之一,就是教师在学生探究过程中,缺乏为学生的主动探究过程建构适当的思维支架。比如,五年级(下)《橡皮泥在水中的沉浮》②一课中橡皮泥排开的水量的观察比较,学生的前概念是:形状不同的橡皮泥小船体积大小不一样,排开的水量也不一样,因此,能浮的3种小船排开的水量是不同的。教师在教学中,让学生把同块橡皮泥做成3种不同形状能浮的小船,测量它排开的水量并记录下来,学生感觉排开的水量是变化的,因此数据也是有大小的。因为用来测量的烧杯的刻度值比较大(300 mL,一小格是 25 mL),同时受前概念的影响,而且学生采取的不精确的形象化观察,仅凭估计测量,因此很难信服排开的水量一样的结论。

可见,学生的前概念水平是学习科学的基线,教师应充分把握这个起点,为学生的学习科学设置合适的教学支架。以学生的认知过程进行教学实践,以主要活动引领学生的探究,使科学概念的建构更加符合学生的认知过程,学生在学习过程中主线更加清晰,思维更加聚焦,对问题的思考与解决也更加明朗,体现科学探究和科学概念双螺旋发展。

小学生科学前概念的分析,可以是基于整个单元的,也可以是面向一课,或者其中的一个小概念的。因此,编制的分析题既可以是尽可能涵盖涉及的所有概念,并能呈现出儿童对于概念间相互联系的理解,也可以是指向儿童对于概念中的重点和难点的了解程度。③ 要求内容难度要适中,激发学生的兴趣。一般而言,教师可以采用问卷法、谈话法、操作法、作业分析法等了解学生已有的前概念。

问卷法是指教师根据教学需求,编制一道或系列调查题,然后通过收集到的儿童填写的信息,去分析儿童现有的科学概念、能力、情感态度等。它比较适合高年级阅读理解能力和书面语言表达能力强的儿童。谈话法操作简单、省时便捷,是指以口头形式在课前或课后与儿童面对面交谈,根据儿童的答复搜集材料。它比较适合尚未学会隐藏自己真实想法,能大胆表达自己想法的低年级儿童。操作法是指通过观察儿童操作材料完成某项活动任务后呈现的学习成果,比如课堂笔记、实验报告、调查报告、手抄报、制作作品等,诊

---

① 袁优红.新课程背景下小学科学有效教学探索——上学生喜欢的科学课[M].上海:上海交通大学出版社,2018:63.

② 叶军.从实践走向研究——基于课堂的小学科学教学思考[M].上海:上海交通大学出版社,2018:121-122.

③ 来文.基于儿童特征的小学科学教学研究[M].北京:科学出版社,2015:36.

断儿童已有基础和存在的问题。操作法分析起来较难,但是最为真实有效,因为被测儿童因不需面向全班同学呈现自己的状态而处于一种心理安全氛围之中,容易暴露现有的真实水平。

各种分析方法各有其优势和不足,只有针对不同的儿童、不同的教学内容,适当选择、组合方法,才有利于充分、全面、客观地了解儿童的前概念水平。例如,在《马铃薯在液体中沉浮》①这节课中,老师为了摸清儿童对马铃薯的体积与大小和沉浮之间的认识,准备了以下课前谈话:(1)出示一只大马铃薯,一杯水,现在把马铃薯放入这杯水中,大家认为马铃薯会沉还是会浮?(2)把马铃薯对半分,放入水中,会怎样?再对半分,会怎样?说明了什么(改变马铃薯的体积与大小,它的沉浮是不会改变的,马铃薯在水中是沉的。)

三、教学重难点的分析与突破

确定出恰当的、有效的教学内容是每位科学教师要掌握的基本教学能力,因为它决定着教学的方向和课堂教学的效果,其中如何确定重点和难点是小学科学教学内容设计的关键所在。对于小学科学教学而言,要实现教学重难点的分析与突破需要做好以下几点:

(一)清晰且准确的教学判断

教学重点是依据教学目标,在对教材进行科学分析的基础上确定的最基本、最核心的教学内容,一般是一门学科所阐述的最重要的原理、规律,是学科思想或学科特色的集中体现。② 教学难点是指学生不易掌握的技能技巧,或不易理解的内容,比如在学习过程中可能遇到的理解容易出现问题、思维容易出现节点的地方。教学重点一般是根据课程标准和教材内容来确定,而教学难点却是根据学生的实际水平来确定。

因此,在小学科学教学过程中,面对不同的班级和学生,即使是用同样的教材,设计同样的教学内容,教学重点可能是一致的,但教学难点就很难是相同的了。有时候,教材中最基本、最核心的科学知识、方法、情感态度价值观等内容就是学生最难掌握的部分,这时教学重点基本上就是教学难点。但有的时候,相比较教材中学生要掌握的最重要的科学规律、科学原理等内容,学生对其中一些不太重要的部分理解和接受起来有一定的困难。这时候,教学重点就不再是教学难点了。这就需要教师准确把握学生的认知基础和教材内容的难易程度,进行准确分析和判断,在教学过程中做到有的放矢。

(二)精彩且有效的活动设计

在小学科学课堂教学中,教学设计必须精彩,尤其是活动设计。因为对于小学生而言,他们的思维能力、科学技能和活动能力都十分有限,即使是小学科学课中充满趣味性的教学活动,也具有很强的理论性和实验性,并不容易操作。所以只有将抽象科学知识转

---

① 袁优红.新课程背景下小学科学有效教学探索——上学生喜欢的科学课[M].上海:上海交通大学出版社,2018:183.

② 姚晓春.小学科学课的建构——探究式教学设计的理论与实践[M].上海:华东师范大学出版社,2018:67.

化为形象、逼真、精彩直观现象的活动设计,才能使教学难点不攻自破,还有助于提高学生的探索热情,热爱科学的态度,在学习过程中表现出更强的主动性和能动性。

但课堂教学精彩的前提在于其内容设计必须有效。有些教师,尤其是新教师不过度依赖教材,也不进行相应的教学内容设计和确定,尤其是教学重难点的思考和厘定。在他们看来,在小学科学教学过程中,尤其是低年龄段的儿童最重要的是对科学产生兴趣,只要教学活动设计得新颖有趣,学生在课堂上活跃就可以,教学就会有效。这种观点极为错误,因为教学活动设计得再精彩,学生探索得再有趣,如果没有围绕教学重点、难点内容进行教学设计,这样的教学注定是无效或是低效的。长此以往,只能助长形式主义,使科学学习无意义化,科学探究机械化,失去科学探索的本真,遑论知识、技能、思维等科学素养的整体提升,教学效果也可想而知。因此,教师只有确定出适合学生特点的、有效的教学重难点,才能在有限的课堂时间里最大化地提升教学效率,让更多的学生学会、学懂,进一步实现教学目标。

第三节 小学科学教学内容设计实训

一、实训目标

在充分理解和掌握小学科学教学内容设计的含义及开发原则的基础上,熟练应用小学科学教学内容设计的策略,对具体的小学科学内容进行分析与整合。

二、实训内容

(一) 试为《沉浮与什么因素有关》教学内容进行教材分析[①]

《沉浮与什么因素有关》是教育科学出版社出版的五年级科学《沉和浮》单元的第二课时。

第一步:分析单元教材的编写思路

从物体的沉浮现象开始,探寻物体沉浮的规律,继而研究影响沉浮的变量(体积大小、重量、液体的密度),最后形成适合小学生特点的有关沉浮现象的解释。

第二步:分析学生在本单元的学习进程表

表6-1 学生在本单元中对沉和浮研究的进程表

课次	主题	内容进程
第1课	《物体在水中是沉还是浮》	观测7种物体在水中的沉浮,整理物体的沉浮与哪些因素有关。为探究同一种物体在水中的沉浮与它的体积和重量没有关系,埋下一个伏笔。

---

① 叶军.从实践走向研究——基于课堂的小学科学教学思考[M].上海:上海交通大学出版社,2018:144.

(续表)

课次	主题	内容进程
第2课	《沉浮与什么因素有关》	研究沉浮与物体的重量和体积大小的关系:体积相同,重的物体容易沉,轻的物体容易浮;重量相同,体积大的物体容易浮,体积小的物体容易沉。
第3课	《橡皮泥在水中的沉浮》	研究轻重不变的情况下,体积与沉浮的关系:物体在水中的沉浮,与物体排开的水量有关。
第4课	《造一艘小船》	为《浮力》一课做准备,体会水对物体会产生浮力作用。重点探究活动是"哪艘船装载的货物多",把物体的体积与沉浮的关系进一步进行强化。
第5课	《浮力》	从浮力和重力之间的关系,解释物体沉浮的原因。
第6课	《下沉的物体会受到水的浮力吗》	同上
第7课	《马铃薯在液体中的沉浮》	探索液体密度(用同体积的物体比较轻重的方法)对沉浮的影响,最终揭示本单元的核心概念:物体的密度不同,影响它们的沉浮。
第8课	《探索马铃薯沉浮的原因》	同上

第三步:分析学生本节课的学习目标,并进行教学资源整合

表6-2 《沉浮与什么因素有关》教学资源整合表

种类 数量	信息技术资源	社区教育资源	环境与工具资源	生成性资源
1				
2				
3				
4				

(二) 试为《月相变化》教学内容进行学情分析[①]

《月相变化》是教育科学出版社出版的六年级(下)科学第三单元《宇宙》的第二课时。

第一步:分析教学前学生的认识基础

对于月相,学生已有的认识是月相是变化的,有时圆、有时缺,看到过的月相是零散的,对月相变化的周期、形成的原因和规律是缺乏认识的,甚至是错误的(如动画片中常见的月亮)。

月相的形状和农历的日期相关,学生最熟悉的月相是满月、峨眉月和半边亮的月相。

第二步:分析教学后实现的认识变化

一是月球围绕地球公转的模拟,通过对月球亮面始终朝向太阳的公转,观察看到的亮

---

① 叶军.从实践走向研究——基于课堂的小学科学教学思考[M].上海:上海交通大学出版社,2018:238-239.

面变化情况记录月相。

二是通过学生熟悉的满月——农历十五、十六和看不到月相的初一,来推断 8 个特定点的月相时间,从而理解每一天的月相都在变化,并探索其变化规律。

三是把学生在课内获得的认识拓展到课外,让学生持续去观察、记录月相,保持学生较长时间观察、记录、研究的兴趣。

三、拓展训练

(一)试为《物质的三种状态:固态、液态和气态》设计教学内容。

(二)试为《植物的结构》设计教学内容。

本章小结

本章围绕小学科学教学内容设计展开讨论。首先,阐明了小学科学教学内容设计的含义、必要性和基本原则;其次,分析了小学科学教学内容设计在教材内容分析与整合、学生基础分析与厘定和教学重难点分析与突破三方面的策略;最后,分别以教材内容分析和学情分析为例进行实训。

思考训练

1. 小学科学教学内容设计的含义和基本原则是什么?
2. 结合实际案例说明如何对小学科学教材进行分析与整合?
3. 结合实际案例说明如何对小学生进行科学学习基础分析与厘定?

第七章
小学科学教学方法设计

 本章概要

教学方法设计是小学科学教学设计的重要一环。依据不同的标准,可以将小学科学教学方法分为不同类型。小学科学教学方法的选择依据主要有课程标准、教学目标、教学内容、学生学情、教师素质、教学条件等,具体教学过程中,教师需要依据小学科学教学方法的分类体系,确定合理的小学科学教学方法选择程序,并遵循相应的基本原则。本章将聚焦于小学科学教学方法的内涵、小学科学教学方法的选择与小学科学教学方法的优化组合等进行探讨。

 学习目标

通过本章学习,学生能够
- 说出小学科学教学方法的基本内涵。
- 知道小学科学教学方法的主要类型。
- 辨析与选用合理的小学科学教学方法。
- 进行小学科学教学方法的优化与组合。

 内容结构

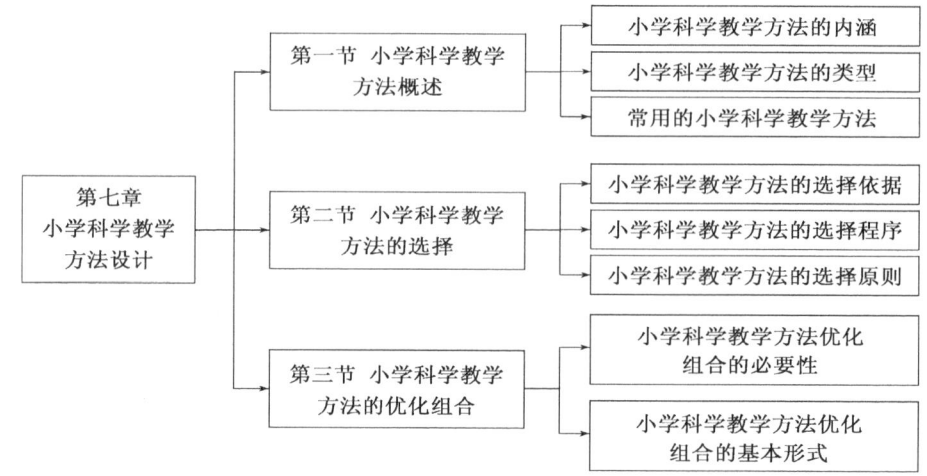

第一节 小学科学教学方法概述

两位小学科学教师的对话

M 老师:最近参加区里教学技能比赛,现场观摩了七八节其他学校的小学科学展示课,我发现几乎所有的课堂活动都有让学生进行讨论,然后教师总结环节,个人感觉教学方法与形式上有些过于单一。

T 老师:我没参加比赛,也没现场观摩,不好做评论,但从之前课堂观摩的整体情况看,和你说的情况差不多。

M 老师:如果所有课堂无论讲什么都用一种方法,风格单一,会使学生产生厌倦情绪,影响教学效果,再说再好的教学方法也不可能适合所有教学内容吧。

T 老师:我赞成你的说法,这就要求上课之前需要对小学科学教学方法进行精心设计。

一、小学科学教学方法的内涵

方法,一般是指为获得某种东西或达到某种目的而采取的手段与行为方式。在不同的教学理论中,对教学方法有不同的理解,有学者认为教学方法是教师为完成教学任务所采用的手段。[①] 有学者认为教学方法指向于特定的课堂与教学目标、受特定课程内容所制约,是引导、调节教学过程的规范体系。[②] 广义方面,教学方法有时在理解上可以将教学原则或教学组织形式包括进去,如理论联系实际、班级授课制、小组教学等也称为教学方法。当前对教学方法的理解,更多的是取其狭义,即教学方法指为实现教学目的、完成教学内容、运用教学手段而进行的,由教学原则指导的,一整套方式组成的师生相互作用的活动。教学方法包括两大方面,即教的方法和学的方法。

本书采用狭义的教学方法理解,小学科学教学方法是指为实现小学科学教学目的、完成小学科学教学内容、运用一定教学手段而进行的,由教学原则指导的,一整套方式组成的师生相互作用的活动。[③] 具体可作如下理解:一是小学科学教学方法指向特定的教学目的。所有小学科学教学方法的使用,都是为了实现小学科学课程的目标而服务。二是小学科学教学方法受特定的教学内容制约。小学科学课程内容丰富多样,应选择恰当的教学方法。三是小学科学教学方法是借助一定的教学手段、遵循一定的教学原则而形成的一套师生活动。它告诉小学科学教师在从事小学科学教学工作时应该"如何做",具有较强的实践指导意义。

---

① 华中师范学院等合编.教育学[M].北京:人民教育出版社,1982:150.
② 钟启泉,张华主编.课程与教学论[M].广州:高等教育出版社,1999:94.
③ 黄济,劳凯声,檀传宝主编.小学教育学(第三版)[M].北京:人民教育出版社,2019:238-248.

二、小学科学教学方法的类型

依据不同的划分标准,可以将教学方法分为不同类型。国内外学者对教学方法均进行过不同类型的划分。

(一) 国外教学方法分类

国外的一些教学方法分类如表7-1所示。

表7-1 国外教学方法分类

来源	类型	特征
桑代克	阅读法;讨论法;讲演法;练习法;实物法;实验法;设计法;表演法;自学法。	未指明分类的明确标准,有的根据教学手段,有的依据具体行为等进行分类,如讨论、表演等。
巴班斯基	组织和自我组织学习认知活动的方法(知觉、逻辑认识、实习); 激发学习和形成学习动机的方法(兴趣、责任); 检查和自我检查教学效果的方法(口头、直观、实际操作)。	依据对人的活动的认识,认为教学活动包括三种成分:知识信息活动的组织、个人活动的调整、活动过程的随机检查,将教学方法分为三大类。
拉斯卡	呈现方法;实践方法;发现方法;强化方法。	依据新行为主义学习理论,即刺激—反应联结理论在实现预期学习结果中的作用进行划分。
威斯顿与格兰顿	教师中心的方法(讲授、提问); 相互作用的方法(小组讨论、同伴教学、小组设计); 个体化的方法(单元教学、程序教学、独立设计); 实践的方法(现场教学、角色扮演、游戏教学)。	依据教师与学生交流的媒介和手段进行分类。

(二) 国内教学方法分类

国内的一些教学方法分类如表7-2所示。

表7-2 国内教学方法分类

来源	类型	特征
李秉德	以语言传递信息为主的方法; 以直接感知为主的教学方法; 以实际训练为主的教学方法; 以欣赏活动为主的教学方法; 以引导探究为主的教学方法①。	依照教学方法的外部形态,以及相应形态下学生认知活动特点进行分类。
黄甫全	原理性教学方法; 技术性教学方法; 操作性教学方法。	依据由具体到抽象的层次进行教学方法类型的划分。

---

① 李秉德.教学论[M].北京:人民教育出版社,1991:181.

(续表)

来源	类型	特征
罗廷光	思想(考)教学法；练习教学法；欣赏教学法；发表教学法。	未说明分类标准，大体从心理活动、学习知识、陶冶情感、形成技能，由理论到实践角度划分。

（三）小学科学教学方法的类型

我国当前部分小学科学教学方法的类型划分，如表7-3所示①。

表7-3 小学科学教学方法的类型与特点

类别	主要特点
讲授法	教师运用口头语言向学生讲述、讲解或讲演，使学生理解把握知识。
谈话法	教师根据学生已有知识和经验提出问题，通过对话引导学生思考，在交流中促进学生对知识的理解和获得。
讨论法	在教师引导下，学生之间围绕某一中心课题相互启发研讨，得出结论。
演示法	教师在课堂上通过示范性实验或展示各种实物、模型等，使学生通过观察获得感性认识。
实验法	教师或学生运用一定的仪器和材料进行实验操作，促进学生获取知识、验证知识或形成技能。
参观法	组织和指导学生进行观察和感知，从而获得感性认识，提高思想认识。
读书指导法	教师指导学生阅读教科书、课外读物等，培养学生的独立阅读能力。
游戏教学法	教师组织学生通过游戏的方式，在规则许可的范围内，充分发挥学生的主动性和创造性，以达到规定目标。
角色扮演法	学习者在假设环境中按照某一角色身份进行活动，以达到学习目标。

由上可知，国内外专家学者依据不同的划分标准，对教学方法有着不同的类型划分，对不同的教学方法进行比较，有助于对小学科学教学方法形成更为全面深刻的认识。实际上，不同的教学方法有着不同的自身特点和适用范围。由于小学科学教学需要达成不同的教学目标，实现不同的核心素养训练，因此，具体教学实践中，不同教学方法在小学科学教学中的使用有所差别，具体应用需要体现方法的针对性、有效性和灵活性。

三、常用的小学科学教学方法

小学科学教学方法众多，这里简要介绍几种常用的小学科学教学方法。

（一）讲授法

1. 讲授法的概念

讲授是小学科学教师课堂常用的一种教学方法。关于讲授法内涵的认识，目前尚未形成具体统一的说法，往往由于角度的不同而有所差异。例如，讲授法指教师通过口头语

---

① 彭蜀晋，林长春.科学教育论[M].成都：四川人民出版社，2002.

言向学生描绘情境、叙述事实、解释概念、论证原理和阐明规律的教学方法①。讲授法是教师通过系统连贯的语言向学生传递知识的方法,通过循序渐进的叙述、描绘、解释、推论来传递信息、传授知识、阐明概念、论证规律公式、引导学生分析和认识问题,并促进学生的智力和品德的发展,是教学的一种主要的方法②。讲授法,即教师通过简明、生动的口头语言向学生系统地传授知识,发展学生智力的方法③。本书认可以下说法,即讲授法就是教师运用口头语言系统连贯地向学生传授知识的教学方法④。

小学科学讲授法的优点主要有:一是有利于大幅提高小学科学课堂的教学效率。讲授法能将抽象的知识具象化、深奥的知识浅显化,且采取定论的形式而非问题的形式,直接向小学生传递知识,避免了认知过程中的许多曲折与困难,节省了小学生探索理解的时间,能够保证大多数学生短时间学到较多的科学知识,课堂教学简捷高效。二是有利于帮助小学生准确掌握小学科学教材内容。小学科学教材作为小学生学习小学科学知识的一个蓝本,其编写受书面形式因素制约,小学生自身理解有一定难度,而教师的系统讲授,有助于小学生准确理解与掌握小学科学教材知识。三是有利于充分发挥小学科学教师的主导作用⑤。从教的角度看,教师主导教的内容,灵活控制教的进程;从学的角度看,教师也主导学生学的内容,便于调控学生学的进展。整体而言,有利于小学科学教师主导作用的积极发挥。

小学科学讲授法的不足主要有:一是小学科学教学内容往往由教师以系统讲解的方式传授给学生,不易发挥学生学习的主动性、积极性;二是面向全体小学生讲授,不易照顾学生的个别差异,因材施教原则不易得到全面贯彻⑥。

2. 讲授法的表现形式

根据讲授内容的性质差异和讲授侧重点的不同,小学科学讲授法可以分为讲述、讲解、讲读、讲演等表现形式。讲述,即描述性讲授,是教师运用生动形象的语言,对事物或事件进行描绘或概述的讲授方式,主要用于小学科学概念、术语的介绍或说明。讲述重在"述",包括叙述、描述、概述等,能使学生在较短的时间内了解和认识科学事物或现象。讲解,即解释性讲授,是教师运用阐释、说明、分析、论证等手段,揭示小学科学事物或现象的成因、变化、特征等,使学生把握事物本质特点和规律的讲授方式,主要用于原因、规律、过程的分析与解释。讲解重在"解",包括解释、说明、分析、论证等。讲读,指教师在讲述、讲解过程中指导学生阅读小学科学教科书,有讲有读的讲授方式。讲授的同时培养学生自觉、准确、流畅的阅读技能。讲演,指教师是在深入地分析、论证事实的基础上,做出科学结论的讲授方式。具体表现为教师就某一专题进行有理有据、首尾连贯的论说,中间不插入或很少插入其他活动。

此外,根据所用时间和繁简程度的不同,小学科学讲授法可分为正式讲授与非正式讲授。正式讲授占课堂教学的大部分或全部时间;非正式讲授在 45 分钟的课堂中,一般不

---

① 中国大百科全书.教育[Z].北京:中国大百科全书出版社,1985:142.
② 王道俊,王汉澜.教育学[M].北京:人民教育出版社,1987:41.
③ 李秉德.教学论[M].北京:人民教育出版社,2000:188.
④ 虞伟庚.教育学基础(小学)[M].北京:高等教育出版社,2000:109.
⑤ 余文森.试论讲授法的理论依据、功能及其局限[J].教育科学,1992(2):35-37.
⑥ 丁怀智.略论讲授法教学[J].咸阳师范学院学报,2003(2):71-72.

多于10分钟。对小学科学教师而言,讲授法是必须掌握的一种教学方法。

研究表明,小学科学讲授法的运用主要受以下因素影响:一是语言的流畅性。课堂教学中,教师语言的流畅性与讲授效果密切相关,教师言语表达的语音、语流、语速等对讲授效果具有重要影响。例如,教师讲普通话比讲方言更受学生欢迎,效果更好,同时,教师发音的准确性、清晰度以及音量高低等,对讲授效果也有直接影响,音调过高或过低、音量过大或过小、语速过快或过慢等,都会影响讲授效果。二是用词的准确性。小学科学教师讲授用词准确与否直接影响小学生对小学科学知识的正确理解与有效把握,用词模糊是教师课堂讲授的大忌。三是内容的逻辑性。信息加工理论认为,人的信息加工能力是有限的,如果教师讲授时内容逻辑不清、线索不明,会直接影响学生对信息的接受和理解程度,所以,教师讲授需要合理安排内容的呈现顺序,确保学生对信息理解的简洁高效。

3. 讲授法的运用要求

讲授法既可以用于新知识传授,也可以用于旧知识巩固,通常适用于无需多究其理的事实性知识与规范性技能[①]。例如,小学科学基本常识、科学概念、科学规律、科学家的事迹、科学实验器材的使用等。实际教学当中,讲授法常常与其他方法结合使用。具体来讲,小学科学课堂教学中,以下情况更加适合讲授法的运用:一是学生完全陌生的知识需要教师适时讲授;二是学生难以理解的知识需要教师及时讲授;三是开展具体活动前需要教师针对性讲授[②]。

教师运用讲授法,需要注意以下方面的要求:一是语音准确,语词恰当,语流连贯,语速适中。教师讲授应以普通话为准,词语运用要准确;应尽量将书面语言转换为适合自己及小学生特点的口头语言,尽量使用短句子;语速应适中,以稍慢于日常生活中的讲话速度为宜,大致每分钟200字。二是条理清晰,讲求逻辑。要能够根据具体的教学内容选择合理的组织形式,明确内容的逻辑关系,例如包含关系、序列关系、相关关系等。三是合理使用承转、过渡等连接词。恰当表述各部分之间、句子之间或短语之间的关系,如,因为……所以……,如果……那么……,只有……才……等等。四是恰当运用肢体语言。讲授不仅是讲话,还需要教师表情、动作、行为等的配合,通过肢体语言,辅助讲授效果,例如运用眼神与学生交流,运用面部表情向学生传达情绪,运用手势强调重要观点等。

> **补充材料7-1:讲授的误用**
>
> 1. 过短的时间内呈现过多的新知识;
> 2. 讲授时间太长,超出学生有意注意的时限;
> 3. 讲授内容缺乏组织性、逻辑性,没有说明所讲授观点之间的相互联系;
> 4. 讲授时不顾及学生原有经验和知识基础,或对学生知识准备作想当然的假设;
> 5. 讲授时没有激发起学生有意义地理解知识的心理倾向。
>
> ——崔允漷. 有效教学[M]. 上海:华东师范大学出版社,2009:143.

---

① 陈兴明. 恰当运用讲授教学法[J]. 福州大学学报(哲学社会科学版)增刊,2001(54):78-81.
② 叶勤,张瑞芳. 小学科学教学技能训练教程[M]. 北京:高等教育出版社,2019:182-184.

(二) 讨论法

1. 讨论法的概念

讨论法古已有之。《论语》载"子路曾皙冉有公西华侍坐"生动形象地描述了孔子用讨论、问答的方式教育学生的场景。关于"讨论"一词，《辞海》的解释是"探讨寻究，议论得失"。《现代汉语大词典》的解释为"就某一问题交换意见或进行辩论"。关于"讨论教学法"的内涵，《教育大词典》指出，讨论教学法是为了实现一定的教学任务，指导学生就教学中的某一问题相互启发、相互学习的教学方法①。《教法大全》认为，讨论教学法指在教师指导下学生自学、自讲，以讨论为主的一种教学方法②。本书认为，讨论教学法指在小学科学课堂教学中，教师经过预先设计与组织，启发引导学生围绕学习目标主动学习，发现问题，提出问题，通过生生之间、师生之间相互交流，共同探讨、展示结果，使学生主动获取知识、提高能力的教学方法。

与讲授法相比，讨论教学法具有鲜明的特征，主要有以下几点：一是导向性。讨论不能漫无边际，要围绕教学目标，针对教学重点，精选关键问题，确定明确主题，能够引起学生兴趣，激发学生积极思考。二是互动性。讨论的核心在于师生共同参与，尤其是学生的参与，改变了课堂传统的单向交流模式，呈现明显的互动特点，既有师生之间的互动，也有生生之间的互动。三是民主性。讨论首先体现民主，具有民主的价值。讨论本身就很好地体现了民主商议的过程，使民主的天性更为增强③。通过讨论，师生之间、生生之间互相帮助、平等对话，每个成员都充分发表自己的意见，展示自己的成果，实现自己的价值，不仅有利于加深对知识的深层理解，更重要的是在一定程度上实现师生平等、教育民主化，达到对学生人格教育的目的。

补充材料 7-2：讨论法的好处

1. 有助于学生思考多方面的意见。
2. 增强了学生对含糊或复杂事情的关心和容忍度。
3. 有助于学生承认或研究他们的假设。
4. 鼓励学生学会专心地、有礼貌地倾听。
5. 有助于学生对不同意见形成新的理解。
6. 增加了学生思维的灵活性。
7. 使学生都关心所谈的话题。
8. 使学生的想法和体验得到尊重。
9. 有助于学生了解民主讨论的过程和特点。
10. 使学生成为知识的共同创造者。

---

① 顾明远.教育大辞典[M].上海：上海教育出版社，1990：202.
② 刘舒生主编.教法大全[M].北京：经济日报社出版，1990：6.
③ Stephen D. Brookfield, Stephen Preskill. 实用讨论式教学法[M]. 罗静，等，译. 北京：中国轻工业出版社，2011：24.

11. 发展了学生清晰明白地交流思想和看法的能力。
12. 有助于学生养成合作学习的习惯。
13. 使学生变得心胸博大,并更容易理解他人。
14. 有助于发展学生分析和综合的能力。
15. 能力导致思想转变。
——[美]Stephen D. Brookfield,Stephen Preskill. 讨论式教学法——实现民主课堂的方法与技巧[M]. 罗静,褚保堂译. 北京:中国轻工业出版社,2002:25-26.

2. 讨论法的表现形式

根据教师在讨论中发挥作用的不同,讨论法主要有三种表现形式:同桌讨论、小组讨论和全班讨论①。同桌讨论,指教师在教学过程中,为了调动学生学习的积极性,根据教学内容精心设计讨论问题,然后让同桌两人在规定时间对问题展开交流。同桌讨论简单、方便、省时,但就具体小学课堂而言,每个班约有学生 50 名,按照两人一桌,每个班会有讨论小组 25 个,再加上小学生自控能力较弱,喜欢交头接耳、窃窃私语,讨论过程比较容易偏离主题,会给教师的引导与管控带来困难,有可能失去了讨论的价值。同时,同桌讨论往往深度不够、启迪思维的程度有限,比较适合用时较短、内容相对简单问题的讨论。

小组讨论,指由教师确定讨论主题,并根据一定规则将学生分组(如根据座次顺序与远近,将全班学生分为不同的小组,往往前后排四人为一小组),学生在小组内进行讨论,教师协调、维持与推进小组活动,为小组讨论提供热情、友好的气氛,同时参加个别小组的讨论。与同桌讨论相比,小组讨论能够进行得更为深入,讨论更为充分,更能使学生在讨论中交流自己的想法与见解,提高学生的课堂参与度。当多个议题需要在同一堂课中进行讨论,而课堂时间不允许全班对主题逐一讨论时,常常将学生分成若干小组同时进行讨论。

全班讨论,指教师在教学中根据教学内容和教学重难点设置问题,然后让全体学生进行全员自由讨论。全班讨论强调全员参与,集思广益,使每一个参加者都发表自己的看法,从而形成集体智慧。全班讨论的过程大致如下:教师先提供议题,发起讨论,一名学生提出讨论线索,第二、第三名学生加入,直至全班学生都参与,发表各自的想法,互相补充与修正。教师参与讨论,并控制讨论的整个进程,当讨论陷入僵局或错误方向,或走入歧途时,教师给予调整,或做一些引导性的介入。全班讨论也存在不足,即讨论的进程不易掌控,小学生思维活跃,容易进行发散思维,会使讨论主题跑偏,致使教师难以掌控局面,而且全班讨论费时较多。

讨论法的影响因素主要有②:一是师生准备情况。实践表明,讨论的效果受准备情况的直接影响,要想讨论顺畅,准备必须充分。讨论不仅需要教师的精心设计,确定讨论的主题、方式、过程、总结等,而且需要学生的积极配合,做好相应的心理准备和掌握必要的讨论技巧等。二是主题的适切性。讨论主题是引导师生、生生互动的线索,必须紧密结合

---

① 张轶凤. 小学高段数学讨论式教学法的应用优化策略研究[D]. 重庆:西南大学,2020:18-19.
② 崔允漷. 有效教学[M]. 上海:华东师范大学出版社,2009:163-164.

教学目标,符合学生认知水平,如果偏离教学目标,超出学生的认知范畴,那么讨论的组织与进行将收效甚微,甚至徒劳无益。三是互动的方式。互动的开放程度是影响讨论质量的关键因素。实践表明,讨论成员之间的互动开放度越高、自由度越强,越不被个别人物控制,完成讨论任务的效果会越突出。四是讨论的规则。规则是确保课堂讨论顺利进行的重要保障。如果没有一定规则,讨论有可能变成一场无休止的争吵或者出现混乱局面①。研究表明,一个优秀的讨论规则通常包括以下方面:互动交流要坦诚;接受别人的观点影响;每次只允许一个人说话;相信别人具有讨论的潜在知识;每个人都有表达的自由;相互尊重。

3. 讨论法的运用策略

讨论法在小学科学教学中的应用有其针对性,并非所有的教学内容都适合讨论。讨论法的选择与使用与小学科学教学内容的结构与特点紧密相关,不同的小学科学教学内容应选择适宜的教学方法,这样才符合小学教学规律与学生自身发展,同时也有利于教学任务的完成。正是这种情况的存在使得讨论法在小学科学教学中的应用有所限制,并非适用于所有教学内容。例如,有些陈述性的科学知识更适合于讲授法;有些动手操作的科学内容更适合于实验法;有些属于知识巩固的内容更适合练习法等。讨论法侧重于对小学生的启发引导,主要适用于学生难以理解的小学科学知识、科学原理、科学规律等问题;有些属于新旧知识交叉,需要同学交流彼此意见,在以往学习基础上对存在疑惑的知识点加以分析探讨的内容,也比较适合讨论法;还有一些教学内容需要讨论法的配合才能更完整地体现知识所蕴含的道理,从而使学生理解更加深刻。

教师运用讨论法教学需要注意以下方面的策略②:一是讨论的准备策略。首先,讨论前教师要针对教学目标,确定并清晰表述讨论主题。其次,教师要考虑讨论的方式以及自己在讨论中扮演的角色,是参与者还是调控者。如果以学生小组的方式进行讨论,那么应对学生分组、座位安排、时间管理等方面进行计划。最后,教师要帮助学生做好讨论的准备,告知学生讨论的相关事项。二是讨论的实施策略。首先,教师抛出要讨论的主题,并向学生说明他们在讨论中应承担的角色以及相关的讨论规则。其次,在讨论过程中,无论是作为推动者、调控者,还是参与者,教师的角色主要是鼓励学生参与,把更多时间交给学生,但要对讨论过程进行适时把控。最后,当讨论出现特殊情况时,教师应及时处理,例如,个别人发言过多或不参与讨论;讨论间隔时间过长无人发言;学生发言离题太远难以聚焦主题;发言人出现较为激烈的争执等,此时教师应及时介入。三是讨论的结束策略。讨论结束时,教师要对讨论过程与结果做全面总结。首先,教师要归纳学生对讨论主题的认识,强调重要观点,加深学生对讨论主题的理解。其次,要点评表现出色的学生或小组,为今后的讨论提供榜样。最后,要指出讨论中存在的一些问题,提出改进建议,为后面的讨论奠定基础。

---

① 孙彦波.讨论式教学法在大学课堂教学中的应用研究[D].武汉:华中科技大学,2008:37-39.
② 崔允漷.有效教学[M].上海:华东师范大学出版社,2009:164-165.

案例 7-1

电从哪里来?

师:电是从哪里来的?请大家在小组内说说自己的想法,并请每组记录员详细记录。

生:(小组头脑风暴,将自己的想法与小组内成员分享)

师:请各小组汇报一下讨论结果。

生 A:我们认为,手电筒里的小灯泡会发光,因为里面有电池,电是从电池里面来的。

生 B:我们小组是这样想的,我们玩遥控飞机时,电池没电了,飞机就玩不起来了,我们也认为电是从电池里面来的。

生 C:我们小组是听家长说的,葛洲坝水利枢纽每年会产生很多电,是不是水能发电呢?

生 D:我们感觉,电应该是从发电机中来的,不是有发电厂嘛,电是从电厂发出来的。

生:我们小组还有补充,有同学家里最近从电厂买了一套发电装置,我们具体也不知道是什么,只看见屋顶有很多太阳能板。我们想电应该是从太阳能转化来的。

生:我们那儿有一个公园,白天有太阳,晚上路灯就亮;要是阴天下雨,晚上路灯就不亮。我还不知道是什么原因,应该是晴天有太阳,电从太阳能转化来的。

师:同学们说的都很有道理,电的来源很多。除了大家说到的,还有风力发电、火力发电、核能发电等。今天我们就先从接触最多的电池开始研究。

——曾宝俊.小学科学教师入门十课[M].北京:化学工业出版社.2019:279-280.

(三) 观察法

1. 观察法的概念

观察是人类认识世界的基本途径,也是小学生初步认识自然界,进行科学启蒙教育的重要方法。简单而言,"观"即看,"察"即分析研究。心理学认为,观察是一种有计划、有目的的比较持久的知觉活动。《辞海》认为,观察是有计划、有目的地使用感官来考察现象的方法,是对某个对象的某种想象或事物有计划的知觉过程①。所谓观察法,是指人们有目的、有计划地通过感官或辅助仪器,对处于自然状态下的客观事物进行系统考察,从而获取经验事实的一种科学研究方法②。从事科学研究离不开科学观察,进行小学科学教学,观察同样至关重要。随着现代科技的突飞猛进,观察技术手段现代化水平不断提高,观察法在教学实践中的应用越来越广。本书认为,观察教学法就是指在小学科学教学中,教师指导学生有目的、有计划地利用感官对自然现象、物体特征及属性、动植物生长及其习性等进行系统观察,以获得知识、经验,并培养观察、分析、比较和概括能力的教学方法。

观察教学法具有如下特点:一是目的明确。开展观察的目的是观察教学的前提和基础,在实际教学中,教师需要在观察前就确定具体的观察事物、观察范围、观察方式和观察

---

① 辞海编辑委员会.辞海(上卷)[M].上海:上海译文出版社,1989:1307.
② 张文明.观察法在教学中的应用[J].商品与质量,2011(5):213.

目的,这样才能确保观察教学的目标达成。二是内容客观。科学观察的意义在于观察结果的分享和观察资料的积累,因此科学观察一个很重要的内容就是对"观察"进行客观真实的记录,不但要如实记录"观察到了什么""观察的事物怎么样",还要说明观察者"如何开展观察的""在什么时候、什么地方观察的",以便重新进行检验,或在此基础上进行新的发现,这也是培养小学生科学素养的重要途径。三是描述严谨。观察不仅是"观察"到了什么,更重要的是被观察到的事物是什么样的,具有哪些具体的特征。对这些特征的描述要准确、严谨,除了可以用文字进行定性的说明外,还可以用图表、照片等进行辅助说明,但大量的科学观察,特别是对自然现象的观察,更强调的是数据的搜集,通过借助某些测量工具对观察到的事物进行定量的描述①。

2. 观察法的表现形式

观察是观察者运用自身感官和其他辅助工具,对观察对象进行的有计划、有目的的知觉活动。根据观察活动类型的不同,观察教学法主要有以下表现形式②:

短期观察与长期观察。短期观察指在较短时间内对事物特征或现象的观察。这种观察一般可以在课内完成,如观察金鱼的外形特征、观察比较不同石头的特点、观察白玉兰花朵的结构等。长期观察指在较长时期内的持续的对事物变化的观察。这种观察短则需要几天,长则需要数月,有的甚至需要几年时间才可以完成,如观察种子的萌发过程、观察月相的变化、观察季节的变化等。

直接观察与间接观察。直接观察指凭借人的感官直接感知事物,如观察贝壳的颜色、观察金属的性质、观察动物的习性等。间接观察指借助工具或仪器感知事物,如使用放大镜观察蚂蚁、利用显微镜观察细菌、运用望远镜观察星空等。

定性观察与定量观察。定性观察指对事物具有的性质、特征以及事物之间的联系的观察,如观察桃花的特点、观察昼夜的特征、观察动物的骨骼结构等。小学生日常生活中的大量观察都是定性观察。定量观察指借助测量工具并用数字描述观察结果的观察,如观测气温的高低、观测植物茎的粗细等。

此外,还可以分为整体观察与局部观察、动态观察与静态观察、个体观察与群体观察、归纳观察与比较观察、顺序观察、定向观察等③。

观察法的影响因素主要有④:一是小学生的年龄。实践表明,小学生科学观察活动,因受年龄限制,往往不够深刻,不够全面,主观性较强,也很难持久。二是观察活动的计划性。科学观察不是随机观察,带有明确的计划性和目的性,这就要求教师运用观察法教学时,需要提前制定较为具体的观察计划,明确具体的观察要求,促使整个观察活动围绕目标有序进行。三是观察的具体形式。在小学科学观察中,常用的观察形式有短期观察、长期观察、直接观察、间接观察等。科学观察要突破简单的"看",形成深刻的"思",单靠一种观察形式往往难以完成任务,这就需要教师针对不同的观察对象与要求,灵活选择恰当的

---

① 徐敬标.小学科学教学技能[M].上海:华东师范大学出版社,2018:130.
② 叶勤,张瑞芳.小学科学教学技能训练教程[M].北京:高等教育出版社 2019.113-114.
③ 徐敬标.小学科学教学技能[M].上海:华东师范大学出版社,2018:132.
④ 曾宝俊.小学科学教师入门十课[M].北京:化学工业出版社 2019:13-14.

观察形式进行。四是观察的记录要求。观察记录是科学证据的重要依据,进行科学观察,需要进行有效有序的观察记录。首先,记录要客观真实,不能掺杂任何感情色彩,做到实事求是。其次,记录要翔实,对于观察的点滴都要进行记录,特别是一些意外现象的出现,均要记录下来,不排除最后结论与意外现象之间的直接联系。例如,有颜色变化、有气泡冒出、有声音产生的现象比较容易记录,而细微现象的变化较不易被学生观察记录。小学生的观察记录受年级高低、识字量多少和词汇丰富度等的影响,有时难以通过一种记录方式完全表达自己的观察结果。实际教学中,教师要鼓励学生利用多种方式,全面记录自己的观察结果①。

> **补充材料 7-3:观察课的主要类型**
>
> 运用感官感知事物的观察课。运用感官进行观察,即用眼、耳、鼻、舌、手、皮肤等去直接感知事物的特性。训练学生用自己的感官去感知事物,教师不但要激发学生的观察兴趣,更重要的是指导学生掌握用各种感官进行正确观察的方法。
>
> 借助工具进行的观察课。有些观察内容,要求学生利用一些观察工具观察认识事物,如用放大镜、显微镜观察微小物体或组织,用望远镜观察远处的物体等。
>
> 综合性观察课。根据具体的教学内容,学生在观察中灵活运用观察方法,用观察工具或直接用自己的感官去感知事物,发现事物的现象和规律。
>
> ——张二庆,乔建生.小学科学课程与教学论[M].北京:北京师范大学出版社,2018:143.

3. 观察法的注意事项

观察法的基本程序为:明确观察对象与目的—制定观察计划与方案—实施观察并做好记录—分析观察信息,得出观察结论。针对观察教学全过程,教师需要做好各个环节的具体工作。表7-4 是"观察昆虫的形态特征"基本程序示例。

表7-4 "观察昆虫的形态特征"的基本程序

序号	项目	内容
1	明确观察对象与目的	观察昆虫的形态特征,提高观察能力,体会多次细致观察,不断修正对认识事物的重要性。
2	制定观察计划与方案	比较一些昆虫相同的形态特征。(具体计划与方案略)
3	实施观察并做好记录	正确使用放大镜,多次仔细观察,做好观察记录。
4	分析信息得出结论	天牛、苍蝇、蚂蚁的身体都分为头、胸、腹三部分。头部有一对触角,胸部的上方有一对或两对翅,胸部下方有三对足。

为了确保观察法的顺利实施,运用观察法教学时应注意以下事项:

首先,明确观察目的。小学生观察事物,常常无明确的目的,并往往会被事物表面的现象所吸引。如果缺乏教师的及时指导,观察往往会节外生枝,偏离观察主题。因此,在

---

① 李阳.浅谈小学科学课中学生实验观察能力的培养[J].长春教育学院学报,2014(10):158-159.

观察活动开展前,教师必须使学生明确观察目的,即观察什么、为什么要观察、观察中要注意些什么等,使学生的注意指向观察对象,使学生观察有方向,带着问题去观察,动脑筋解决问题。更要注意的是,在课外进行的观察教学中,学生更容易盲目或者偏离主题进行观察。因此,教师在开展观察前,一定要给学生再次强调观察的目的和内容,根据观察计划和方案严格进行,避免费时费力,舍本逐末。

其次,做好过程指导。在观察教学中,教师只有做好过程性的指导,才能避免学生盲目随意、表面热闹、实则无效的观察,才能在具体的观察活动中指导学生掌握正确的观察技能,比较、辨析所收集的观察信息,尝试归纳、总结观察结果,从而推动小学生分析、评价、创造等思维的发展。

第三,认真如实记录。观察记录是学生学习过程的具体表现。在具体观察中,用客观的视角记录信息,为后续的分析得出结论打下基础,有助于更好地了解所学知识,促进新经验的主动建构。在指导过程中,教师需要提醒学生观察到什么就记录什么,坚持观察记录的客观性,不凭空捏造,尽量详细完整地记录。如果带着偏见去观察与记录,收集到的资料其客观性、真实性就很难保证,那么资料也就失去了它应有的价值。

第四,引导交流分析。开展观察活动是为了发现和探索,教师要引导学生科学地描述观察结果,在生生、师生交流中对观察记录的信息进行分析、加工、重新建构,发现事物所蕴含的规律。教师可以鼓励学生用多种表达方式交流观察结果;也可以启发学生将观察结果与已有的经验进行联系,帮助学生形成自己的观点并向同学汇报;还可以为学生创设交流、辩论的机会,帮助学生共同判断、抽象、概括,直至得出科学结论①。

最后,做好观察前的准备。做好观察前的准备工作,是进行观察教学的基础,准备工作的好坏是观察教学成败的关键。在观察教学前,教师一定要制定好观察计划与方案,保证观察活动能够按照计划有序进行。此外,还要做好物质方面的准备,例如,如果观察要借助仪器,必须事先对仪器进行检查、调试以及使用训练等。

(四) 实验法

1. 实验法的概念

实验是科学发现的源泉,是科学理论建立的基础,也是科学假说成为科学理论的主要途径。科学实验是人类科学知识认识中重要的实践活动。《辞海》认为,科学实验是根据一定目的,运用一定的仪器、设备等物质手段,在人工控制的条件下,观察与研究自然现象及其规律性的社会实践形式②。《科学词典》认为,科学实验是人类发现真理、检验真理和发展真理的特殊的实践形式,是自然科学认识活动的一种直接的重要基础③。《科学方法辞典》认为,科学实验是人们通过科学仪器和设备在有目的地干预、控制或模拟客观对象的条件下获取科学事实的一种研究方法④。简单说,实验就是在控制条件的前提下,有组织地变化条件,突出主要因素,探索事物发生和发展规律的方法。本书认为,实验法就是

---

① 叶勤,张瑞芳. 小学科学教学技能训练教程[M]. 北京:高等教育出版社 2019:201-203.
② 辞海编辑委员会. 辞海[M]. 上海:上海辞书出版社,2009:102.
③ 刘茂才,张伟民. 科学学辞典[M]. 成都:四川社会科学院出版社,1985:89.
④ 王海山,王续琨. 科学方法辞典[M]. 杭州:浙江教育出版社,1992:163.

指在小学科学课堂教学中,教师根据一定的教学目的,通过研究假设,运用一定的手段,设计与利用科学仪器、设备等,引导学生获得科学知识、理解科学现象、训练科学方法、验证科学规律的教学方法。

实验法具有以下主要特点:一是假设性,实验研究以假设为前提,即任何实验都是在一定的理论指导下,通过实际的观察、测量等手段来检验假设正确与否。实验假设在先,实验实施在后;先有理论框架,再有实践操作。整个实验过程通常是围绕着验证假设展开的,假设是实验研究的核心[1]。二是可控性,即运用实验法能够控制实验所需要的条件,排除干扰实验的因素,以便认识某一特定因素的效果。三是因果性,即运用实验法可以发现被实验事物内部乃至与其他事物的因果关系,以使人们能从本质上认识它。四是重复性,即运用实验法可以在同一状态下重现某一现象,以便于比较和分析[2]。

2. 实验法的表现形式

科学实验有多种分类方法,在小学科学实验教学中也有多种表现形式。与不同的小学科学实验类型相对应,小学科学实验教学法主要有以下表现形式[3]:

实验室实验与自然态实验。这是根据实验的环境进行的分类。实验室实验,是指在实验室内,通过各种实验仪器和设备,人为地控制或改变实验对象的状态和条件,来考察和研究实验对象的一种有目的、有计划的实践活动。自然态实验,是指研究对象处于自然环境中和自然状态下,对其进行观察的时间活动。自然实验在自然状态下进行,受人为因素影响较少。

探索性实验与验证性实验。这是根据实验的目的进行的分类。探索性实验,是指人们根据一定的目的,创造一定的条件,探索前所未知的自然现象或物质性质的实验。实验前人们对研究对象并不了解。验证性实验,是指对研究对象有一定的了解,并形成一定认识或提出某种假设,为验证这种认识或假设是否正确而进行的实验。在小学科学教学过程中,大多数实验都属于验证性实验,但由于年龄所限,也带有一定的探索性质[4]。

定性实验与定量实验。这是根据实验数据是否量化进行的分类。定性实验,是指判断研究对象具有哪些性质,并判定某种物质的成分、结构或者鉴别某种因素是否存在,以及某些因素之间是否具有某种关系的实验方法。定量实验,是指为了对研究对象的性质、组成及影响因素有更深入的认识,而对它们之间的数量关系进行探究,揭示各因素之间数量关系的实验。定量实验一般是定性实验的后续活动,是为了对事物的性质进行深入研究所采取的手段。

析因实验、对照实验与模拟实验。这是根据实验的作用进行的分类。析因实验,是指为了寻找、探索影响某事物的发生和变化过程的原因而进行的实验。对照实验,是指为了弄清楚影响事物的内外部因素与事物本身的关系,通过对照或比较来研究和揭示研究对象某种属性或某种原因的实验方法。模拟实验,是指因客观自然条件限制无法对某些现

---

[1] 黄秀兰,黄循伟.学校教育研究方法[M].2002:226-227.
[2] 朱绍禹.语文教育科研导引[M].东北师范大学出版社,2001:55.
[3] 王强.小学科学实验教学论[M].北京:人民教育出版社,2015:19-24.
[4] 刘立民.幼儿园科学教育[M].北京:北京理工大学出版社,2016:33.

象进行直接实验时,而采取的在模拟相似条件下开展的间接实验形式。

实验法的影响因素主要有以下方面:一是教师因素。教师对小学科学实验的认识、关注程度、提升小学生实验能力的教学动机、个人能力以及教师的教育教学观念等都与小学科学实验教学法的运用密切相关,是影响小学科学实验教学的直接因素,直接关系着小学科学实验教学的顺利开展及开展质量。二是学生因素。学生对待小学科学实验教学的态度、兴趣以及参与程度等,是小学科学实验教学能否顺利开展的关键因素。三是教材因素。小学科学教材中的实验数量及其可操作性,是影响实验教学法能否运用以及如何运用的重要因素。四是资源因素。小学科学实验教学受资源配置的重要影响,一定的资源配置是开展实验教学的必备条件。五是其他因素。除上述影响因素外,还有其他的相关因素,如学校的支持程度、实验教学管理制度、实验教学评价等。

3. 实验设计的注意事项

为提高实验教学的成效,培养学生严谨的科学态度,教师在运用实验法时,需要关注如下要点[①]。一是把握关键,设计实验活动。虽然不同类型实验的活动过程具有相似之处,但由于各自不同的特点,因此在设计实验时需要关注的侧重点各有不同,教师要抓住不同实验的关键之处,进行活动设计。例如,对照实验与模拟实验由于侧重点的不同,在设计实验具体环节时就会有所差异。二是设计多种方案,多途径收集证据。设计并实施多种实验方案对学生认识科学的本质、提高解决问题的能力具有重要意义。设计多种实验方案,从多种途径收集证据,寻求实证,用不同的方法得出相同的结论,更令人信服。设计多种实验方案,有助于培养学生的创新意识和多途径解决问题的创新能力。三是多次实验,提高准确度。科学实验具有重复性和推广性。虽然小学生的科学实验学习不同于科学家的科学实验研究,但教师应让学生从小理解重复实验的重要性,让学生认识到重复实验能够避免偶然因素对实验结果的影响,能够使得出的结论更具有普遍意义;通过重复实验可以发现错误、减小误差、提高所收集数据的准确度等。

教师指导学生开展具体实验活动时,需要注意以下事项:一是明确实验目的与步骤。教师要指导学生在实验前了解实验方案,确定实验目的、方法、过程、步骤,借助不同形式,帮助学生明确实验目的和牢记实验操作步骤与要求。对于实验中可能出现的普遍问题,教师在实验开始前可以进行适当引导,明确意图及难点,确保实验的成功率。二是适当演示和讲解。当学生使用新的实验器材时,教师可以适当演示和讲解,以确保学生对实验基本技能的掌握。当遇到学生容易操作失误的实验时,教师可以演示错误的操作方式,指导学生辨析,提醒学生避免;也可以演示正确的操作方式,进行强化讲解[②]。三是循序渐进,先"扶"后"放"。在学生预习实验的前提下,教师可以在实验开始前对学生做必要的指导,指导内容应该是学生"跳一跳"也难以解决的问题。实验开始后,教师对学生的指导,应视问题的难易程度而定,循序渐进,不能操之过急,开始一段时间还是要"扶一扶",避免实验难度过大致使学生自信心受到打击[③]。四是加强检查考核。对实验教学的检查考核,既

---

① 叶勤,张瑞芳. 小学科学教学技能训练教程[M]. 北京:高等教育出版社 2019:123-125.
② 叶勤,张瑞芳. 小学科学教学技能训练教程[M]. 北京:高等教育出版社 2019:208-210.
③ 徐敬标. 小学科学教学技能[M]. 上海:华东师范大学出版社,2018:134.

要关注学生的参与面,也要关注学生的参与度;既要关注教师的指导作用成效,也要关注学生的主体地位发挥。确保检查考核作用的积极发挥。

第二节 小学科学教学方法的选择

《根的结构》观察法教学

科学合理的教学方法能够使枯燥的知识趣味化,抽象的概念具体化,深奥的道理形象化,对于调动学生学习的积极性具有重要作用。例如,某教师为了使学生对植物根的结构具有更好的感性认识,采用观察为主的教学方法。具体如下:导入新课后,教师先拿出一个植株,有主根和侧根,并说明根的功能。然后,发给每个学生一株小麦幼苗,让他们观察根尖。学生从小麦根上找出根尖,同时用肉眼可大体观察根尖的各个部分。在观察根尖的外部形态后,再转入微观,观察根尖的显微结构,先用挂图指明从根的纵切面自下而上可观察到根冠、生长点、伸长区和根毛区四部分。然后按顺序引导学生结合板图仔细观察各部分细胞的结构和排列特点。实践表明,通过多层次观察,不仅有利于促进学生对知识的理解,而且有利于培养学生的观察能力与思维能力。

面对种类众多的教学方法,为了做好恰当的方法选择,必须了解与把握具体的选择依据选择程序与选择原则。

一、小学科学教学方法的选择依据

(一)课程标准

课程标准是国家课程的纲领性文件,是国家对基础教育课程的基本规范和质量要求,是教材编写、教学、评估和考试命题的依据,是国家管理和评价课程的基础。它体现国家对不同阶段的学生在知识与技能,过程与方法,情感、态度与价值观等方面的基本要求,规定各门课程的性质、目标、内容框架,并提出教学和评价建议等。《小学科学课程标准》是国家对小学科学课程教学活动的总要求。小学科学课程的基本性质是基础性、实践性和综合性。课程基本理念是面向全体学生;倡导探究式学习;保护学生的好奇心和求知欲;突出学生的主体地位。课程的设计思路以培养小学生的科学素养为宗旨,涵盖科学知识、科学探究、科学态度、科技与环境等方面的目标;并对小学科学教学内容做出了详细规定,对小学科学教学的方式、方法等提出了指导性建议。《小学科学课程标准》虽然没有明确的教学方法要求,但是从"内容标准"的具体表述中可以发现其使用的教学方法,例如,课程标准中"测量""观察""讨论""阅读""制作"等行为动词对教学方法具有一定的指示作用。因此,小学科学课程的教学方法选择,必须在《小学科学课程标准》的总体指导下进行。

(二)教学目标

教学目标是教师在教学之前制定的,通过教学后学生可以达到并且能够用现有条件或手段测评的教学效果。教学目标是教学活动实施的方向和预期达成的结果,是一切教学活动的出发点和最终归属,它既与课程目标相联系,又不同于课程目标。教学目标是课程目标的具体化,是每一节课堂教学所需要达成的具体任务目标。教学方法的选择必须符合教学目标的要求。小学科学教学目标是小学科学课程目标的具体化,对小学科学教学方法的选择起着直接的指导作用。由于小学科学课程各章节、各课时教学目标的不同,具体教学方法的选择与设计就要做不同的考虑。例如,对于知道、理解等较低层次的教学目标,可以选择以语言传递为主的教学方法,如讲授法、讨论法、读书指导法等;对于分析、应用等较高层次的教学目标,可以选择动手实践与直观感知的教学方法,如观察法、调查法、实验法等;对于评价、创造等更高层次的教学目标,则可选择逻辑思维与探究发现的教学方法,如归纳法、演绎法、发现法、探究法等。

(三) 教学内容

教学方法与教学内容紧密相关,教学内容是制约教学方法的重要因素。可以说,教学方法是对教学内容组织、展开和表达的策略与方法。不同的教学内容,性质不同,特点各异,应选用不同的教学方法。对于形态结构等描述性内容,应选用直观(图例、图示、实物、标本)教学法;对于理论性、逻辑性强的内容,应采用分析讲解、启发诱导等教学方法;对于规律性强、过程性鲜明的科学知识,应采用发现式、探究式教学方法;对于技能性的教学内容,则需采用演示法、制作法、模仿实验、动手操练等教学方法①。

(四) 学生学情

学生是教学的主体,教师的教是为了学生的学,选择教学方法必须与学生的学情及特征相适应。学生学情一般包括年龄特征、基础知识、智能水平、操作功能及非智力因素等。学生学情不同,其心理特征、体质水平、接受能力、理解能力、记忆与思维能力等都有较大的差异,教学时应选择适应学生学情的教学方法。心理学研究表明,学生的年龄、心理特征决定认知方法。小学生对周围世界具有强烈的好奇心和求知欲,这种好奇心和求知欲是推动学生科学学习的内在动力,对其终身发展具有重要的作用。小学科学课程的组织与教学要兼顾知识、社会、儿童三者的需求,将科学本质、科学思想、科学知识、科学方法等学习内容镶嵌在儿童喜闻乐见的科学主题中,创设愉快的教学氛围,增强课程的意义性和趣味性。不同年龄段的小学生,其学习需要和能力发展特征不同,选择教学方法时必须考虑这些因素。例如,小学生的心理特征表现为直接经验少,理解能力弱,习惯于机械记忆,思维形式多以具体思维、形象思维为主,对具体形象的事物容易理解和记忆,对抽象的概念和原理往往一知半解,随着年龄的增长,形象思维、抽象思维能力逐渐发展。相应的,教学方法的选择应该由直观教学、形象演示等逐渐向分析综合、归纳演绎等转变。

(五) 教师素质

教师素质包括教师已有的教学经验、理论修养、个性品质以及实际能力等。教师的素质影响教学方法的选择。教师对教学方法了解与掌握越多,就越能选择与运用最合适的教学方法。任何一种教学方法的选用,只有在适应教师的素养条件,为教师所领会和掌握

---

① 李岩. 教育现代化[M]. 合肥:安徽文化音像出版社,2003:658.

后,才能充分发挥作用①。小学科学教师的教育理念、教学能力、教学基本功,以及对教材的熟练程度等素质差异,都可以成为教学方法选择的重要依据。因此,教师在选择教学方法时,首先应当对自己所具备的条件实事求是地进行分析和评价,了解自身的优势与不足,然后根据自身的能力与特长,选择与自身素质相适应的恰当的教学方法。例如,有的教师形象思维水平高,语言表达能力强,富于感染力,善于启发诱导,可以利用自己的语言优势,运用讲授、谈话、问答等以语言传递信息为主的教学方法;有的教师擅长绘画、摄影,或擅长收集各种照片、影像资料等,可以利用这方面的特长,多采用直观教学方法;有的教师善于组织学生活动、动手演示、操作能力强,可以多采用课堂讨论、过程演示、模拟实验等教学方法;有的教师精通计算机、善于利用网络等,可以多采用计算机多媒体辅助教学、翻转课堂、线上线下混合式等教学方法。总之,教师选择教学方法时,一定要契合自身素质,结合自身特长,尽量做到扬长避短,切忌"邯郸学步"。

(六)教学条件

教学条件,指教师开展教学所需借助的软硬件条件。教学条件是制约教学方法选择的客观因素。特别是学校的教学设施条件,它是教师选择教学方法的物质基础。教学方法选择必须考虑本校的教学仪器、图书、经费、教室场地等设施设备条件以及周边环境,因地制宜选用条件许可的或经努力可以实现的教学方法,比如,因陋就简,自己制作教具,结合校本课程开展相关内容教学,创设基本条件改进教学等。如果超越现有的教学设施设备或教学手段水平,选择或追求一些不相适应的教学方法,既达不到应有的效果,也会降低教学方法本身的价值。例如,在仅有黑板、课本、粉笔,而缺少电脑、网络的硬件条件下,想开展计算机多媒体辅助教学或网络教学是根本不可能的。而设施优良、设备齐全、条件优越的学校,就可以为教师的教学方法选择提供更多的选择余地;甚至一些条件更好的学校,建有小学科学教学专用教室,为小学科学教师提供了更为多样的教学方法选择。

二、小学科学教学方法的选择程序

巴班斯基认为,要实现教学方法的优化,除了教学方法的选择标准之外,还有一个选择程序的问题,即开始选哪些方法,随后选哪些方法。并在调查研究的基础上,归纳了教师选择教学方法的一般顺序②:

第一步:决定是选择由学生独立学习的方法,还是在教师指导下学习的方法;

第二步:决定是选择再现法,还是选择探索法;

第三步:决定是选择归纳的教学法,还是选择演绎的教学法;

第四步:决定关于选择口述法、直观法和实际操作法的如何结合问题;

第五步:决定关于选择激发学习活动的方法问题;

第六步:决定关于选择检查和自我检查的方法问题;

第七步:认真考虑所积累的各种方法相结合的不同方案,以免通过完成家庭作业和复习已学过的教材而发现学生学业程度上可能有的偏差。

---

① 黄莉敏.中学地理教学设计[M].武汉:华中师范大学出版社,2013:63.
② 吴也显.教学论新编[M].北京:教育科学出版社,1991:382.

根据以上第一至第七个步骤，巴班斯基制定了教学方法的优选程序表，具体如表7-5所示[①]。

表7-5 教学方法的选择程序

问题	回答		教师的选择
	能	不能	
1. 能否以学生独立工作法组织课题学习	内容相当简单；学生已做好独立学习课题的准备；课上有时间让学生独立学习教材。	材料复杂，学生没有充分做好专研教科书的准备；为课题学习所规定的时间不够用来进行独立学习。	选择教师指导下的工作法或学生独立学习工作法（这里指的是对新教材完全独立的研究，而不是课的进行中局部的独立工作）。
2. 能否以探索法组织该课题的学习	教材具有中等难度；学生做好准备，在解决问题性情境的过程中独立的增长知识；在学习该课题时，有用于问题性推理的时间。	教材很复杂，教材很简单，学生不具备解决问题性情境的足够知识，该课进度没有足够的时间用于问题性推理。	选择探索法或复现法学习该课题。
3. 能否以演绎法组织该课题的学习	课本中教材内容是以演绎方式陈述的；学生做好用演绎法学习课题的准备；教材叙述逻辑的变化不会造成学生实质困难，不会在家庭作业上花费过多的时间。	课本中教材内容是以归纳方式提供的，若加以改变会给学生造成实质困难；学生没有做好以演绎法掌握该课题的准备。	选择演绎法或归纳法学习该课题。
4. 能否在课上将口述法、直观法和实际操作法结合起来（这种结合是有利于教学的）	课题内容特点许可这样做；教师拥有教学物质手段或能够自己制作；教师有时间应用直观性实验、实际作业等。	课题内容不许可这样做；没有直观教具或实际练习，也不能自己制作、收集；教师没有足够的时间应用直观性、演示实验等。	选择口述法、直观法和实践操作法的可能结合形式。
5. 课上将应用哪些刺激学习积极性的方法（认识游戏、学习讨论等）			教师的选择取决于教材内容和班级学生学习态度的特点。
6. 在巩固教材时，为检查新教材的掌握程度，将应用哪些检查和自我检查的方法			选择那些能充分考虑所学内容的特点、学生的可能性以及教师所具备的时间的那些教学方法。

---

① 程方平,冯克诚.教师手册[M].北京:中国民主法制出版社,1997:701-702.

由表7-5可知,巴班斯基的教学方法优选程序具有以下特点:一是选择的教学方法应分成三大组,即组织和实施学习认识活动的方法;激发学习认识活动和形成学习动机的方法;检查和自我检查学习认识活动的方法。二是强调优先考虑以学生独立工作或探索法组织课题的学习,例如,他认为只要时间允许,学生又有独立学习课题的准备,就应该选择让学生独立学习工作法。三是强调所选择的一整套教学方法是否有效要放到教学实践中去检验,为了随时修正、调整所选择的方法,教师应多设计几套方法①。

巴班斯基关于教学方法选择程序的研究对于教师的教学方法选择有一定的借鉴意义②。小学科学教师在进行具体教学方法的选择时,也应该根据目前常用的小学科学教学方法分类体系,确定合理的小学科学教学方法选择程序。俗话说:教学有法,但无定法,贵在得法。优秀的小学科学教师总是会在不断研究、摸索、总结中,借鉴好的教学方法,最终形成适合自己的教学方法。

三、小学科学教学方法的选择原则

(一) 目的性原则

教学方法的选择必须具有目的性,教学目标是教学方法选择的重要依据,教学方法必须为教学目标的实现服务③。脱离教学目标谈教学方法的选择,没有任何意义。也就是说,小学科学教学方法是服务于小学科学教学目标的,所以小学科学教学方法的选择,必须根据小学科学的教学目标,分析达成具体目标所需要开展的教学活动,来选择确定哪些教学方法比较合适。最优的教学方法保证最佳地实现教学目的,不恰当的教学方法会严重影响教学目的的实现,甚至会使教学目标完全落空。为了实现教学目的,小学科学教师选择的教学方法必须有利于小学科学知识的传递,有利于小学生科学思维能力的训练,有利于小学生科学精神与科学意识的养成。小学科学教科书中的每个单元和每节章节均有具体的教学目标,小学科学教师应将小学科学课程标准中规定的总目标与具体目标和小学教科书的单元及章节目标结合起来确定具体的教学方法,以保证通过单元和章节教学目标的实现来实现小学科学课程的总目标与具体目标。可以说,教学的最大目的就是为了实现教学目标,如果脱离了这一目的性,教学方法的选择就成了不切实际的无的之矢,就会犯唯技巧和只图形式的错误,教学必然不会成功。

(二) 主导性原则

主导性原则是指在具体的小学科学课堂教学中,教师所选择的几种教学方法不能主次不分、平均用力、随意使用,而必须确定一种方法为主,其他方法为辅,形成有主有次、主次分明、主辅结合的教学方法体系。具体而言,需要分三个维度进行选择:首先,在宏观层次上确定以教师活动为主,还是以学生活动为主;以接受学习为主,还是以发现学习为主等。例如,以语言获取信息为主的方法就属于以教师活动为主的方法;以自学探究为主的

---

① 冯克诚,田晓娜.教师基本功全书教师教学基本功全书[M].北京:中国三峡出版社,1997:15.
② 徐英俊.职业教育教学论[M].北京:知识产权出版社,2012:53.
③ 李广..小学语文教学论[M].长春:东北师范大学出版社,2005:86.

方法就属于以学生活动为主的方法。其次,在中观层次上确定以哪类教学方法为主,如以内容讲授为主,还是以实验操作为主;以自学探究为主,还是以参与体验为主等。最后,在微观层次上确定具体的主导教学方法,如讲授法、观察法、讨论法、探究法等。

(三) 多样性原则

没有一种教学方法是万能的,所有的方法都有其运用条件和适用范围,都有其优势和局限性,没有一种方法在所有方面都超过其他方法,也没有哪一种方法能适用于所有的教学目标、教学内容、学校、学生和教师[①]。有时,某一种方法的局限性可能正好是另一种方法的优势。综合运用多种教学方法有助于扬长避短,优势互补,达到事半功倍的效果。小学科学课程是一门综合性课程,理解自然现象和解决实际问题需要综合运用不同领域的知识和方法。小学科学课程针对学生身边的现象,从物质科学、生命科学、地球和宇宙科学、技术和工程四个领域,综合呈现科学知识和科学方法,强调这四个领域知识之间的相互渗透和相互联系,注重自然世界的整体性,发挥不同知识领域的教育功能和思维培养功能。小学科学课程的综合性决定,即使是同一个小学科学教师开展教学,也需要针对不同的教学内容选择不同的教学方法。实践表明:只有多种教学方法的优化组合,才能满足小学科学课程教学的需要。教学方法的具体组合形式多种多样,如可以将传统教学方法与现代教学方法进行组合、直观教学方法与逻辑思维教学方法进行组合、文字语言教学方法与图像教学方法进行组合、以教师活动为主的方法与以学生为主的方法进行组合等。整体而言,小学科学教学方法的选择受课程标准、教学目标、教学内容、学生学情、教师素质、教学条件、教学时间等诸多因素的影响和制约。不同的进程,教学目标和教学内容不一样;不同的学校,教学设备条件有差异;不同的班级,学生学情有区别;不同的教师,教学素质有高低。小学科学教学方法选择依据的复杂性与多样性,客观上也要求小学科学教学方法的选择必须遵循多样化原则。

(四) 实效性原则

不论哪一种教学方法,都表现为师生双方为实现一定的教学目标而开展的共同活动[②]。这种活动都需要通过教师的组织与引导、学生的参与和配合来完成。因此,小学科学教师选用教学方法时,首先必须做好组织与引导过程中各个环节的操作质量,使学生的参与和配合取得实实在在的效果。具体来说,教师的组织与引导必须注意时机的恰当性、组织的合理性、引导的有序性等,切实做好学生学习的组织者、引导者、合作者的角色。组织与引导的各个环节,教师的语言要准确、精炼、生动,讲究语法、语音、语调、节奏。具体要求应条理清楚,要言不烦,重点突出。总之,要提高组织与引导的质量,为学生的参与和配合打好基础,并注意把教师的组织引导与学生的参与配合有机地结合起来,发挥出综合效应。学生的参与和配合要求目的明确、主动积极、严格认真,尽量做到学中有思、学中有问、学中有得、学中有悟。教学过程中既注意训练学生的参与配合能力,又帮助学生正确认识自己,激发学习兴趣与信心。学生的参与和配合要防止走过场,单一化,要鼓励学生

---

① 赫兴无. 选择地理教学方法的依据与原则[J]. 教学与管理,2016(7):113-115.
② 罗海丰. 当代中外小学教学法[M]. 长春:吉林教育出版社,1994:23.

积极思考、认真实践、勇于创新。激励学生带着问题学,在学习互动的过程中发现问题、提出问题和解决问题,使小学生从小在获得科学知识的同时,得到科学能力的训练和科学意识与习惯的养成。

(五) 可行性原则

教学方法的选择是要运用于实践的,不能纸上谈兵,必须具有良好的可行性,能够应用于教学实践并获得应有的教学效果。每一种教学方法都需要一定的条件基础,都具有一定的使用范围。小学科学教学方法的选择与使用,需要多种资源条件作为支撑,除了教师所在学校的基本硬件设施、教学目标与内容以及教学时数等的限制外,学生学情、教师素质、不同教学方法的特点等也是教学方法选择时必须考虑的。例如,在经济落后地区,部分学校可能无法配备足够的现代教学硬件设施,就会制约教师现代教学方法的选择。又如,有的教学方法所需教学时数较多,有的教学方法对仪器设备条件要求较严,有的教学方法对教师素质要求较高等,这些情况均可影响到教师对教学方法的选择与运用。所以,可行性是教学方法选择的必要原则,坚持可行性原则,就是要求教学方法的选择一定要符合教学运行的各项实际,能够真正运用于教学实践,确保教学的顺利进行。

第三节 小学科学教学方法的优化组合

教学方法优化组合的意义

实践证明,教学方法总是多种结合在一起使用,各种方法相互补充,互相渗透。每一种教学方法都有自己的功能。每一种教学方法都有自己的长处和不足,教学中要互相配合,扬长避短。对同一教学内容,运用不同的教学方法,所得到的效果是不相同的。因此,承认教学方法的多种多样,是对教学的总体和全过程而言的。而对一个具体的教学对象和教学过程来说,教学方法又不是随意的。为了完成教学任务,达到满意效果,必须对教学方法加以优化组合。其意义在于:

第一,能调动学生学习积极性,避免由于活动单调而降低学习兴趣。
第二,可以充分发挥教师的主导作用和学生的主体作用。
第三,能在有限的时间内,取得最大的教学效果。
——李涵畅,毕澄,林宪生.地理教育学[M].大连海运学院出版社,1990:208-209.

教师选择教学方法之后,还需要考虑如何运用所选择的教学方法,即对所选择的教学方法进行优化组合与综合使用,以圆满完成小学科学教学任务,达成预期的教学目标。实际教学过程中,这不是一个简单的问题。首先,小学科学教学不可能仅仅使用一种教学方法,因此不可避免地会遇到多种教学方法的优化组合问题;其次,具体运用小学科学教学方法的过程中,不可能完全按照教师的预设进行,有可能出现意外情况,此时就需要根据教学实际对不同的教学方法进行灵活优化组合。

一、小学科学教学方法优化组合的必要性

首先,是学生有效参与教学活动的需要。心理学研究证明,单一的刺激容易产生疲劳。如果教师在整个小学科学课堂教学过程中仅仅使用一种教学方法,给学生带来的教学刺激相对单调与枯燥,容易使学生感到疲劳,难以调动学生多种感官有效参与教学活动,从而影响课堂教学效果和预期教学目标的达成。而教学方法的多样化与优化组合,可以促进学生在学习过程中充分调动各种感官的作用,使感知更加敏锐、有效,同时增强记忆并锻炼各种思维活动,深化知识的理解与掌握①。

其次,是充分发挥不同教学方法特点与功能的需要。每一种小学科学教学方法,都有其各自的特点、功能与使用范围,也都有其局限性。因此,在现实教学中,教师不能把某种教学方法绝对化和孤立化,仅仅依靠单一的教学方法实现所有的教学目标与任务,而需要对不同的教学方法进行认真分析与研判,以便把握各自优劣,取长补短,综合运用。由于不同教学方法之间存在一定的互补性,通过教学方法的优化组合,具有互补性的教学方法配合使用,可以有效弥补单一教学方法的先天不足,不同教学方法相辅相成,往往可以形成一种"集聚"优势。事实上,所谓选用某种教学方法,只是意味着该种方法在某个教学阶段占有优势地位,是主要教学方法而已。具体教学中并不适宜只用一种教学方法,而是需要以一种或几种基本方法为主,其他方法配合为辅,实现多种教学方法的优化组合与综合运用,这样更有其科学性与合理性。从客观上看,在一定的教学活动中,不同的教学方法可以同时运用或相继运用,例如,教师进行讲授的同时,可以配合实物、教具等进行演示,也可以组织适当的讨论;教师讲授完新课后,可以进行适当的课堂练习等。从主观上看,教师作为选择与运用教学方法的主体,具有一定的智慧潜力,具有相关的教育理论与实践经验,可以在充分掌握各种教学方法的基础上,根据学生情况、教学内容、教学条件等,对教学方法进行优化组合与综合运用②。

最后,是适应复杂多变的小学科学教学活动与内容的需要。在小学科学课程教学中,每次课的教学目标不同、教学内容不同、教学对象与教学条件等千差万别,因而所要求采取的教学方法也势必不同,这便需要小学科学教学方法的多样化。但零碎、繁多的教学方法如果逐一使用,不仅要受教学时间的限制,更为重要的是其能否保证教学任务的完成。同时小学科学教学实践证明,要形成有效的教学,在复杂多变的教学活动中直达教学目标,就必然需要多样化教学方法的优化组合与综合运用,而不仅仅是教学方法的多样化。

二、小学科学教学方法优化组合的基本形式

要做好小学科学教学方法的优化组合,需要首先了解不同教学方法优化组合的基本形式。概括而言,不同教学方法的优化组合主要有以下三类基本形式③。

---

① 姚文忠.中小学教研与科研[M].伊利:伊犁人民出版社,2000:217.
② 柳榜华,刘开伦,马宝娟.中学政治学科教学设计[M].广州:广东高等教育出版社,2015:158.
③ 胡兴松.思想政治课教学艺术论[M].广州:广东教育出版社,2000:175-177.

(一)要素组合式

任何一种教学方法都是由多要素构成的整体系统。综观众多教学方法,虽然名称和程序各异,但构成要素却基本相同。这些基本要素大体如下:

读。无论学生读还是教师读,默读还是朗读,都是教学方法的一个重要构成要素,是培养学生自学能力的重要手段。"读"的过程不仅是理解概念含义、领会原理实质、把握教材结构的过程,而且是对教材内容加工、创造的过程。

问。作为教学方法的构成要素,"问"存在于课堂教学的各个环节,既包括教师的问,也包括学生的问。在具体教学过程中,关键不在于要不要问,而在于问什么、何时问、怎样问。问到关键处、问的时机得当、问得巧妙机智,就会使学生获得收获,可以让教学锦上添花。

讲。包括讲述、讲解、讲演等。无论教学方法怎样变,"讲"始终是教学不可缺少的要素。作为一种教学方法要素,"讲"有其明显的长处,即可以系统、深刻地传授知识,它容量大,经济有效,简便易行。

议。包括议论、讨论、辩论等。"议"是教师主导作用下真正落实学生主体地位的有效方法。课堂教学中的"议",改变了传统的"静听"教学,可以使学生在思维撞击中迸发智慧火花,促进学生智能发展,提高课堂教学效率。

看。包括观看教学演示(如挂图、投影、视频等)和参观工厂、农村及其他教育实践基地等。课堂上生动直观的教学演示和深入社会的参观访问,可以增强学生的感性认识,升华学生的思想觉悟,培养学生的良好行为习惯。

练。包括巩固学生知识的训练、培养学生能力的训练以及培养学生行为的训练等。"练"是教学的一个重要环节,也是教学方法的一个重要构成要素。

评。包括对学习效果的评价和学习行为的评价。"评"作为教学方法的构成要素,不仅可以对学生练习、考试等进行终结性评价,而且贯穿于教学过程始终,还可以对教学过程进行诊断性评价和形成性评价。评价作为教学方法的一种构成要素,其功能主要表现在检验教学效率,调节教学关系;诊断现状问题,及时纠错补缺;估计发展情况,强化矫正指导;评价教学工作,补充完善教法等。

总之,作为教学方法的基本构成要素,读、问、讲、议、看、练、评等的不同组合形成了种类繁多的教学方法。既可以单一要素自成一体(如阅读法、讲授法等),又可以双要素两两结合(如自学辅导法、问题讨论法等),还可以多要素复杂组合(如"读读、议议、讲讲、练练"教学法等)。

(二)方法组合式

任何教学方法的构成要素都可自成一体,构成单一的教学方法。方法组合式就是将两种或两种以上的教学方法组合在一起,形成一种新的教学方法。方法组合式的运用,首先要求教师要正确对待、熟练掌握基本的教学方法(如讲授法、讨论法、实验法等)。基本教学方法是在长期教学过程中逐步形成而确定下来的常用的教学方法,各有自身特点和适用范围,各有长处和不足,是教学方法组合的基础。当前许多新的教学方法,实际上都是基本教学方法的组合运用。例如,实验探究法是实验法与探究法的组合;翻转课堂教学法是自主学习、讨论法、讲授法、练习法等的组合运用等。

（三）程序组合式

教学方法只有运用于教学过程之中，才能发挥其应有的教学功效。在教学改革实践中，人们不仅深化、发展了常规的教学方法，而且运用动态观点，着眼于教学程序，创造了许多新的教学方法。例如，"六课型单元教学法""自学—讲议—练习"三段式教学法等。这些教学方法的组合形式，更多从宏观上进行教学方法的设计，已属于教学模式的范畴。

总之，教学活动是一个复杂的系统工程，教学方法是一个动态的综合体系。为了更好地完成教学任务，增强教学效果，教师不仅要从实际出发，选择恰当的教学方法，而且要做好不同教学方法的优化组合，以发挥教学方法的整体功能①。

为了更好地理解小学科学教学方法的优化组合，请阅读案例7-2，结合案例分析该教师在教学过程中选择了哪些教学方法并进行了优化组合。

案例7-2

观察和比较不同的岩石

教学环节一：交流收集到的岩石

师：同学们，你们这段时间收集了哪些岩石标本，和大家分享一下吧。

生：（组内交流自己的岩石标本，交流采集信息）

生：（班内展示并介绍自己收集到的岩石标本，描述其中最特别的岩石）

师：关于这些岩石，你们有哪些问题呢？

生：（交流自己关心的岩石问题）

师：能够有这么多的问题，说明大家都很爱思考。地质学家们研究岩石，首先会从岩石的外部特征来观察。请大家观察和比较一下，你们收集到的这些岩石标本，有没有比较接近的特点，说不定它们就是同一类岩石。

生：（小组内观察和比较岩石标本，按照一定的分类标准进行分类，交流分类结果）

教学环节二：观察和比较岩石的方法

师：请大家再查阅一下书本，看看观察岩石还可以采用哪些方法？

生：（阅读课本，交流阅读收获）

师：（演示比较硬度的方法及注意事项）

师：（演示滴稀盐酸的方法，强调安全事项）

生：（分组观察和记录，交流观察实验的结果，讨论岩石的分类）

教学环节三：指导课外科学阅读

师：要研究岩石，我们还需要一些相关的知识储备，除了我们现在的科学课本，还有没有其他可以参考的书？

生：（交流）

---

① 柳榜华，刘开伦，马宝娟. 中学政治学科教学设计[M]. 广州：广东高等教育出版社，2015：159-160.

师:如果这本书不是很重的话,可以带到学校和大家一起看。除此之外,老师也看到过一本不错的书:《岩石和矿物》。大家可以去图书馆借来看看。

拓展游戏:岩石连连看

材料:岩石标本盒,盒内放约10种常见岩石的标本,贴上序号,另附卡片,标注岩石名称。

游戏方法:抽掉标注岩石名称的卡片,将10种岩石的名称顺序打乱,写到黑板上,学生采用各种方法观察岩石样本,辨认出编有序号的岩石样本究竟是哪一种岩石。

——曾宝俊.小学科学教师入门十课[M].北京:化学工业出版社.2019:131-132.

观察岩石的内容一般放在小学中年级的科学课上进行。学生需要知道岩石是由矿物组成的,要观察花岗岩、砂岩、大理岩的标本,认识常见岩石的表面特征。在认识各种岩石的初级阶段,学生需要观察岩石的特征,并根据岩石的特征进行分类。为了达到上述教学目标,案例中的教师选用了几种不同的教学方法,并进行了优化组合和综合运用。结果表明,收到了较好的效果。

本章小结

本章主要讨论了小学科学教学方法设计的相关问题。首先,指出了小学科学教学方法的内涵与主要类型,介绍了常用的几种小学科学教学方法。其次,探讨了小学科学教学方法的选择依据,分别分析了课程标准、教学目标、教学内容、学生学情、教师素质、教学条件等与方法选择的关系,阐释了小学科学教学方法的选择程序与基本原则。最后,探究了小学科学教学方法的优化组合问题。

思考训练

1. 简答小学科学教学方法的分类。
2. 选择一种常用的小学科学教学方法,分析其内涵、特点与影响因素。
3. 阐述小学科学教学方法的主要选择依据。
4. 说明小学科学教学方法选择的主要程序。
5. 如何做好小学科学教学方法的优化组合?

第八章
小学科学教学过程设计

 本章概要

小学科学教学过程指依据小学科学课程标准和教学计划,在专家指导和教师自行设计下,为实现学生科学素养发展而展开的基本过程。除了遵循全面、启蒙、双边、探究和信息化五大基本原则,还必须掌握小学科学教学过程中导入、提问、假设、探究和总结等设计策略。本章主要探讨小学科学教学过程设计的内涵、原则与策略。

 学习目标

通过本章学习,学生能够
- 理解小学科学教学过程的含义。
- 了解小学科学教学过程的基本原则与结构。
- 掌握小学科学教学过程中导入、提问、假设、探究和总结的设计策略。

 内容结构

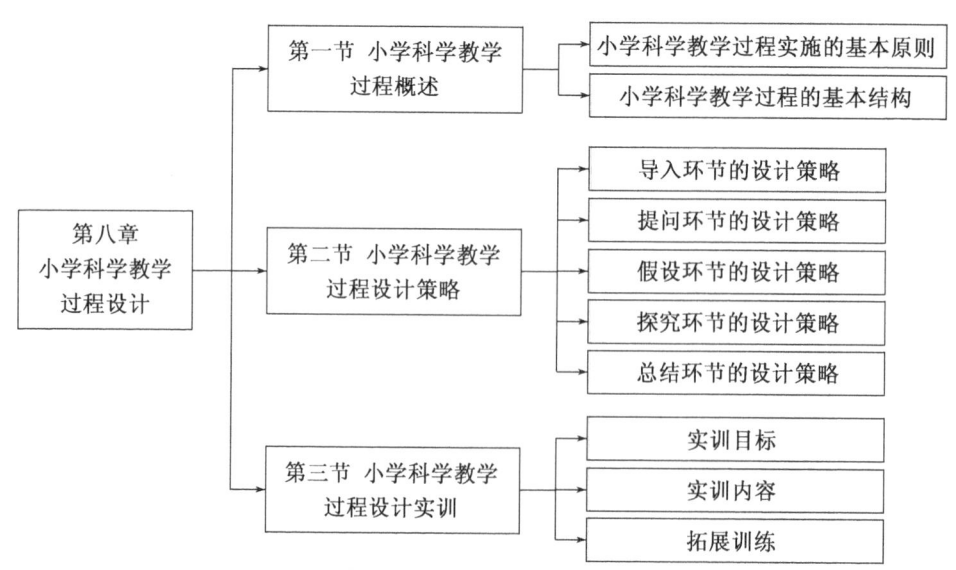

第一节　小学科学教学过程概述

水的三态变化

水是人类的生命之源,在生活中水有三种形态变化,对于三年级小学生来说,认识液态的水容易,识别固态和气态的水便上升了一个难度,教师直接讲授水的三态,学生不易理解。考虑到小学生对动画感兴趣,利用学生的兴趣点来导入课程内容,教师准备好与本节教学内容相关的动画《可爱的小水人》,观看动画前提出两个问题让同学们边看边思考,和学生一起观看,了解"小水人"发生了哪些形态变化,再联系生活说说水在自然界有哪些形态?它们又是怎样变化的?观看完毕互相交流讨论回答,让学生初步了解水在自然界有各种不同的形态,有时是液态,有时是固态,有时是气态。问同学们喜欢堆雪人吗?那么雪一般出现在什么季节呢?带领学生回忆一天中什么时候能看见雾和露珠?学生自由说说自己所知道的知识,进而加深对水的三态变化的理解,进一步感知水的三态转化。

小学科学教学过程指依据小学科学课程标准和教学计划,在教育专家的指导和教师的自行设计下,为实现学生科学素养发展的教学目标,通过师生共同探究、活动与总结,使学生掌握科学知识和科学方法等基本技能,发展学生基本科学素养的教育过程。基本要素包括传授科学知识技能的教师、接受科学知识技能的学生、作为传授对象的知识技能即教学内容,以及作为传播手段的教学媒体。小学科学教学过程设计,即使上述基本要素紧紧围绕教学过程的各个环节有效有序展开的实施过程。

一、小学科学教学过程实施的基本原则

(一) 全面化

要求教师在小学科学教学过程中面向全体学生,全面达成科学教学的三维目标,以提高学生的科学素养。首先,教学要面向每一位学生。小学科学教学要在公平的原则下,充分考虑每一位学生在年龄、性别、兴趣等方面表现出来的不同特点,在有关教学的课程设置、教材准备、环节设计、评估机制等方面坚持将因材施教与灵活多样相结合。① 其次,教学要面向每个学生的全方面。小学科学坚持核心素养为导向,尽可能向学生实施全面的素质教育,使儿童的整体科学素养有所提高,包括知识、能力、技能、情感、意志品质、兴趣等各个方面。要求教师在教学过程中要把科学课程的三维目标具体地落实到每节课及其每个环节之中,使每一节课都能为学生各项素养的发展助力。

(二) 启蒙化

教学过程是儿童科学启蒙的推进器。所谓启蒙性是指科学教学教授的科学知识是基

---

① 罗世海.科学课中学生综合能力的培养[J].课程教材教学研究(小教研究),2013(9).

础的、生活化的,科学观点、科学态度、科学方法是基本的、启发性的,坚持以素养为导向,兴趣为中心,带领学生走入科学的大门,走上科学的道路。首先,坚持以儿童的接受能力确定教学内容的深度。很多科学概念,如果是从成人角度进行定义,既需要涵盖其外部特征和内部特点,同时还需要包括一些特殊情况。但从儿童视角出发,则只需要概括一些常见的、浅显的内外部特点即可,促进儿童掌握这些概念,进而加以识别。其次,坚持引导学生简约重复科学探究过程。例如"鸟类"的概念,科学家是在通过对众多动物的观察、比较的基础上抽象、概括出来的。在科学教学中可以选择儿童熟悉的、典型的鸟类东区,首先让学生观察、比较它们的外形、生活、生殖方式有什么相同,然后引导学生比较它们与昆虫、鱼类、哺乳动物等的区别,进而抽象出鸟类动物具有而其他类动物没有的特征,并进行概念总结。这个教学过程就简约地重复了前人对鸟类的研究过程,既使学生获得了基础的科学知识,又使学生体验了生物学家在动物分类方面的基础研究过程。

(三) 双边化

教学过程是师生的双边活动。教师虽然是小学科学课堂教学活动的主导者、设计者、组织者和参与者,但是作为知识和技能建构者和主体的学生也可以是小学科学课堂教学活动的组织者与参与者。教师的主导作用必须由知识灌输化转变为学生获取科学知识、科学方法和培养科学精神和科学能力的技能引导化。这意味着教师的科学活动不能替代学生的科学活动,小学科学教学是学生利用自身已有的科学知识经验主动建构知识意义的过程,教师不能包办或代替学生的科学学习建构过程。在开展课堂教学之前的小学教学设计,教师只能初步设计教学过程中的活动,预设学生可能发生的情况,无法也不可能完全确定未来课堂中发生的一切情况。教学不是也绝对不能是"按图施工",一成不变地照本宣科,需要处理好预设与生成的关系。预设是为了更好地生成,生成是对预设的回报,重视预设和生成是高效课堂的两翼。①

(四) 探究化

教学应该像科学家那样进行探索。如何把深刻的、科学性很强的内容,用浅显的语言或简单的方式让学生得以理解,既是教师的基本功,也是一种教学艺术。小学科学教学应向学生提供充分的科学探究机会,使他们如科学家一般行进在科学探究过程中,体验学习科学的乐趣,增长科学探究的能力,获取科学知识,形成科学态度。使探究成为学生认识科学的方法和过程,成为科学教学的灵魂和主体。不仅要秉持学生是科学教学主体这一理念,还要用丰富多彩的亲历活动充实教学过程,教学要贴近儿童生活现实和社会现实。在创设问题情境时,要尽可能选择儿童生活中常见的事例;在指导学生观察实验时,要尽可能使用儿童生活中常见的材料,选择符合现代科学技术发展趋势的内容进行教学;在指导学生应用所学知识和方法解决实际问题时,要多联系儿童的实际生活;在向学生进行情感态度与价值观教育时,要注意联系儿童的生活和思想实际。

(五) 信息化

教学应该站在时代的前沿。作为信息时代的小学科学教师应该充分利用网络中丰富

---

① 杜卫.小学教学过程的美育化设计与实施[M].杭州:浙江教育出版社,2006:3.

的教学资源进行教学。教学所用的图片、视频等资料绝大部分都可以通过互联网找到,方便快捷,教师可以根据自己的课堂教学需要选取适用的教学资源,大大减少备课、查阅资料的时间,提高课堂教学效率。不仅可以激发学生的学习兴趣,而且可以培养学生的主动探究意识,让学生体验自然现象的形成过程及其原理。比如,当学生在学习"星空"这类课程时,互联网上的丰富资源,包括图片、视频等,不仅可以让学生直观地感受到星空四季的变化规律和特点,还可以让他们充分体验到星空的神奇与壮美,可以收到很好的教学效果。此外,甚至可以引导学生自行检索、搜集所需要的和感兴趣的网络资源经行整合、展示、分析和讨论。

二、小学科学教学过程的基本结构

教学过程设计一方面取决于教学目标、教学环境和教学策略的需要,另一方面取决于教师设计、学生探究下的教学过程和学习过程的需要。因此,就像不同的教学模式应对不同的学习模式,不同的教学过程与不同的学习过程相辉映,有不同的结构因素或者说不同的教学环节相构成。不可忽视的是,学生的学习过程是教学过程的基础和前提,下面选择一些较为经典的教学模式来比较和考察其教学过程结构的基本因素,见表8-1。

表8-1 部分教学模式的教学过程基本结构

名称	教学过程				
赫尔巴特四段教学模式	明了——向学生明确的讲授新知识	联想——让学生把新旧知识联系起来	系统——指导学生在新旧知识基础上做出概括和总结	方法——引导学生把所学知识用于实际(习题作业等)	
赖因五段教学模式	预备——唤起有关的旧观念,以引起对新知识的兴趣	提示——讲授新教材	比较——对新旧知识进行分析比较,使之建立联系	概括——得出结论、定义或法则	应用——运用得出的概念或法则解答课题或练习
凯洛夫五环教学模式	组织教学——激发学习动机	复习旧课——回顾旧知识	讲授新课——提出新目标	运用——在应用中掌握知识	巩固——以检查的方式
杜威五步教学模式	引起动机——利用已有经验和现成环境	师生讨论——确定设计的目的	行动计划——学生达到目的的计划	组织实施——学生自己组织实施计划	检验评价——学生对实施结果的检验评价
布鲁姆"掌握学习"教学模式	学生定向——告知学生学习目标(认知、情感、动作)	常规授课——采用全体教学法,给予相同时间	揭示差错——进行单元形成性测验	反馈矫正——通过的学生自由上升,未通过的用矫正手段完成单元学习	总结评价(或再次评价)——竭力使大部分学生完成单元学习
布鲁纳"发现学习"教学模式	创设情境——使学生在这种情境中产生矛盾	提出问题——提出要求解决或必须解决的问题	做出假设——利用教师所提供的某些材料、所提出的问题进行	验证假设——从理论上或实践上进行检验	解决问题——在仔细评价的基础上得出结论,鼓励学生反思问题解决的过程

145

(续表)

名称	教学过程				
奥苏泊尔"有意义学习"教学模式	预备性材料	设想学习进程	呈现预备性材料和新材料	发现抽取新信息	活动强化

综上可见,无论是经典学习过程模式,还是基于此而诞生的教学过程模式,大都由以下方面组成:第一,创设情境,引起学生的学习兴趣;第二,提出问题,分析问题的意义和重难点;第三,提出方案,做出假设;第四,实施方案,证明假设,得出结论;第五,检验、评价学习结果,并应用。小学科学学科教学过程既有上述教学过程的共性,也有着自身的特殊性,借鉴这一基础的教学流程,目前主要使用探究发现型过程模式,展开组织学生观察、思考、探究原因、寻找规律等小学科学教学,力图表现某一自然现象与事件,探究其结构或发生的根源等。

小学科学教学过程的设计一定要坚持以学生为根本,以活动为载体,以探究为核心,注重课堂的开放性,为学生、教材和教师之间创造一条有机的纽带,让学生在平等、自由、互助的和谐环境下亲身经历学科学、做科学、用科学的过程,争取每一个教学环节都体现出以学生科学素养为目的的教学理念。根据上述流程图,以"日食"一课为个案,小学科学的教学过程基本如表8-2所示:

表8-2 "日食"一课基本教学流程表

活动流程	教师引导活动	学生主体活动	设计目标
一、创设情境,进行导入	向学生讲述古代民间"天狗吃太阳"故事	聆听,思考,产生疑问	引起学生研究日食、月食的兴趣
二、发现问题,提出新问题	1. 大家观察过日食吗? 2. 通过观察你发现了什么? 3. 是什么挡住了太阳呢?(用电脑演示日食现象,使学生初步了解日食的全过程)	小组讨论,提出各种回答(云、树、飞机、太空船、人造卫星、水星等)	分析实验现象是学生科学探究的归宿
三、进行假设,探究设计	你认为是什么挡住了太阳?你是根据什么来判断的?(在学生推断出来后或者学生无法推断的时候引导学生逐步推断,以降低难度)	分小组进行模拟实验并记录:一生用手电筒代表太阳,一生手持乒乓球代表地球,一生手持玻璃球当月球自西向东运动,从中找到在什么情况下看不见太阳	引导学生自己设计实验,培养学生自行探究的能力
四、证明假设,得出结论	大家的猜想是否正确,我们一起来看一下大屏幕(电脑演示日食成因;并播放视频)	汇报实验情况,并在教师的视频指导下直观、具体地了解日食的成因	学生通过实验从问题中来到问题中去,通过自己的推想、验证,形成发散思维,进一步激发研究兴趣

(续表)

活动流程	教师引导活动	学生主体活动	设计目标
五、检验、评价学习结果，并应用	介绍日食的种类，以及准确发生的时间和地区	通过互联网查找近年来世界各地所发生的日食的图片或文字资料，并进行剪贴、编辑和分享	拓展学生的知识面，增加学生的见识

由此可见，在小学科学教学过程设计环节中，导入环节、提问环节、假设环节、探究环节和总结环节五部分最为重要，环环相扣，相辅相成，共同促进小学科学教育过程的顺利进行。

第二节　小学科学教学过程设计策略

情境导入

"猫和兔"教学过程设计①

一、导入新课

师：今天，老师带来了两个谜语，同学们想不想猜一下？

胡子不多两边翘，开口总说"喵喵喵"，黑夜巡逻眼似灯，厨房粮库它放哨。长耳红眼睛，走路跳又蹦。赛跑太骄傲，乌龟把它赢。

（揭示谜底；板书课题：猫和兔。）

【设计意图】以谜语导课，激发学生探究的兴趣。

二、讲授新课

活动一：对猫和兔的初步探究

（1）对猫和兔的认识

师：课前，老师已经布置同学们观察了猫和兔，现在请同学们和老师交流一下自己对猫和兔的认识。

（组织学生交流课前收集的各种资料，如图片、文字等，利用实物展台展示学生课前收集的资料。）

【设计意图】通过此环节了解学生的已有知识，不仅便于开展后面的教学活动，还能让学生在交流中互相学习，开阔视野。以此让学生体会到，只有课前进行充分的准备，才有课上充分的交流和探究。

（2）观察猫和兔，把观察结果记录下来

师：老师也收集了一些猫和兔的资料，同学们想不想了解一下呢？（出示文章《哺乳动

---

① 　教育部教育管理信息中心组.全国优秀学科教案评析(小学科学)[M].重庆：西南师范大学出版社,2016:64-66.

物家族中的猫和兔》，引导学生根据前面学习的昆虫、鸟的特征进行思考。）

（播放视频《猫和兔的生活片段》，学生分组观察研究，完成观察记录表。）

（课件出示猫和兔的共同特征。）

活动二：观察动物

（课件出示多种哺乳动物的图片。）

师：现在请同学们来观察这些动物，认识它们吗？谁能说出它们的名字？这些动物和猫、兔有没有相同的地方？

（比较它们与猫和兔的相同点，归纳概括哺乳动物的特征。像猫、兔、虎这样身体表面有毛、胎生、能通过乳腺分泌乳汁哺乳幼体的动物一般都是哺乳动物。）

师：咱们常见的哺乳动物有哪些？（引导学生进一步联系实际，探究本地的哺乳动物。）

（学生自由发言。）

（教师出示常见的哺乳动物的动画素材，引导学生探究哺乳动物和鸟儿家族的区别，从而认识哺乳动物的优越性。）

师：老师这里还有一些动物的图片，请同学们看看这些动物属于哪一类？

（出示北极熊、斑鸠、抹香鲸的图片。）

【设计意图】进一步让学生认识哺乳动物，并认识到哺乳动物的多样性。

活动三：探究人是不是哺乳动物

（学生小组合作，畅所欲言，针对人是否是哺乳动物、人与哺乳动物有何区别，谈自己的认识。）

【设计意图】充分利用学生非常关心自我的特点和强烈的揭秘意识，增强学生的探究兴趣。

三、拓展活动

（介绍有关鸭嘴兽的知识，播放视频《动物乐园》。）

【设计意图】以此引导学生认识更多的动物，通过视频展示多种哺乳动物有趣的生活片段，使学生认识到哺乳动物分布广、种类多，与人类关系密切。

四、课堂小结

让学生用自己的话说说本节课的收获。

五、课后作业

课后通过互联网查找一些自己感兴趣的哺乳动物的资料，办一个图片展览。

一、导入环节的设计策略

良好的教学开头能积极调动学生的心理状态，点燃学生的思维火花，形成特定的定向情景导入。因此，教学过程的设计必须有导入环节，导入环节是课堂教学的起始环节，是教学过程中至关重要的部分。教学导入可以采用复习旧知、讲故事、猜谜语、做游戏、生活实例等方式，引导学生思考课堂将要学习的问题，起到引发学生注意、激发学习兴趣、产生学习动机与明确学习目标等的作用。小学科学课堂教学导入是指小学科学教师在教学活动开始之前，引导学生进入科学学习状态的行为方式，或者说是科学教师在进入新课题时建立问题情景的教学方式。① 小学科学教学导入需要遵循以下基本原则：

第一，目标性与整体性相统一原则。随着新课标的颁布，科学课的目的虽然不变，志于要培养学生的科学素养，具体内容却从之前的"三维目标"——科学知识、过程与方法、科学情感态度和价值观，演变为"四维目标"——科学知识、科学探究、科学态度、科学、技术、社会与环境。这就要求课堂教学的导入不仅要紧扣每节课的"四维目标"，打好课堂氛围基础，还要紧密围绕本节课的重点内容，为学生理解知识要点做好服务。导入的整体性意味着导入应与整节课的教学活动相匹配，应与其他环节形成有机的结合，能够为后续教学活动开展发挥引领作用。这就要求导入在实施中还要注意时效性和简洁性，比如，时间应控制在2~5分钟，内容不应过于繁琐等。

第二，科学性与趣味性相统一原则。导入的科学性指导入的设计应充分考虑课堂教学内容、班级学生心理特点及已有的知识经验水平，提高导入的针对性，切忌为导入而导入，信口开河，胡编乱造，分散学生的注意力。导入的趣味性指导入的设计要根据小学生的心理特点，设计生动有趣并能激起学生强烈求知欲，吸引学生注意力的内容。不仅要避免空设知识陷阱，千篇一律，平铺直叙，还要关注师生情感的时刻交融和互动。

导入方法的正确选择是小学科学课堂教学顺利开展的关键因素之一。基于上述基本原则和不同教学内容的相互调适，小学科学课堂教学导入主要有以下方法：

(一) 复习导入法

在小学科学课堂教学过程中，对于所有的新课而言，复习回顾上节课的重点内容，以此展开本节课的内容，是极为重要的环节和方法。不仅可以使学生顺利实现新旧知识之间的链接和迁移，而且可以激发学生的学习兴趣和自信心，促使学生在思维顺畅、活跃的情境下展开探索。教师事先需要准备好复习内容，在复习过程中要善于启发学生，问题难度适中，在复习结束后引导学生及时进行总结和发问，将新课的内容顺利引入。

(二) 实验导入法

对于强调学生科学素养，努力培养学生科学探究技能的小学教学过程而言，实验教学极为常见，而通过实验导入新课也是常用且重要的新课导入方法。实验导入法可分两种情况：一种是教师对一些操作较复杂、有一定危险的实验进行演示，让学生在感官刺激下进入问题；另一种是学生对操作简便易行的实验进行亲身体验，直接进行问题感知。

(三) 多媒体导入法

在小学科学实际教学中，多媒体技术有利于向学生展示不宜观察的实验现象或帮助学生理解教师的讲解②。由此，教师要注意将多媒体与其他教学方法结合使用。其中，最常见的就是视频导入法。它的优点在于，与语言导入相比较，最能激发学生的感官刺激。难点在于要求教师不仅要准确把握选材，还要具备一定的电脑操作等现代教育技术知识和技能。

---

① 蔡海军. 小学科学教学论(试用)[M]. 长沙:湖南科学技术出版社,2007:87.
② 艾秋实. 例谈小学科学教学导入原则与方法[J]. 教育现代化,2017(9):341.

(四)情境导入法

优点在于能够在创设的日常生活情景中进行潜移默化的引导,使学生不自觉的处于学习情境之中,将学习问题与自身经验紧密相连。主要有以下几种常见的导入方法:

第一,问题情境导入法。是指教师通过与学生的前概念相关联的有效问题,尤其是悬疑问题,来调动生活经验,集中思维运动,来明确学习任务和研究内容。问题情境既可以来自教师设计,也可以由学生自行生成。核心在于如何在强调问题创设系列性和逻辑性的同时,考量其对于普通学生的难易程度和范围适切性。

第二,事例情景导入法。指教师借用学生生活中常见或感兴趣的事例,如新闻、实物、模型、图片等,伴随与课程内容相关的问题,激发学生的向往之情进行导入。核心在于如何做到注意事例的真实性、时效性和趣味性。

第三,艺术情景导入法。是指教师针对自身对学生特点和教材内容的把握,运用音乐、美术、故事、谜语等文学作品,采用生动活泼的语言,巧布疑阵,击中学生的兴奋点而导入新课。核心在于如何做到声情并茂,截取合理,不把无关内容夹杂其中。

二、提问环节的设计策略

在小学科学课中,有效的课堂提问可以顺利启发学生的科学思维,对学生的探究活动起到辅助导向作用,会影响到学生能否顺利地完成探究任务,在探究过程中科学地建构概念以及科学素养的形成。然而,传统的科学教育过度知识化,造成科学教学过程的展开不以培养学生的问题意识为重点,学生学习科学知识过程的实施不以问题解决为纽带。目前小学科学课教学提问常态也反映出了很多问题,比如提问不系统,采用"挤牙膏式"一问一答的形式,缺乏环环相扣的逻辑系统,没有再现学生清晰的科学思考过程,失去了探究式教学的本质;提问不明确,许多问题没有围绕教学目标而展开,靠感觉提出问题,而不是备课时设计好的,致使效果大打折扣;提问词不准确,让学生模棱两可,难以回答,或答非所问;提问不系统,不给学生思考、交流的余地,没有间隔和停顿等一系列问题。

作为科学探究活动的设计者、组织者,教师所提的每一个问题都影响着学生对科学探究的把握程度。从探究问题的产生来看,儿童自发探究的问题往往直接来自身边生活与直接观察,问题由儿童提出。所以,教师指导下学生探究的问题则主要是与儿童生活、社会有关的学科中的问题。解决这一问题的关键还需要教师深入细致地理解教材,充分了解学生原有概念水平以及完备的探究进程预设,根据学生实际水平进行问题设计,进行有效的追问,保证学生探究的顺利进行。

(一)重视提问的预设性

问题可以来自学生、教师,也可以来自他人。无论问题来自何方,都必须与学生探究能力的水平相符。但鉴于学生的认知水平,教师在创设问题情景方面占据主要地位,教师一定要根据教学需要,从教材或生活中有目的地选择问题,并围绕问题预设一定的情景,从生活实践和观察中,通过思考来预先设计教学问题框架。这些问题依托于教学目标、教学内容和学生的认知实情,由一系列提问组成编排顺序、逻辑结构都极为紧密的概念讨论框架。第一,教师应该把相应的答案范围、问题难度和任务数量设计清晰,方便随时对应进行评价;第二,教师要及时把握提问的时机,当学生注意力不够集中,或者是思维出现偏差时,或者是产生心理倦怠时,都应该及时提问,以便学生振奋精神,排除阻碍,及时将注意力投入教学过程中;第三,教师要把握问题的趣味性、现实性和挑战性,让学生研究主题鲜明的,能在实际生活中找到原型的,挑战学生探究勇气的,最好能够通过搜集和整理数据进行分析的小问题,大大激发学生的好奇心和创造力。

(二) 注重提问的层次性

小学科学教学提问具备一定的层次性,是由学生学习新概念设计的探究主干问题和为了解决主干问题而提出的阶段性分问题组成。所谓主干问题就是依据教学内容、教学目标及学生原认知设定的探究过程始终而展开的问题主干,而分问题则是围绕探究过程中假设、方案、实验分析、结论等各个阶段而提出的问题分支。这就要求教师一方面能够根据探究进程,选择最佳时机提出主问题,清楚再现学生的思维过程;另一方面能够在对主干问题进行分解、解决的基础上,仔细分析各教学环节的分目标,由浅入深、由表及里设计并提出影响学生思维深度和广度、逐步掌握新概念的分问题,搭建逻辑严谨的问题框架。

(三) 提升提问的技巧性

提问是教师最常用的教学方法和教学组织手段,每个教师必须学会提问,正确掌握提问的方法和时机,也就是要掌握一定的技巧性。提升课堂教学提问的技巧,是指教师在教学中要善于运用语音、语速、语调的变化提醒学生对问题的关注,通过适时的重复、调整、停顿、搁置、分配等引发学生进行思考,留给学生思维的时间,以保证探究的顺利进行。[①]第一,要避免出现"问题主发言人"现象,尽量平均分配回答问题的机会;第二,要避免打击学生的自尊心,尽量采用先鼓励再纠正的方法,注意问话的语态,尽量做到和蔼可亲;第三,避免忽视学生的差异性,重点关注学困生的问答情况,尽量使学生能听懂教师的问题,明白教师的意思,提问语言注意要生活化;第四,避免出现认知混乱,注意提问语速,一些高阶思维的复杂提问,应该仔细、缓慢、清楚、具体地提出;第五,避免出现自问自答、学生群体回答的现象,采用有秩序的轮流问答方式;第六,避免忽视特殊群体,对那些注意力容易分散、胆小、不善表达的留有一定的表达机会;第七,问题要有价值,教师提出的问题应该具有针对性和启发性,能引发学生思考或者展开探究行动,把处理学生的问题变成激发学生继续学习和探究的方法。

(四) 重视提问的评价性

科学化地评价学生所提出或者回答的问题,是实现师生良好互动和交流的关键。面对教师的提问,学生的回答会出现程度差异,会出现完整性回答、不完整性回答和错误性回答,教师参与或组织的及时评价就显得极为关键。对于完整性回答,教师要及时表扬,还可以进一步提出更有挑战性的问题,从而激发学生的深入探究热情和思维。对于不完整性回答,教师要及时追问,促使学生进一步思考,查漏补缺直至对科学概念理解透彻。切记追问的核心在于教师真正关注学生的发展,敏锐捕捉生成信息,及时调整教学策略,

---

① 曾广华.教师教学基本能力解读与训练.小学科学[M].北京:北京理工大学出版社,2011:100.

及时点拨引导而不是硬性牵引。对于错误性回答,教师要及时指出并帮助其从根源上彻底纠正。

三、假设环节的设计策略

科学假设是根据已经有的科学事实和科学原理,对所研究的自然现象及其规律性提出的一种假定性的推测和说明,是自然科学理论思维的一种重要形式。① 一般分为描述性假设、解释性假设和预测性假设三类。描述性假设用于提供事物的某些外部关系和大致的数量关系的推测;解释性假设用于揭示事物的原因和影响以及内部联系;预测性假设用于推测事物的未来发展趋势。

科学假设是科学观察和实验的先导,是通向科学理论的必要桥梁,是激发创造性思维的媒介,不同假说的"争鸣"有利于科学的发展,有利于更全面、更深刻地揭示事物的本质。因此,在小学科学教学过程中亟须教师根据教材内容和教学需要,组织和引导学生采用类似科学研究和方法,对发现的问题从多角度、多层面进行思考分析并做出假设,帮助探究者确定路线,明确研究的内容、方向和范围。学生可以根据假设的内容,设计具体的探究方案来检验假设是否成立,也就是说具体探究方案的设计取决于探究者提出的假设。在进行假设环节的教学设计时,应注意以下问题:

(一) 假设要具备科学性

假设不"假",不是漫不经心的幻想和天马行空的空想,而是人们以自身所掌握的相关科学知识、科学规律、科学原理等为依据,以一定的相关事实材料为基础,对未知事实的规律性联系、存在原因或未来发展,按照科学逻辑的方法生成的"解释"或"解决"问题的设想、计划或方案。② 因此,假设绝对不能是人们主观认知对经验事实的简单堆砌,必须是由概念、判断、推理构成一个由具体到一般的推理逻辑体系。

(二) 假设要具备推测性

假设首先建立在联想的基础上,是一个运用已有经验专心思考与眼前事物之间的经验联系,并建立某种新旧事物关系的问题解决预设过程,它对事物的本质、内在联系和规律性产生了一种不一定准确的预见性判断。这种新旧经验的碰撞必然会产生某些冲突,在某种情境的作用下,会出现对同一现象及其规律做出两种或多种不同假设的可能。这就要求教学的情景是开放性的,需要充满新意、趣味和惊奇,让学生具有广阔的思维空间,能引起强烈的认知冲突,产生多个疑问。

(三) 假设存在双向可能

假设不是具有归纳性、可靠性、可验证性的真理性认识,任何一个假设都只是对各种科学现象、事件,乃至科学原理和科学规律等的相对猜测或者说是预测,都有待于进一步花费时间通过不断的探究去逐步检验甚至证实。因此,在我们对假设进行验证时,不管是出现了理想的结论,还是失败的结论,都不能对假设的真理性进行最终的预判,因为假设

---

① 李俊生.硝酸铵试剂极易结块的原因分析[J].化学教学,2007(11):17-18.
② 邬小鹏,李志刚.多维假设与求证的探究教学[M].济南:山东教育出版社,2007:129.

存在被验证或否定的双向可能。假设的验证一般都需要一分为二,在证实一部分内容的同时否定与之相对的另一部分内容,然后在对假设的原有内容进行部分修改后再进一步接受新的检验方是假设不断接近最终性、有效性结论的必经之路。

(四) 从猜想进入科学假设

猜想是假设的一种形式,它更接近于学生的生活实际和年龄特征,是实施科学探究活动的第一级台阶,是通向科学理论的必要环节。由于小学生在低年级时还不太理解"假设"二字的意义,教师可以用"猜想""猜一猜"等词语构成的常用语句来替代。没有问题,没有猜想,便不可能有科学探究,也就不可能有相关结论的诞生。猜想是科学探究的引擎,在这一步中,学生的假设无论看起来多么幼稚,教师也不要过多地进行干涉,只要以简单的提醒进行积极引导,让学生从偏离的轨道上转过来。这是因为只要学生动脑筋去想,有机会表达,他们的思维发展就会有所促进。

首先,科学猜想具有一定的情境性。教师要为学生打开猜想之窗,用真实的生活情境引发学生猜想,让他们感知到窗外精彩无限的美景,煽动猜想的翅膀。比如,在教学设计过程中设置有趣的具有激发性的问题情景,引导学生踊跃猜想,快乐猜想,深度猜想。其次,科学猜想坚持主体性,召唤学生主体创造能力的复归,提倡学生自主建构。实施科学教学时,教师一定要创造赋予学生自主创设猜想的机会,给予他们发挥自我意识的空间和充分想象的时间,切忌随意扰乱学生的科学思维。再次,猜想具备一定的生活性。智慧猜想不能止步于课堂,而是要本着"从问题中来到问题中去"的宗旨延伸至课堂外,要充斥生活的每一个角落,将科学探究推向深入,获得更多的科学创新。

四、探究环节的设计策略

探究教学,简单来说是指主要运用探究方法进行的教学活动。探究环节的教学设计就是对一定教学环境、教学目标、教学材料和教学主体所支配下的探究活动所囊括的每个环节进行系统和逐个分析、设计的基础上进行合理规划。在探究环节中,学生通过积极主动的、具有建设性的参与探究活动,即"动手做科学"亲自得出结论,亲身经历并感知知识的获取程序,把科学知识与自身科学前概念、科学推理和实际生活思维、科学技能和日常生活难题结合起来,从而建构起对科学的鲜活新认识,最终形成善于发现生活中科学问题,寻找相关科学规律并解决实际问题的探究能力。

虽然,教育部 2017 年制订的《义务教育小学科学课程标准》强调:"不要把探究式学习作为唯一的科学学习方式""要多采用能激发学生兴趣、符合学生认知发展规律,以及能充分调动学生积极性的教学方法和教学策略,使学生愿意主动学习。戏剧表演、科学游戏、模型制作、现场考察、科学辩论会等,都是科学学习的有效方式"。但是,科学探究始终是最符合儿童天性的学习方式,是激发学生学习兴趣和思维能力的有效策略,是科学教学过程中绝对不可忽视的教学环节。在进行探究环节的教学设计时,应注意以下问题:

(一) 重视探究活动的过程性

探究式教学是一种典型的任务驱动型教学过程。与知识的获得这一目标相比较,探究式教学更强调知识、方法和技能如何获得的过程。学生必须学会主动捕捉自然反映在实际生活中、处处可见的事物现象，能够学会，并积极踊跃地参与到对科学数据等教学材料进行组织、分析、解释和总结的活动中去，使之真正接触科学事实、科学原理和科学定律在生活世界中的奇妙演化，进而学会发现问题、提出问题和解决问题，去主动寻求真理。迄今为止，科学探究的教学过程已经得到了很好的总结，比如《义务教育小学科学课程标准》就指出："科学探究包括提出问题、做出假设、制订与实施研究方案、收集和分析数据、得出结论、表达交流、反思评价等要素。"这些要素不仅都会囊括多个科学思维环节和方法，而且环环相扣，既是活动过程，又是思维链条。只有让学生按部就班、机会均等地对这些科学思维方法和技能进行充分练习，才能实现思维的有序化和逻辑化。通过这一过程，学生可以学会分析自己的思维规程和思考方法，提高自身发现问题、分析问题、解决问题和总结问题的能力。但是，切记要避免那些千篇一律、浮于表面的程式化科学探究假象。

在一个探究过程中，还会发生和发现许多新问题值得去探索，或者是还有一些相关问题并没有讨论彻底。通常来讲，探究活动是发现问题和解决问题两大过程的组合，前者多采用归纳法，后者则多运用演绎思维。一般而言，如果探究过程中需要学生解决的问题逻辑性较强，那么他们要处理的变量一般上就会相对少一些，容易一些。① 如果探究过程包括的因素相对比较多，学生需要处理的变量和进行的思维自然都比较高阶，这就意味着在较高年级的学生中进行较为合理。但更为常用的方法就是把二者结合起来，学习并实现从低阶思维向高阶思维的过度。上述所列教学过程只是一般情况，并不能概括所有的探究项目，教师应做到具体问题具体对待，切忌机械硬搬，千篇一律。

（二）处理好探究活动的合作性

教师指导不足会增加学生学习的难度，教师指导过多会削弱学生自主探究的能力。因此，教师需要在教学过程中寻找学生探究与教师指导之间的平衡点，以此成就高效课堂。

第一，学生和教师的合作关系。首先，为了保证探究的有序性，要将学生的自主学习和教师的指导相结合。科学课堂一定要建立公平、友爱、和睦的师生关系，教师要善于发现、接纳和支持学生的个性、兴趣和能力，要相信孩子对大自然与生俱来的探究欲望，要坚信每个学生都是天生的探索者和理论家。但是，学生自发进行的探究往往计划性、目的性和逻辑性不强，过于直观化和简单化。所以，教师的指导就极为必要。适时有效的指导不仅要求教师对学生在探究过程中出现的问题保持高度的敏感性，在必要时及时给予适当的指导，还要求教师的指导要富于启发性，最好是在教师的提示下学生自己发现问题所在并进一步进行解锁。

其次，为了保证探究的有效性，必须给予探究活动充分的实施时间。教师应该引导学生把科学探究由课内学习延伸到课外的日常生活中去，让学生在做中思考，然后在思考的基础上再去做，形成一个螺旋上升的思维发展过程。教师要特别注重引导学生直接参与探究过程，并通过他们的思考和回顾，从亲身经历中认识探究的特征，深入理解探究如何

---

① 胡凤华.在高中物理中进行探究教学的实验研究[M].北京:北京师范大学,2006:88.

促进科学发展等一系列与科学本质有关的问题。

第二，学生小组合作的关系。在探究教学中，常常需要学生自行或者在教师的指导下分组制定工作计划，进行实验、调查和总结，需要学生们合作、交流和各种协调一致的尝试。这是因为小组合作学习可以有效促使学生看到相同问题的不同侧面，在反思自身观点，进行自我评价的同时，增强集体精神、合作意识和规则意识，提升学习效率，促进科学能力的培养。因此，要鼓励学生全员参加，每个人都应该深入思考，然后在小组内进行交流，避免出现"看客"学生。教师在组织教学时，应该强调小组内成员既要独立又要分工合作，充分发挥每个人的才智，不让任何一个孩子掉队。

（三）密切探究与生活的联系

科学源于生活又应用于生活，只有与学生的生活密切联系、在实际生活中有应用价值的知识，学生才会感兴趣，才会主动探究。

第一，提供丰富的生活化探究材料。在科学探究活动中，教师要提供丰富且有结构的材料，这些材料必须是经过精心设计，有着丰富内在联系，蕴含相关性和规律的典型性教学材料组合。这些有结构的材料是为学生创设问题情景、激发学生探究欲望的物质基础。科学课要准备的材料是非常多的，其中有些材料还不能轻而易举准备到位，这就要求教师平时要做个有心人，随时准备从生活中进行一些材料的积累，比如一次性杯子、筷子、吸管、塑料袋、气球等，并尽可能发挥出各种材料的作用。

第二，设定与现实生活相关的探究内容。在探究内容的选择上，应注重联系现实生活，探究现实生活中的问题，结合学生的生活实际，学生自然乐于参加。科学探究内容的生活性由于建立在学生的认知基础上，自然而然就成为保证科学探究有效性的基础。相反，那些不切合学生身心发展规律，不结合学生活动实际的探究内容是无法真正让学生理解、产生兴趣并进一步提高科学素养的。

（四）保证探究实施的弹性

第一，要保证探究时间的充分。一定要避免为了保证课堂教学的完整性，教师将探究活动减缩化和形式化，在刚开始进入探究氛围时就为了整理材料紧急叫停。所以，在课堂中教师要控制讲解时间，减少不必要的尤其是过度的思想和行为支配，把课堂的支配权交给学生，给学生以充足的时间沉浸在科学世界中。同时，由于不同的探究项目每个实验小组所需要的时间并不相同，教师需要积极介入并进行引导，处理好小组时间的差异性问题，防止速度过快的小组在任务完成后注意力分散，削弱探究体验和结果。

第二，要鼓励学生形成自己的思维角度。教师在探究教学过程中要鼓励学生对研究对象进行多角度、多层面的探究，使学生可以举一反三地理解同学所获得的结果，并内化、建构自己的知识。简而言之，就是教师要鼓励学生进行个性化的、多角度的研究学习，不拘泥于教师和教材提供的研究方法和思维。教师在教学中应充分尊重学生的自主想象能力，营造丰富的想象空间，挖掘发展学生的想象力，刺激学生的思维由单一向多维、由低阶向高阶不断发展。学生的创造性和潜力都是无限的，当教师敢于放手时，教师会发现学生的科学思维和能力极富激发性。探究过程应多引导学生养成良好的科学态度，少干预他们互动，不强求他们获取很多的科学结论，给学生自由发挥的空间。如,教师在备好相关材料的基础上,可以鼓励学生带来自己感兴趣的物体,以此丰富材料层次性和结构性。

五、总结环节的设计策略

在小学科学教学过程中,知识、方法、技能和价值观的传授过程固然重要,根据学生自身特点和掌握情况及时进行的课堂总结,对学生的学习结果进行检验、评价和应用指导,也会起到画龙点睛的作用。与人文学科相比,小学科学具备一定的逻辑性和抽象性,要求小学生的科学思维从低阶逐步迈向高阶,形成缜密的逻辑思维能力。这更需要课堂总结来实现二次讲解,及时巩固所学知识和学习方法,进一步提升教学效果。

然而,在当下的小学科学课堂教学过程中,教学总结过于单一、固化和弱化。首先,一些教师的语言过于单一,总是采用约定俗成的总结用语,难以激起学生的思考,对知识点进行回顾和总结。其次,一些教师长期陷入"导入—探究—总结"的固定教学模式,不仅总是在课堂前后进行总结,而且总结较深且主导化,忽视课堂中间的小结和学生的总结作用,导致学生思维的固化,学习兴趣和学习热情的下降。再次,很多教师没有对课堂总结形成足够的重视,遑论小学科学课堂总结的评价和应用作用。总体而言,小学科学教学的课堂总结大概有以下几种:

(一)复述性总结

复述性总结最为常用,也最为简单,即在课堂开始前和结束时由教师提问所学的科学概念、原理等知识点,要求学生回答,或者直接由教师复述呈现内容框架,方便对学生所学进行查漏补缺、记忆巩固和前后链接。

(二)启发性总结

所谓启发性总结,即在课堂教学结束时,教师围绕课堂讲授的知识点,通过一些启发性问题引申教授内容,进一步引导学生思考和推演,强化学生对所学知识的理解,考查学生运用知识、灵活解决问题和探索的能力,以激发学生的求知欲望,拓宽学生认知的视野。

(三)趣味性总结

一方面小学生注意力有限,另一方面小学生对游戏十分感兴趣。因此,那些普通的问答总结或者简单的概括性总结难以缓解学生整节课后的思想疲劳。引入儿歌、顺口溜等一些小游戏和趣味性问题参与到课堂总结,可以促使学生继续保持对学习的兴趣,提高参与度和思维活动,激发其科学素养构建的主动性。

例如,在"地球的大气层"①这一课中,教师要求学生:"假如你是'大气层',根据这节课的学习,你会怎样向别人介绍自己?"一个十分简单的趣味性总结,不仅提升了学生的学习兴趣,巩固了所学知识,而且以极强的代入感培养了学生的归纳、总结能力及语言表达能力。

---

① 教育部教育管理信息中心组. 全国优秀学科教案评析(小学科学)[M]. 重庆:西南师范大学出版社,2016:121.

(四) 悬念性总结

悬念性总结与启发性总结相比要求更高的设计技巧,要求教师结合教学内容提出一些富有启发性、趣味性的问题,一方面总结本节课所学,另一方面巧妙引出下节课或者课后需要学生学习的知识,在教学重点和难点上步步设疑。关键在于做好整合和梳理,问题要高效灵活,并且不做解答,以造成悬念,激发学生的自主探索。比如,在"运动与摩擦力"一课中,教师先提问:"请你说一说,物体在运动中所受的摩擦力的大小跟哪些因素有关?"在学生自由发言之后,迅速进行了悬念性总结:"我们发现摩擦力的大小除了跟物体的重量、接触面的光滑程度有关外,还跟物体的运动方式有关。那么,摩擦力的大小跟物体的运动方式又有怎样的关系呢?我们下节课继续研究。"①

(五) 串联性总结

学习科学需要关联多种学科的科学知识,教师要注意引导学生展开串联思考,整合学生科学认知。教师利用课堂小结展开串联思考,需要给出一些针对性提示,引导学生顺利进入更广泛的思考境界,促使学生学会整理知识和优化思想,从而全面塑造学生的学科核心素养。

当然,课堂总结方法是多种多样的,不管采取哪种方法,还是多种方法,必须注意使课堂总结与教学内容融为一体,才能给学生留下能激发兴趣的悬念,使课的开始引人入胜,结尾扣人心弦,整个教学过程协调完美。例如,在"地球内部运动引起的地形变化"一课中②,教师先进行引导:"愉快的 40 分钟就要过去了,给大家 30 秒的时间,闭上眼睛想想这节课我们学习了哪些知识?你有什么收获?通过学习你又有什么样的想法或问题?"要求学生自由回答,教师随机评价:"同学们有这么多奇妙的想法和问题,课下可以带着你们的奇思妙想继续研究,相信你们会有更多、更有价值的发现。"

随后,教师进行补充,使用典型的复述性总结:"地球上海陆的形成和分布,陆地上大规模的山系、高原和平原的地貌格局,都是地球内部运动引起地壳运动的结果。地壳运动能使地表形态不断发生变化,有的如火山喷发、地震一样猛烈而迅速,有的如喜马拉雅山年复一年的隆起般缓慢,令人难以察觉,而更多时候它的运动是缓慢的。"

最后,为了拓展提升,教师进行启发性总结:"学习本节内容后,你能解释四川汶川为什么会发生大地震吗?"(四川省汶川县处于我国一个大地震带——南北地震带上,此次地震是印度洋板块向亚欧板块俯冲,造成青藏高原快速隆升引起的)。

---

① 教育部教育管理信息中心.全国优秀学科教案评析(小学科学)[M].重庆:西南师范大学出版社,2016:103.

② 教育部教育管理信息中心.全国优秀学科教案评析(小学科学)[M].重庆:西南师范大学出版社,2016:50.

第三节 小学科学教学过程设计实训

一、实训目标

在充分理解和掌握小学科学教学过程含义、基本原则和结构的基础上,熟练应用小学科学教学过程中导入、提问、假设、探究和总结的设计策略,为小学科学教学设计具体的教学过程。

二、实训内容

(一) 试为《电磁铁》一课设计导入环节①

《电磁铁》是教育科学出版社出版的小学《科学》六年级上册第三单元能量的第二课。例如,复习式导入:

1. 出示条形磁铁图,回忆一下三年级学过的磁铁,磁铁有哪些性质?

【总结和提示:① 有磁性,能吸铁;② 有两极,南极和北极;③ 同极相斥、异极相吸;④ 能指南北方向】

【评价:看来,同学们记得很清晰】

2. 演示磁铁吸引回形针;出示铁钉,能吸引回形针吗?演示。

师:老师现在能让这枚铁钉也像磁铁一样能吸引回形针,看仔细!

【提示:钉尖、钉帽】

演示:做电磁铁,吸引回形针

3. 揭题:像这个装置,由里面的铁芯和外面的线圈组成,通电后能产生磁性的装置,我们把它叫作电磁铁。(板书课题)

4. 对比以前学过的磁铁,你觉得我们今天的电磁铁可以研究些什么?(电磁铁有没有南北极?电磁铁能不能指南北?电磁铁是不是同极相斥、异极相吸?……)

5. 聚焦研究主题:电磁铁和磁铁有什么相同的地方,有什么不同的地方?

(二) 试为《昼夜交替现象》一课设计假设环节②

《昼夜交替现象》是教育科学出版社出版的小学《科学》五年级下册《地球的运动》单元第一课。例如:

引导学生思考,明确昼夜为什么会有交替?这种现象的产生与什么有关?等学生回答出太阳和地球后,积极鼓励学生进行假设,并进行总结:① 地球不动,太阳围着地球转。② 太阳不动,地球自转。③ 地球不动,太阳自转并围着地球转。④ 太阳不动,地球自转并围着太阳转。⑤ 地球、太阳都在自转。⑥ 太阳不动,地球围着太阳转。⑦ 地球、太阳自转,地球同时围着太阳公转。(随后,组织交流模型的建构,为接下来模拟实验的方法规

---

① 叶军.从实践走向研究——基于课堂的小学科学教学思考[M].上海:上海交通大学出版社,2018:167.

② 朱家礼.小学科学课堂学习与课例研究[M].合肥:安徽大学出版社,2017:201.

则做好铺垫。）

（三）试为《花、果实和种子》一课进行活动设计①

《花、果实和种子》是教育科学出版社出版的小学《科学》四年级下册第二单元第三课。例如：

1. 观察对象——这种花的雌蕊、雄蕊。这是教材规定的观察内容。
2. 设定观察目标——知道花蕊的构造。使用感官和放大镜，发现花蕊的特征。会比较不同花蕊的异同。体验探究带来的乐趣。
3. 资源准备——不少于三种完全花、放大镜、棉签、白纸、记录笔等。
4. 过程设计——导入——观察实践——信息收集与整理。
5. 成果展示——展示、交流与评价。

（四）试为《物体在水中是沉还是浮》一课设计总结环节②

《物体在水中是沉还是浮》是教育科学出版社出版的小学《科学》五年级下册第一单元的第一课。例如：

师：今天我们发现了把物体放到水里，有的会沉下去，有的会浮上来。你们还看见过哪些物体是浮在水上，哪些物体是沉在水里的呢？把你知道的告诉大家。如果教室里有这些东西，可以去拿来试试。（轮船、鸭子等是浮的，石头等是沉的等。）

【意图解析】通过合作探究，学生知道了沉和浮，对沉和浮有了一个判断的标准，即浸没在水里表示为沉，漂在水面表示为浮。此环节主要把自己获得的经验与大家分享、交流。

三、实训拓展

（一）试为《声音是怎样产生的》一课设计教学过程。
（二）试为《测量呼吸和心跳》一课设计教学过程。

本章小结

本章围绕小学科学教学过程的分析与设计展开讨论。首先，阐明了小学科学教学过程的概念内涵、基本原则和结构；其次，针对不同阶段的小学科学教学过程的设计策略进行逐步分析和突破；最后，分别从导入、假设、探究和总结等环节进行了实训。

思考训练

1. 简答小学科学教学过程的含义。
2. 解释小学科学教学过程的基本原则与结构。
3. 说明小学科学教学过程中不同环节的设计策略。
4. 结合实际案例撰写一节小学科学内容的教学过程。

---

① 朱家礼. 小学科学课堂学习与课例研究[M]. 合肥：安徽大学出版社，2017：45.
② 曾宝俊，夏敏. 小学科学教材教法与教学设计[M]. 福州：福建教育出版社，2018：81.

第九章
小学科学教学活动设计

本章概要

在科学学习活动中,学生将通过观察、实验、调查等方法获得大量直接认识经验,通过阅读、收集资料获得丰富的间接认识经验,通过分析整理信息、假设、寻找解释和推理获得由直接认识转化为间接认识的经验,通过合作、发表、讨论、辩论获得与他人交往的经验。学生在这种认识与实践相互转化的经历中,从自己的经验走向科学,不同的科学探究过程形成了不同的科学活动形式。本章着重探讨小学科学教学活动设计的含义、类型与策略等问题。

学习目标

通过本章学习,学生能够
- 说出小学科学教学活动的概念。
- 解释小学科学教学活动的意义。
- 结合小学科学具体内容进行教学活动设计。

内容结构

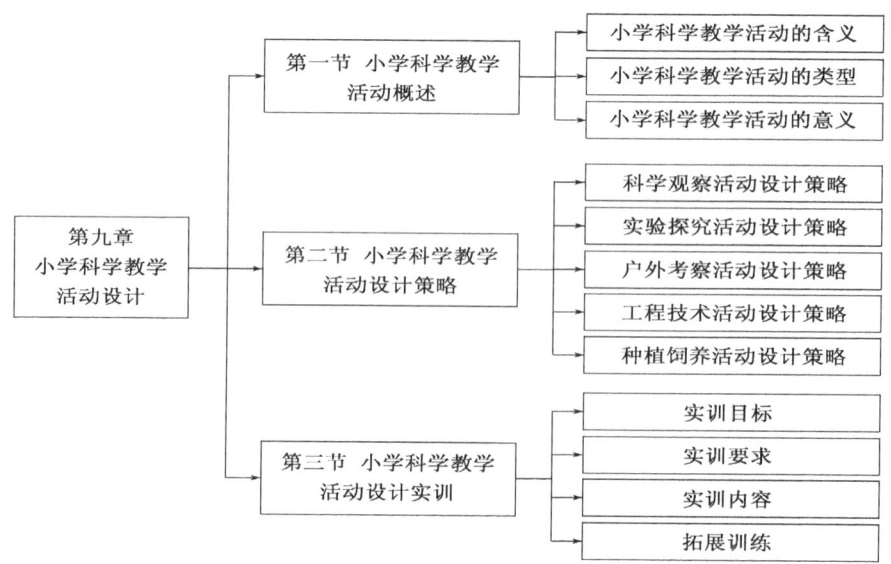

第一节 小学科学教学活动概述

情境导入

水如何变成水蒸气

课堂上,W老师用蘸过水的粉笔在黑板上写出一个"水"字,一会儿字迹就消失了。

W老师:是什么使字消失了呢?

L同学:水被黑板吸干了。

K同学:水变成水蒸气蒸发掉了。

W老师:你们是怎么知道原因的呢?

L同学:猜的。

K同学:我也是猜的。

W老师:回答问题,仅靠猜测是不行的,下面我们通过一个活动了解一下。

W老师向学生展示了实验仪器:酒精灯、试管夹和试管等。接下来,W老师分别通过蒸发实验和沸腾实验,引导学生分组观察实验过程,并让学生认真记录观察结果。实验结束后,W老师让大家就各自观察的实验结果进行交流讨论,得出相关结论。最后,W老师对实验活动进行了概括总结。

一、小学科学教学活动的含义

(一)教学活动

教学活动通常指的是以教学班为单位的课堂教学活动。它是学校教学工作的基本形式。教学活动是一个完整的教学系统,它是由一个个相互联系、前后衔接的环节构成的。

(二)小学科学教学活动

《义务教育小学科学课程标准》指出:科学课程在培养小学生科学素养的时候,重点不在于科学知识的传授,而在于通过引导学生亲身经历科学探究的过程,激发对科学的兴趣,形成科学的态度和科学探究的能力……以学生参与丰富多彩的活动为主要教学形式,这些教学活动应当是学生熟悉的、能直接引起他们学习兴趣的、精心选择和设计的、具有典型科学教育意义的。

在小学科学教学活动中,学生将通过观察、实验、考察、种植饲养等教学活动获得大量的直接认识经验,通过讨论、阅读等教学活动获得由直接认识转化为间接认识的经验,通过合作、发表、讨论、辩论等获得与他人交往的经验。

二、小学科学教学活动的类型

教学活动是学生在科学课程学习过程中必须亲身经历的学习过程,从科学课程的特

点来看,教学活动的类型比较丰富,不同的视角有不同的活动分类方法,如按照教学活动参与对象的多少,可分为个人活动与小组活动;按活动要求可以分为专项体验活动与综合体验活动,如观察、讨论、游戏、实验、设计、制作、评价等就是专项过程性体验活动,"探究影响摩擦力大小的因素"就是一个包含观察、设计、实验等过程体验的综合体验活动。总体说来,标准不同,教学活动类型的分类就会不同。在小学科学教学中,教学活动的分类并非只是单一维度,而是多种多样。每一堂课、每一个活动都是如此。例如小组活动不仅可以开展单项体验活动,也可以开展综合体验活动。游戏活动不仅可以是单人游戏,也可以是小组游戏。

本书所指的科学教学活动是指观察、讨论、实验、制作、评价等专项体验活动,以及包含上述专项活动的综合体验活动。小学科学教学过程一般由三至四个教学活动构成,其中可能全部由综合体验活动构成,也可能由单项体验活动和综合体验活动组合而成。

(一)科学观察活动

《辞海》中,观察被定义为"有计划、有目的地使用感官来考察现象的方法"。观察在心理学上认为是一种有目的、有计划、比较持久的知觉活动。栗玉广(1986)认为"有效的观察需要有明确而具体的观察目的,以及关于所观察对象的一定预备知识,对于客观事物的分析和综合能力、记录和整理材料的具体方法等"。有人认为观察是人们通过感官感受研究对象所提供信息的过程,是获取感性材料的一种方法;张莉(2006)在其《儿童发展心理学》中强调观察不仅有知觉,而且有注意、想象、记忆、思维的成分,所以观察是思维的知觉;卫洪清(2000)重点指出科学观察过程包含积极的思维活动、稳定的有意注意,并借助过去经验来组织知觉,是一种系统的、比较持久的知觉。①

总的来说,观察是最基本、最重要的科学探究技能之一,是一切科学研究的基础。观察是对外界事物有目的、有计划、有组织的知觉过程,在此过程中包含着积极的思维和对观察的结果进行记忆或记录。小学科学课中的"观察"是指学生"运用感觉器官去感知事物的性状特征"的活动过程。②

科学观察是指在一定的科学知识背景下,为发现问题或解决问题所进行的一种有目的、有计划、系统地运用感官对自然现象、物体特征及动植物生长及其他习性等进行系统观察,以活动知识、经验并配以观察、分析、比较和概括能力的教学活动,这种教学活动具有形象的特点,这种活动也常常与积极的思维相结合。其中包括三个要点:科学观察是在科学知识背景中发生的;科学观察必须有计划、有目的;思维在科学观察中起着重要作用。

(二)实验探究活动

在古代社会,实验就已在人们探索自然界奥秘的过程中逐步酝酿产生。但是那时的实验还只是以原始朴素形式出现,还没有成为一种独立的社会实践活动形式。严格意义上的科学实验是从近代开始的,之所以在近代出现,根本原因在于工业生产在这时得到了长足的发展。这种情况恩格斯说:"从十字军远征以来,工业有了巨大的发展,并产生了很

---

① 谭帮换.小学生科学观察能力培养策略研究[D].重庆:西南大学,2011:12.
② 曾宝俊.科学教师入门十课[M].北京:化学工业出版社,2019:66.

多力学上的(纺织、钟表制造、磨坊)、化学上的(染色、冶金、酿酒)以及物理学上的(眼镜)新事实,这些事实不但提供了大量可供观察的材料,而且自身也提供了和以往完全不同的实验手段,并使新的工具的制造成为可能。可以说,真正有系统的实验科学,这时候才第一次成为可能。"实验方法的运用成为近代自然科学的主要特点。

从近代到现代,科学实验经历了很大发展,科学实验的社会性也逐步提高。到了1940年以后,科学实验的规模愈来愈大。科学实验再也不是科学家个人的事业,而成为整个社会事业的一个有机部分。

《中国大百科全书·哲学》中对于科学实验的定义为:人们为实现预定目的,在人工控制条件下研究客体的一种科学方法。它是人类获得知识、检验知识的一种实践形式。它主要包括了三个要素:作为认识主体的实验者、作为认识客体的实验对象、作为主客体中介的实验物质手段。

小学科学实验与科学实验的定义又有所不同,它是指在教师的指导下,学生运用其感官、仪器,有目的地认识在人为控制条件下的事物和规律的一种课堂教学。它需要教师的引导,需要学生的配合,更需要师生的合作,只有师生共同参与到实验中,才能取得更好的效果。①

在小学科学教学中,教师通过各种有趣的实验,指导学生学习探究方法,培养科学探究能力,激发学生爱科学、学科学的浓厚兴趣,提高学生的科学素养。科学课的大部分知识要求学生动手做实验去发现、理解、运用。

(三)户外考察活动

小学科学中有很多知识和内容单纯靠在教室里的说教是很难达到预期效果的。改变传统的以教师为主要环节的课堂教学模式,就是要让丰富多彩的实践活动融入课程中去,这样才能让小学生看到的现象更加真实直观。户外考察作为科学活动的一种独特形式,受到孩子们的喜爱,对他们来说更是一种享受。科学课的"户外活动"主要指户外教学,这些户外活动是为教学服务的。自然学科的户外教学活动以生物、生态、地质、景观、天文等内容的观察为主。户外教学的场所小到教室外面的走廊、校园、社区,大到参观植物园、动物园、博物馆乃至远足、旅行到其他的地方。教学时间可长可短,根据户外活动的项目内容安排一节课、两节课、半天甚至更长。② 为了更加有效地实施户外教学,通常会有活动前的启发指导和活动后的总结梳理。因此,在某些科学课户外教学项目设计时,可以与综合实践活动课程或校本课程结合。

(四)工程技术活动

在小学阶段,以技术与设计为主线的科学活动,是需要有一定的科学概念引领的,并在此过程进一步发展科学概念,它是深化理解科学原理或概念,培养学生创新精神和实践能力的有效途径。

(五)种植饲养活动

课外种植、饲养活动对学生的各个方面的成长都有很大的促进作用,能激发学生对科

---

① 曾宝俊.科学教师入门十课[M].北京:化学工业出版社,2019:66.
② 曾宝俊.科学教师入门十课[M].北京:化学工业出版社,2019:120.

学的学习兴趣,提高学生的科学素养,激发学生对生命的热爱,培养学生的观察能力,提高学生撰写观察日记的能力。《义务教育小学科学课程标准》提出要让学生接触生动活泼的生命世界,去田野树林、山川湖泊,看花草树木、虫鱼鸟兽,感受生命的丰富多彩、引人入胜。他们会发现每一片树叶都不同,每一朵花儿都绚丽,从而激发热爱生命的情感和探索生命世界的兴趣。

(六)科学游戏活动

科学游戏活动就是教师根据学生的年龄特征以及教育目标要求,把游戏活动和教学活动进行融合,设计出适合学生特点的一种妙趣横生的游戏活动①。科学游戏活动在日常的教学活动中具有其他教学活动不可替代的作用,在科学游戏活动中,教师并不是单纯让学生按照游戏的规则要求去完成具体的任务,而是通过科学游戏活动,有效地实现科学课的教学目标,培养学生的自主性和创造性,增强学生主动探究学习的动力。

三、小学科学教学活动的意义

(一)科学观察活动的意义

小学科学观察活动是对科学家的科学观察实践活动的模拟,是小学生未来从事真正科学研究活动的预热和准备,也是小学生认识周围五光十色世界的途径之一。他们借助观察走进世界、深入世界,让自己的内心世界和自然世界联结在一起,从而打通内外联系的壁垒,获得对世界的理解。

1. 更加全面地认识科学现象

科学观察活动是通过观察者的观察,对一个事物的诸多方面进行整体的认识,要动用观察者的诸多观察视角。小学生通过科学观察活动不仅仅只是看到事物的部分特征以及事物的静态现象,也可以让其观察到全部特征以及动态现象。

2. 更加耐心地进行科学观察

在科学课中,有很多观察活动不仅不是短时间内能观察到,而且也不是在课内就能完成的,而是需要在课余时间有耐心地持久地观察,才可能获得较多的观察认知。比如对月相的观察,是需要持久地进行一个月不间断的观察,才能绘画出月相的完整变化图;还有植物的生长变化,也是需要长时间的观察才能对其生长变化过程有更加全面的了解与认识。

3. 更加客观地判断科学现象

"求实、客观"是科学观察活动的基本要求,也是科学精神的精髓所在,也是科学学习活动的大前提,任何时候,任何活动都不能偏离"客观"二字,小学生通过大量的科学观察活动可以更好地厘清观察活动和想象活动,打破先入为主的认识局面。

4. 更加深刻地总结科学结论

儿童主要依靠自己的感官,如眼睛、耳朵、鼻子、皮肤、舌头等来认识周围的世界,睁开眼睛就能感受到自然界的绿色,对此早已习惯,对这些现象并不会进行深入观察和思考,

---

① 曾宝俊.小学科学教师入门十课[M].北京:化学工业出版社,2019:323.

但是通过小学科学观察活动以后,他们对熟悉事物会进行有意识的观察,不仅仅观察那些显而易见的表象,更会通过严谨、深刻的思考得出科学结论。

(二) 实验探究活动的意义

1. 实验探究具有真实性,增进科学知识的理解

真正的理解建立在学习者对自我、对知识的建构上,学习是认识主体在已有知识经验的基础上通过互动,主动建构起来的。"听,会记住;看,能记住;做才能理解"。第一手的真实实验数据将会成为最有利的证据,帮助学生理解掌握真正的科学概念。①

2. 实验探究具有实践性,促进探究技能的形成

大部分科学家和科学教师认为科学教育的核心就是亲自动手做实验,亲身体验。学生通过亲身实验,能够体验科学探究的乐趣,解决问题,是课堂上最大的成功和收获。通过科学实验,学生可以利用各种实验手段,对研究对象进行各种人工控制,就能发现研究对象在自然状态下难以被观察到的特性。在整个实验过程中,学生经历了预测、实验、分析等一系列过程,也就是经历了十分典型的科学探究过程,有助于学生形成科学的研究思想和方法。

3. 实验探究具有可重复性,促进科学态度的养成

科学实验具有可重复的性质。在自然条件下发生的现象,往往是一去不复返,因此是无法进行反复观察的。而在小学科学教学实验中,教师可以通过一定的实验手段使得被观察现象重复出现,这样既有利于进行长期的观察,也有利于进行比较观察,并且有利于对以往的实验结果进行核对。学生通过反复实验后,他们质疑、严谨、求真精神、独立思考、细致的科学态度也会慢慢培养起来。②

4. 实验探究具有可持续性,促进科学素养的提升

小学科学很多时候的实验会因课堂时间的限制而告一段落,但实验的开展并不局限于一节课。其实课堂实验的结束可以看成是课外实验的开始,教师可以通过课外延伸实验引领学生持续探究、深入发现,在长期的坚持中,培养学生的科学品质、科学精神,促使学生科学素养的进一步提升。

(三) 户外考察活动的意义

户外教学可以增加儿童的生活常识,拓展儿童的生活领域,增长儿童的生活见闻等,虽然户外教学在室外进行,活动空间比较大,组织难度较大,还存在着一定的安全隐患,但是在小学科学教学中仍然要进行户外考察活动。

1. 户外考察活动能够提高学习科学的兴趣

现代教学反对填鸭式地塞给孩子既空洞又乏味的书面教条知识,提倡让孩子们走出课堂,亲近自然,用眼睛和心灵去感受大自然的魅力,让孩子们找到真正的快乐和兴趣,主动去探索、去创造。

2. 户外考察活动可以让学生直接接触大自然

人类认识世界的最初方式就是观察自然,直接接触自然,和自然对话,从整个自然中

---

① 曾宝俊.科学教师入门十课[M].北京:化学工业出版社,2019:66.
② 曾宝俊.科学教师入门十课[M].北京:化学工业出版社,2019:67.

获得需要的信息。户外考察可以让孩子们回归到人类最初、最直接的认识世界的方式，了解他们的生活环境，让书本知识和社会实践紧密结合①。户外考察可以让学生初步感受到科学家尤其是博物学家做研究的过程，培养学生的科学考察能力和探究能力，还可以培养学生实事求是的科学态度。

3. 户外考察活动可以作为课堂教学的补充

《义务教育小学科学课程标准》中提到"教室、实验室是科学学习的重要场所，但教室、实验室外还有更广阔的科学学习天地。校园、家庭、社区、公园、田野、科技馆、博物馆、青少年科普教育实践基地……到处都有科学学习资源，到处都可以作为科学学习的场所。不要把学生束缚在教室、实验室这些狭小的空间里，不要把上下课铃声作为教学的起点和终点。"户外教学是课本教学的有力延伸及必要补充。

（四）工程技术活动的意义

1. 技术体验可以让学生热爱探究

孩子们从出生就开始探索着周围的世界，由此也就开始了他们的科学探索历程。当孩子遇到难题时，会动脑去规划、设计和制作，这是最初的"技术与工程"。孩子从小就会利用一些简单的工具和材料进行设计、制造属于他们的"产品"，这其实就是孩子的技术体验活动。从心理学的角度来看，探究是一种思维状态，是一种在好奇心驱使下的心理活动，而技术体验活动有利于让学生发现问题、提出问题，从而产生探究的欲望。这种潜在的动机，会使学生的好奇心和探究行为不断地从已经获得的知识重新指向对新知识的探究，继而形成持续学习的动机。

2. 技术体验可以让学生在"做中学"

小学科学课程的技术与工程领域的学习可以促使学生综合运用各方面的知识，体验科学技术对个人生活及对社会发展的影响，并且可以使学生体会到"做"的成功和乐趣、养成通过"动手做"解决问题的习惯。技术与工程领域的内容偏重实践，提倡以"做中学"的方式实施课程教学，真正做到"动手"和"动脑"相结合，形成"动手做"解决问题的习惯②。

3. 技术体验可以提高学生解决问题的能力

小学生在经历简单易行的技术与工程实践活动后，可以在自己已有的认知和技能水平上，获得应用简单工具解决生活实际问题的能力。在制作产品和解决生活实际问题的过程中，学生会观察各种材料的性质，学会使用工具设计和制作东西，在此过程中，会和同伴交流想法，综合所学知识加以创造性运用。在设计、制作、打磨、修改、再完善等一系列过程中，学生的动手动脑能力和解决问题的能力都将得到锻炼和提升。

（五）种植饲养活动的意义

1. 激发学生的科学学习兴趣

当人对某种事物充满兴趣时，对与之有关的知识的接受往往迅速且深刻。小学生在面对纷繁复杂的科学世界时，会产生无限激情和兴趣。种植、饲养互动不局限在教室里，

---

① 曾宝俊.科学教师入门十课[M].北京:化学工业出版社,2019:121.
② 曾宝俊.科学教师入门十课[M].北京:化学工业出版社,2019:147.

选择的内容而又是学生们感兴趣的,他们可以亲身实践参与的,所以学生们对这样的活动热情会非常高,由此他们的科学兴趣也会被激发。

2. 培养学生的科学观察能力

科学观察是贯穿于整个科学研究过程中的。在种植、饲养过程中,学生在教师指导下能够学会如何选择观察对象,制订计划、观察方法,整理观察资料①。在这一系列过程中,学生经历了直接体验,对观察对象进行感性认识,形成了对自然事物进行科学观察的能力和习惯。比如在养蚕的活动中,如果没有系统全面的观察,就不会发现蚕一生中每个细微的变化,也不会对蚕的生命周期有深入的了解。通过贯穿于种植、饲养全过程的观察,可以使学生从漫无目的、零散的、杂乱无章的观察中逐渐养成有目的、全面的、细致的科学观察习惯,不仅可以使观察更为有效,也可以使科学探究更加准确,同时还可以提高他们的科学素养。

3. 激发学生对生命的热爱

学生在种植、饲养的过程中通过对生命的孕育、发展及其活动规律的观察,能够对认识生命、理解生命有深刻的认识。特别是在对小动物的饲养中,他们感知生命在大自然中生存的艰难,而生命对于每个生物个体而言只有一次,从而能够体会到生命的珍贵。这样他们以后就爱护小动物、保护珍稀动物,做到不随便采摘花朵、践踏草坪,养成善待周围环境中的自然事物、珍惜生命的习惯,建立人与自然和谐相处的理念,在生活中能更好地实现人的生存意义和价值,也能激发学生的生命活力,启发他们对人生价值的追求。

(六)科学游戏活动的意义

1. 丰富课堂教学方式,活跃课堂教学氛围

科学游戏活动与传统的讲授活动完全不同,学生成为课堂的主体,提升了学生的参与度,把课堂还给了学生,更加有效地活跃了科学课的课堂氛围,学生沉浸在科学游戏的海洋之中,学习科学也变得十分丰富有趣。

2. 促进学生思维发展,培养学生思维想象

科学游戏活动有利于促进学生的思维发展。科学游戏课中形式多样的活动可以更好地帮助学生理解某些难以理解的抽象科学知识,用直观形象促进抽象思维的发展,还可以帮助扩展兴趣范围②。科学游戏往往是开放的,没有固定的答案,这样多角度地拓展学生思维的发展,使学生在学会举一反三、触类旁通的同时,思维变得更加开阔。

3. 增强学生合作意识,深化学生探索过程

科学游戏活动可以为学生提供交流合作的机会,同时能有效促进学生之间的和谐相处。科学游戏活动可以以小组形式开展,学生需要按规则要求完成科学游戏活动,需要与同组同学进行分工合作,在活动中有质量的交流能促进游戏活动的完成。所以科学游戏活动能培养学生的合作意识,让学生学会与同伴交流、与人和谐相处与合作。科学游戏活动注重的是过程,而非结果。在游戏的过程中,游戏虽然是虚构的,但学生全身心的投入,有助于深化学生的探索过程,可以有效弥补其他教学方式此方面的不足。

---

① 曾宝俊.科学教师入门十课[M].北京:化学工业出版社,2019:250.
② 曾宝俊.科学教师入门十课[M].北京:化学工业出版社,2019:324.

第二节 小学科学教学活动设计策略

一次未成功的教学活动设计

为了达成教学目标:说出水结冰时的温度,解释水结冰过程中温度的变化。

L老师按照教材提示设计了如下教学活动:取一个普通玻璃杯(在杯的外面裹一块干毛巾),在杯内装满碎冰,在一个试管里加入少量的水,把试管插入碎冰中,然后开始用温度计观察水温的变化。

L老师以为按照教材的提示能够使插入碎冰的试管中的水结冰,可以观察到水结冰的过程及温度的变化情况,但是试管中的温度降到2摄氏度之后,就不再下降,怎么也等不到水变成冰,怎么办呢?眼看就要下课了,总不能让学生带着失望、带着错误的知识离开课堂吧,再重新设计实验也不可能了。L老师很无奈地告诉学生,按道理水在0摄氏度的时候开始结冰,今天的实验没有成功,请同学们下去想一想,为什么实验没有成功,下次重新设计一个实验继续观察。

同学们带着遗憾离开了课堂。

一、科学观察活动设计策略

科学始于观察,观察活动是小学科学教学中重要的探究活动之一。一般来说,观察活动指的是借助自己的感官或仪器,有目的、有计划地感知并描述客观对象的一种探究活动。在进行设计科学观察活动时,可以参考如下步骤进行。

(一)确定观察活动目标

活动目标是教学活动设计的依据,只有活动目标明确,观察活动的实施才能更加顺利。通过观察活动,最终达成的目标不仅要有知识技能的掌握、能力的提升、态度的形成,还要有高阶思维的发展。

(二)制定观察活动计划

科学观察活动最主要的特征是通过观察活动让学生获得一定的证据,而不是随机观察。这就要求观察者通过文字的形式制订具体的要求,促使整个观察活动围绕具体的目标有序进行,同时可以使观察活动的后续改进具有一定的框架。哪些观察活动需要强化、哪些观察活动需要保持、哪些观察项目需要改进等问题都与观察计划密不可分。[①]

(三)设计观察活动记录单

观察活动设计不仅要求学生记录观察到的现象,还要求记录对观察现象进行比较与

---

① 曾宝俊.科学教师入门十课[M].北京:化学工业出版社,2019:13.

分析的结论,引导学生对具体事物观察后自主进行比较、整合、总结等,从而提升思维的深度,促进学生主动思考与分析。观察记录单的设计一般包括两个部分:观察到的现象和观察后的思考。

(四)重视提供工具或借助仪器帮助观察

工具或仪器能延伸感官功能,使观察对象更清晰、观察结果更准确,从而为分析提供正确的信息和精确的数据。

设计观察活动时,应根据观察对象,尽可能提供观察工具或策略仪器帮助观察。小学阶段常用的观察工具有放大镜、显微镜、望远镜。例如:要观察昆虫,可以提供放大镜;要观察微生物,可以提供显微镜;要观察远的物体,可以提供望远镜。对于一些无法通过感官直接观察、感知的事物,教师可提供观测工具(如温度计、测力计、量筒、量杯等)或先进的、操作简单的仪器进行间接观察。例如:力的大小无法直接观察,可以利用测力计测量;靠听声音无法辨别不同材料的隔音效果,教师可以提供声音传感器,然后观察比较声音传感器测得的数据,这样获得的观察结果就更加可靠。

(五)创设多次观察、多方面观察的机会

多次观察、多方面观察能使观察更加细致全面。通过多次观察能使学生的观察由粗到细、由整体向局部逐步深入;通过多方面观察,能使学生对事物有更加全面的了解,从而为之后的分析提供充分的依据。

设计观察活动时,可根据观察对象的特点、不同年级学生的观察能力,创设多次观察或多方面观察的机会。例如"观察同一个人不同年龄的照片"活动,学生容易观察到的是身高、体形、头发等方面较明显的不同,对于眼睛、皮肤、手的不同则有所忽视,这时就可以设计多次观察的教学环节,引导学生逐步发现更细微的不同,为分析人的一生不同年龄阶段的变化收集更全面的证据。

(六)重视对观察现象的分析

重视对观察现象的分析能培养学生的分析思维能力。分析观察现象就是在整理、比较观察所获得的信息的基础上进行整合、连贯,发现事物之间、现象之间的关系,从而培养学生的分析思维能力。

教师应重视对观察现象分析环节的设计。组织学生交流观察现象后,应预留时间,引导学生对观察现象进行分析,分析的内容应根据教学内容和观察结果预先设计。

(七)强调对观察现象与观察结果的核查

对观察现象与结果的核查能发展学生的评价思维,也是科学探究中不可缺少的步骤。检视观察现象是否正确,能培养学生基于标准做出判断的评价思维能力,还可以确保记录的准确性,是对观察结果进行分析的基础;检验分析结果是否是根据观察的现象或数据得来的,能促进学生形成基于标准的评价意识,还可以确定分析结果的科学性,是得出科学结论的保障。

设计核查环节,首先应强调对观察现象或数据的检核,让学生边记录边检核,确保数据或现象正确的同时逐步养成检核的习惯。其次,还应强调对分析结果的检验,即在分析得出结论后,检验结论的科学性:是否是根据观察的现象或数据得出来的。

二、实验探究活动设计策略

补充材料 9-1:《物体在水中是沉还是浮》的探究活动

教师提供小石块、泡沫塑料片、回形针、蜡烛、萝卜、带盖的空瓶、橡皮等材料,用排列法研究大小和轻重对沉浮的影响,但看不出大小、轻重和物体沉浮的关系。

老师:物体的沉浮真的跟大小、轻重都有关系吗?问题出在哪里呢?真的没有关系吗?我们接下来该怎么办呢?

课堂出奇的安静,学生低头思考,面有难色。

——徐敬标.小学科学教学技能[M].上海:华东师范大学出版社,2018:94.

怎样才能较为成功地进行实验探究活动的教学呢?小学科学中进行实验探究活动时,可以参考如下步骤进行设计。

(一)确定实验探究活动目标

小学科学通过实验活动,最终达成的目标不仅有知识技能的掌握、能力的提升、态度的形成,还有高阶思维能力的发展。因此,实验探究活动目标在描述中常用的行为动词有:发现关系、设计、假设、辨别、检查、检核、检验等。

(二)设计实验探究活动记录单

实验探究活动记录单不仅要求学生记录实验数据或现象,而且还要记录对实验数据或现象进行比较与分析的结果,引导学生养成自主分析实验现象、得出结论的习惯,从而提升思维的深度,促进学生主动思考与分析。

(三)给予学生设计实验方案的空间与时间

设计实验探究方案能发展学生的创造思维和评价思维。实验探究方案从无到有的过程就是创造的过程,在这一过程中,学生需要判断方案的可行性,然后改进方案,再判断,再改进。

学生设计实验方案环节中,应合理安排学生设计方案的实践,还要给予他们设计、改进、完善的空间。小学科学教师可事先设计关键问题引导学生对方案进行改进与完善;避免引导得过多,以致干扰或限制学生的交流,使学生疏于思考,理所当然地接受教师的要求和建议,不利于学生创造思维的发展;避免引导过少或不到位,以致方案设计的交流过程演变成无序的争论,不利于评价思维的发展。例如:设计方案的交流环节,让学生有充分发表意见、互相评论的时间,使学生设计的方案逐步完善;当学生设计的方案比较完善了,可以让他们将之前讨论的各种片段进行连贯与整合,理清设计实验方案的思路,从而帮助他们认识整体方案,关注方案要点。

(四)给予学生多次实验、反复实验的机会

多次实验、反复实验能为分析提供全面、正确的信息,实验现象的普遍性、实验数据的精确性是对实验现象(数据)进行分析并获得正确科学结论的基础。

设计实验过程时,应根据探究的问题给予学生多次实验、反复实验的机会。例如:同

一个实验,分六个小组同时实施,那么相当于这个实验重复做了六次,如果各个小组的实验现象一致,说明结果并非巧合;如果实验现象不一致,说明结果不一定正确,需要进一步验证。又如:实验活动"探究一些物体中是否有空气",为了验证假设,学生将一些物品放入水中观察是否有气泡产生,其中粉笔的现象不明显,第一次实验时,许多学生没有观察到粉笔放入水中产生的气泡,教师可以让学生反复实验,直到观察到气泡。

(五)重视对实验数据(现象)的整理与分析

重视对实验数据(现象)的分析能够培养学生的分析思维能力。分析实验数据(现象)就是在整理、比较实验所获得的信息的基础上进行整合、连贯,发现事物之间、数据(现象)之间的关系,从而培养学生比较、归纳和组织的能力。

教师组织学生交流实验数据(现象)后,应预留时间,引导学生对实验数据进行分析,分析的内容应根据教学内容和实验结果预先设计。

(六)强调对实验数据与实验结论的核查

检核数据与结论是否一致,既是实验原则之一,也是培养评价思维能力、养成评价习惯的契机。

设计考核环节,首先应强调对实验操作、实验现象或数据核查,让学生边操作边记录边核查,确保实验过程的科学性和数据的正确性;其次还应强调对实验结论的检核,即在分析得出结论后,检核结论是否是根据实验的数据或现象得出的。

补充材料 9-2

《课程标准》中科学探究包括八大要素:提出问题、做出假设、制订计划、搜集证据、处理信息、得出结论、表达交流和反思评价。在教学设计中,教师要根据科学课的特点,本着"将课堂探究持续到课下"的理念,经常将探究过程向课前、课后延伸,倡导探究过程的完整性。

在课堂教学设计中,每一个探究步骤的设计都直接影响学习目标的达成,这就要求教师掌握每个步骤的学习目标,明确操作要领。

——李中国.小学科学教学设计[M].北京:高等教育出版社,2020:107.

三、户外考察活动设计策略

补充材料 9-3

李老师在讲到关于岩石的收集时,希望同学们不要错过收集岩石的好机会,并提醒同学们要注意安全:一定不能独自去危险的地方收集,如水边、山崖边,一定要有大人的陪伴;还要注意样本的大小以及岩石的多样性,此外还可以给岩石做"名片"等。如果大家去矿物博物馆参观过的话,可以和同学们进行相互的交流。继而让同学们分组进行观察和比较岩石,做好相应的记录。最后教师推荐同学们一本书《岩石与矿物》,进行相应的课外延伸阅读,并且还举办了拓展游戏:岩石连连看。

——曾宝俊.科学教师入门十课[M].北京:化学工业出版社,2019:130.

户外教学的活动方式主要是以欣赏大自然为主,通过探索、调查、访问、参观等方式,让学生了解生活环境里的知识。因此户外教学要把握这一特点:它并非出游,它是教学活动。教学活动就应该有详细的计划和明确的教学目标,它的整个过程也要渗透各种教育理念。同时,所有的户外教学活动要符合教育教学的法规。

(一)考察前的精心策划

制定考察计划:科学课程的社会资源十分丰富,应当积极开发利用社会教育资源。要让课堂内所学的内容有活化、整合、运用的机会,要让科学经验与科学概念建立有机联系。

户外考察时,道路旁、水边、山中,处处可能出现意想不到的状况,应提前做好所有安全细节的应对预案,包括走出校园前对上级部门的申请、购买保险的考虑、急救箱的配置等。

(二)考察中的任务清单

户外考察的项目对教师的教学组织有很大的挑战性。所有的观察,不会都在教师的直接控制之下,学生会接触到更多庞杂的无关信息,他们需要筛选哪些信息是真正需要的。在户外考察过程中,教师要引导学生发现对于科学思维发展更有价值的真实问题,帮助学生更好地面对真实的生活。

外出考察,要有明确的考察目标并制定考察方案,学生要知道出行的地点,事先准备哪些装备。适时提供一份学习清单,可以减少盲目的活动。

(三)考察后的信息分享

考察后,学生会获得很多方面的锻炼,包括对考察计划的制订、对考察任务的执行与创新、和同伴的合作、考察信息的筛选和分析、考察报告的设计与分享等[①]。教师可以参考研究性学习的评价方式,在考察计划制订之初,就和学生共同商讨出考察评价的各个维度,比如:我能制订至少三个步骤的考察计划吗?我能说出三个考察中的安全注意事项吗?我在考察前阅读过资料,考察过程中能认真贯彻,至少记录下两点个人发现吗?我能写下图文并茂的考察报告,至少有两张配图吗?

细致而全面的考察评价,对于学生的考察过程有指导意义,可以在考察结束后,让学生再次梳理自己的考察行动。

四、工程技术活动设计策略

补充材料 9-4:《胡萝卜高塔》教学设计

某教师进行《胡萝卜高塔》一课讲授时,在第一个环节"谈话引入"中首先让同学们欣赏各种各样的塔,并让同学们思考在结构上有什么共同特点;继而让小组讨论:这些高大的塔会受到哪些作用力?让学生观察它们的形状和结构,是哪些特点使高塔不容易倒呢?在第二环节"建胡萝卜塔"中先让同学们出示活动方案,然后设计胡

---

① 曾宝俊.科学教师入门十课[M].北京:化学工业出版社,2019:122-123.

萝卜塔的草图,紧接着进行小组分工合作并且提醒大家认真观察做好记录,最后进行汇报交流。在第三个环节"胡萝卜塔再设计"中让同学们首先讨论改进的方法,继而再画一个设计图。最后一个环节"课外拓展"中,发动家长,利用课外时间与学生一起对胡萝卜塔进行多次设计和制作。

——曾宝俊.小学低年级教材教法[M].福州:福建教育出版社,2018:91.

工程技术课的教学实施并非想象中的那么简单,如何更好地实施工程技术体验课教学,可以参考如下步骤进行。

(一)确立工程技术活动中的设计要点

工程与技术活动所关注的不仅有能力的提升,也特别注重发现和解决问题的分析能力和发散思维的创造能力及评价能力的提升。

如设计制作纸桥的活动目标有:通过设计制作纸桥提高设计与制作能力;通过头脑风暴,能设计不同的纸桥;通过制作纸桥,提升动手操作能力及发现和解决问题的分析能力;通过展示和评价纸桥,能基于标准进行判断。

(二)设计工程技术活动记录单

活动记录单对教学具有不可忽视的导向作用,工程技术的活动记录单不仅要考虑到作品的呈现方式、作品特色、产品设计结构、制作流程设计、所需材料、工具等,还要包括评价方面的内容,让学生明白制作目的,即确定要制作什么作品,作品具有何种功能,或其他方面的要求。

工程活动记录单,应添加细化后的评价标准,给学生提供开展活动的方向和目标,这样能促进活动的有效展开,从而达到提升思维品质的目标;还应制订符合培养目标的评价量规,便于学生进行现场检验。

(三)创设激发创造需求的情境

小学生好奇心强,更乐于学习身边的事物,对未来世界充满探索欲望,教师要创设能激发创造需求的情境,在情境内容的选择上要符合小学生的思维特点和知识经验基础,贴近学生的生活。让学生在需求的驱使下做出自己的成果,感受制作的乐趣。例如,可以创设设计仿生机器人的情境,以满足学生的好奇心;还可以创设适应生活需求的制作花样蜡烛的情境,以激发学生寻求新知的热情。

(四)提供结构性材料

技术工程活动往往采用可搭配组合适应的结构性材料,使设计与制作的方案有多种可能性,使学生的作品更具特色。例如,在设计制作不倒翁玩具的活动中,为学生提供一元硬币、轮廓不规则的卡通冰箱贴、三角尺、插有橡皮的牙签、长短不一的细竹签、橡皮泥、夹子、叉子等。学生受生活实际中走钢丝演员手握平衡杆的启发,在物体两侧插竹签以保持物体平衡、稳定。初步尝试不成功后,学生经过仔细观察发现需要通过在斜下插入的竹签底段添加重物来降低物体重心,保持稳定性。多样的材料为学生提供了多种选择和搭配的可能,学生采用创新技能中的"加一加",可能会在竹签底端夹夹子、插橡皮泥、粘硬币等多种个性化的制作方法。尝试成功后,学生可能会为了追求作品的个性化,又通过"变一变"的方法,用连接的夹子取代竹签,制作出夹子平衡杆。

(五)重视展示评价及作品改进

评价可以使学生的后续设计、制作变得更加有章可循,知道如何去构思、如何选材料、如何调整方案,能依据一定的标准对自己和他人的作品进行评价和反思。充分的作品改进则让学生将评价结果从想法上的改进过渡到再次建构成品,使创造性的思维得到进一步的发展。

评价方式有多种,如自评、互评、集体评价、教师评价等,可以引导学生从多角度进行评价。例如,在评价"设计仿生机器人"活动时,可以从仿生想法的来源、机器人的外观、仿生机器人功能的现实意义几个角度进行评价。

五、种植饲养活动设计策略

下面通过一年级科学课《种大蒜》①的案例来呈现养殖饲养活动设计的基本步骤。

(一)种植饲养前的指导

种植饲养之前,教师要给予学生种植的指导,以让学生掌握一些必备的知识,如在《种大蒜》一课中,首先要让学生认识大蒜。具体过程可以这样设计:

1. 教师出示大蒜头。

师:你们知道它叫什么吗?

2. 分发大蒜头,每组一个。

师:大家看看大蒜头是什么样,像什么?

意图分析:因为年龄特点,一年级学生的表达有一定的局限性,所以这时候教师引导非常关键。教师可以有针对性地引导学生运用简单词语类比想象大蒜头的外形特征,如:灯笼、橘子、球等,要及时鼓励或肯定学生的回答,并根据学生的回答及时小结大蒜头的外形特征。

3. 在学生认真观察后,让学生把大蒜瓣开,看看样子,再数一数有几瓣。

意图:学生开始可动手操作,教师帮助学生了解一个圆溜溜的大蒜头可以瓣成一瓣一瓣的大蒜瓣,丰富词语"蒜瓣",这既增强了本环节的趣味性、操作性,也有意识地丰富学生的词汇,肯定了学生的大胆表达。

4. 学生选择。(选种子要选蒜瓣饱满的,没有受到虫害的)

另外还要让学生了解种植大蒜的一定技能,具体过程可以设计如下:

1. 师:你们想种大蒜吗?种大蒜需要什么?

教师与学生一同讨论需要的器皿、土、洒水壶等,再看种植大蒜的PPT加以确定。

2. 怎么把大蒜种到土里呢?

教师引导学生讲述自己的想法,鼓励学生积极大胆地说,用完整的语句表达自己的猜测。

---

① 曾宝俊.小学科学教材教法与教学设计[M].福州:福建教育出版社,2018:28—30.

3. 蒜瓣哪头朝下埋到土里?

教师引导学生找出根部的位置。

4. 教师演示怎么种大蒜。

学生观看教师示范种植大蒜的方法,解除刚才的疑惑。教师引导学生尝试用语言表达出种植大蒜的方法:要把蒜瓣的须根朝下,用手按到土里,再浇一点水。

设计意图:引导学生观察,激发他们参与活动的积极性,以达到看、想、说的三者合一。PPT画面很自然地把学生的注意力吸引过来。这一环节锻炼了学生的想象力和表达能力,学生在与同学们分享的同时也积累了相应的经历。

(二) 种植饲养中的指导

在种植饲养的过程中,教师也要给予一定的引导和指导,如在《种大蒜》一课中的种植大蒜的过程可以这样来设计:

1. 分发种植工具。

2. 学生动手尝试,教师给予帮助和指导。教师重点观察学生是否将蒜瓣尖头朝上,并请学生种好后,把罐子端平放到桌角。

意图:学生经历了质疑、解疑环节后,会很自然地过渡到种植环节。

3. 师:种下的蒜瓣能长出叶子吗?大蒜长大后是什么样的呢?

教师引导学生自由猜测,大胆说出自己的想法。

意图:激发学生参加种植活动的兴趣,愿意参与照料大蒜并关注大蒜的生长,以免让活动失去本身的意义。

(三) 成果分享的指导

最后还要进行成果的分享,如《种大蒜》一课可以这样来设计:

1. 引导学生定时进行观察,做好观察记录。(定期在观察记录表上面画一画)

2. 强调认真照料大蒜,每隔1~2天浇一次水,让学生比一比,看一看,谁的大蒜先发芽,长得好。

3. 等大蒜叶长得很长的时候,可带领学生将长叶剪下带回家,让学生与家人一起品尝劳动成果,体验丰收的喜悦。

意图:教师强调要认真照料大蒜,给学生充分的动手机会,让学生用简单的方法和图画记录大蒜生长变化的过程,使它们从中获取初步的探索自然的能力,同时也培养它们良好的科学态度。

此外在种植饲养活动中还需要把握好教学时间、养殖条件、师资水平以及学生的能力问题,从而更好地达到预期的效果。

第三节　小学科学教学活动设计实训

蝌蚪去哪儿了

我们知道蛙是从蝌蚪变成的,蝌蚪是粒状的。有一天,一个孩子从河边看到了一群蝌蚪,便将其移到天井中一个小小的池潭里,过了几天,蝌蚪生尾了,再过几天,蝌蚪长足了,小孩观察得很快活。再过几天,蝌蚪挤得一片墨黑。不久,一个都没有了,这并不是蝌蚪变成了蛙跳走了,而是都死了……如果我们抱着宇宙即学校的观念,那么野外的池塘,便是我们观察青蛙的实验场所,我们要看蝌蚪的变化,就应该时常去那个池塘看,为什么要把蝌蚪捉到家里来呢?我们任凭生物在大自然安居乐业,过它们的生活。要观察便带领小孩到自然界去观察。我们须把学校的范围扩展,海阔天空便是一个整的学校。这样一来,所观察的也就比较真切可靠。

一、实训目标

通过小学科学教学活动设计的策略,把握小学科学课的教学理念,熟悉引导小学生进行各类科学教学活动的程序,体验小学科学课的教学策略。在与同伴的互助交流中,共同分享教研成果,共同体验合作教研的快乐,为成为优秀的小学科学教师打下坚实的基础。

二、实训要求

学习者自选课题,个人独立设计小学科学教学活动,通过小组之间的交流,成员之间相互借鉴和补充,并逐步完善,最终能够进行试教。

三、实训内容

(一) 科学观察活动设计实训

试为《观察植物》进行科学观察活动的设计。

教材简析:植物是儿童的亲密伙伴,儿童对植物具有天然的好奇心。让学生把植物作为一个生命体来思考,运用各种感官进行观察,是生命科学概念体系构建和技能目标达成的基础和需要。学生初步认识到植物是有生命的,并能简单说出植物会生长、死亡,需要水和阳光等。在此基础上让学生通过观察一棵植物,深化对植物外部特征的认识,重点指向根、茎、叶等营养器官,并帮助学生逐步建立起"植物是生物"的概念。本课主要以观察、描述作为主要的学习方式,教师在课堂上进行观察方法的细致指导,使学生能充分运用眼、手、鼻等多种感官,从整体到局部进行观察。对于植物的外部特征,教师可以指导学生用文字或图画的形式进行描述、记录。

实训要达到的教学目标:知道植物具有根、茎、叶等结构;会利用多种感官观察一棵植物的外部形态特征;掌握从整体到部分或从部分到整体的观察事物的顺序,进行有序观察;学会对比观察;指导学生画一棵植物的简图。

(二) 实验探究活动设计实训

试为《沉与浮》进行科学探究活动的设计。

水是日常生活中不可缺少的,人们每天都离不开它。儿童对水也非常熟悉,加之儿童的天性就爱玩水。在玩水的过程中,他们时常会发现很多有趣而新奇的现象。因此,本课选择物体在水中"沉浮"的现象作为探究对象。在活动中教师为学生提供丰富的可操作性材料,让他们多感官、多方式地去进行科学探索,进而交流和分享。

实训达到的教学目标:初步了解物体的沉浮现象,并学习记录实验结果;对科学活动感兴趣,能积极动手探索,寻求答案。

(三) 户外考察活动设计实训

试为《考察大自然的地形地貌》进行户外考察活动的设计。

人们常常把地形和地貌混在一起表达。事实上,地形指的是陆地上单一的大面积的地表起伏形态,如高原、平原、山峰、盆地、丘陵等;地貌则是指辐射能引发的外力(包括流水、海浪、冰川、风力等)通过多种方式,对地壳表层物质不断进行风化、剥蚀、搬运和堆积,从而形成了地面的各种形态,比如喀斯特地貌、丹霞地貌、沙漠、蘑菇石等。

实训要达到的目标:让学生认识地形、地貌,能够运用实验材料自己制作地形、地貌等。

(四) 工程技术活动设计实训

试为《不倒翁》进行工程技术活动的设计。

通过玩不倒翁的过程让学生逐步发现不倒翁的秘密。让学生通过做不倒翁发现问题:有的不倒翁为什么会倒?引导学生用直接简单的方法解决问题:要给"不倒翁"加重。然后,继续发现问题:加重后的仍然是"倒倒翁",怎么回事?让学生认识到,光加重不行,还得固定。接着,重物固定好,不倒翁就不倒了吗?通过把重物固定在不同部位的结果比较,让学生发现不倒的秘诀——上轻下重。紧接着可以让学生给不倒翁安"脚",让学生认识到不倒翁底部的特点。最后,由一个面引向立体概念,让学生认识底部半球形是不倒翁不倒的另一个秘密。

实训要达到的目标:让学生在玩不倒翁的过程中发现问题、提出问题;通过探究活动体验合作学习的乐趣;在尝试制作不倒翁的过程中,发现不倒翁不倒的秘密。

四、拓展训练

1. 试为《蚕的一生》进行种植饲养活动的设计。

无论是动植物的生命过程,还是动植物的繁殖,都属于比较漫长的过程。学生需要进行长时间的观察,才能获得感知和经验。而学生恰恰缺乏日常的观察过程,所以建议教师组织学生进行养殖和种植活动,从而获取一手资料,进而开展教学。

对于动物的生命过程和繁殖方式的教学,可以从养蚕开始。学生通过对蚕的饲养,不仅熟悉了蚕这种动物,还能进一步生发出饲养其他动物的兴趣。通过对蚕的一生的观察,还能引发学生对于其他动物生命过程和繁殖方式的思考,进而不断迁移学习。

 本章小结

　　小学科学教学活动主要是指观察、讨论、游戏、实验、设计、制作等专项体验活动,以及包含上述专项活动的综合体验活动。不同类型的科学教学活动具有不同的教学意义,如科学观察活动可以让学生更加全面地认识科学现象、更加耐心地进行科学观察、更加客观地判断科学现象、更加深刻地总结科学结论;实验探究活动可以增进学生对科学知识的理解、促进探究技能的形成、促进科学态度的养成、促进科学素养的提升等。不同类型的科学教学活动有不同的设计策略,如科学观察活动可以先确定观察活动目标,然后制定观察活动的计划,再次设计观察活动记录单,最后进行多次、多方面观察并对观察现象进行分析。

 思考训练

1. 小学科学教学活动有哪些类型?
2. 在种植饲养活动设计过程中需要注意哪些方面?
3. 结合实例设计科学观察活动,注意设计时的步骤与策略。
4. 网上查找关于小学科学探究活动教学设计的案例并进行分析。

第十章
小学科学教学评价设计

 本章概要

小学科学教学评价贯穿整个教学过程的始终。教学目标制定得是否合理,达成情况如何,教学方法是否恰当,应用效果怎样等,都需要经过教学评价才能判定。什么是小学科学教学评价,包括哪些内容与方法,如何进行小学科学教学评价?本章聚焦小学科学教学评价的内涵、方法、程序与原则等内容进行探讨。

 学习目标

通过本章学习,学生能够
- 说出小学科学教学评价的内涵。
- 知道小学科学教学评价的类型。
- 说明小学科学教学评价的内容。
- 掌握小学科学教学评价的方法。

 内容结构

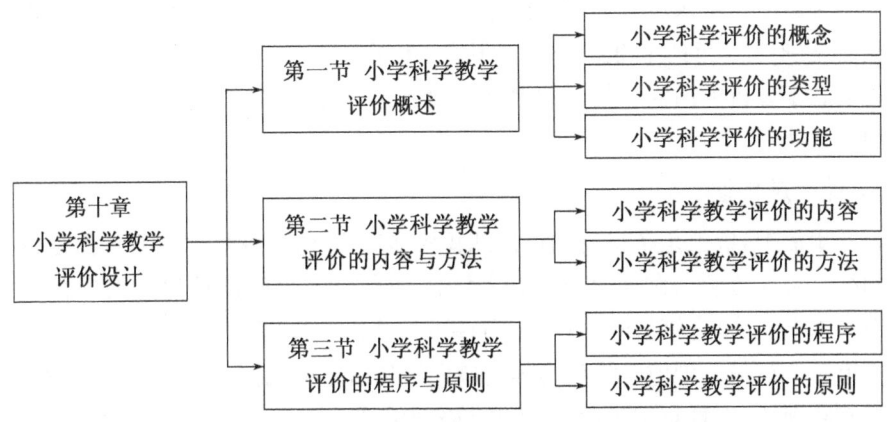

第一节 小学科学教学评价概述

争当学习"★"小组

某教师在进行《蜡烛能燃烧多久》一课内容的教学时,课前在黑板上面画了如下表格,上课伊始给学生解释说:本节课,将通过各个小组同学的表现,评出得到"★"最多的小组。接着,老师在教学过程中重点关注学生在观察、实验、探究、小组讨论等环节的行为表现,并在各环节结束时,对学生的表现给予评价,并在学生相应的小组番号后面标上"★"。得到"★"的组,学生兴奋不已;没有得到"★"的组,学生努力表现,同学们以积极、有序的状态进入下一阶段的学习。课堂教学结束时,老师根据不同小组获得"★"的数量情况,结合不同小组的表现,对各小学的学习情况进行了总体的评价、激励和总结。

争当学习"★"小组		
序号	"★"数量	具体表现
1组		
2组		
3组		
4组		
5组		

一、小学科学教学评价的概念

小学科学教学评价隶属教学评价的范畴。教学评价内在包含着教学、价值和评价等概念。只有正确理解教学、价值和评价等概念,才能深刻地理解教学评价,也才能真正把握小学科学教学评价的内涵。教学的概念前面已经讨论过,这里主要对价值和评价的概念进行简要说明[①]。

(一)什么是价值

在日常生活中,价值是指事物的用途和积极作用。在政治经济学中,价值是指体现在商品里的社会必要劳动。在哲学的话语体系中,价值是指事物属性对人的生存和发展的效用关系。本书认为,理解教学评价,应当在哲学话语中理解价值。在哲学话语体系中,价值是一个关系范畴。价值是价值客体的属性对价值主体的需要、生存和发展的效用性。价值既具有客观性,也具有主观性,是主观与客观的统一。客观性表现在价值客体的属性

---

① 陈晓端,张立昌.课程与教学通论[M].西安:陕西师范大学出版社,2017:416-417.

一般是客观存在的,而价值的主观性表现在价值主体的需要是主观的。

(二) 什么是评价

汉语词典对于评价的解释为:衡量、评定其价值、评定的价值和购物时讲价钱。简单而言,评价就是对事物的价值做出评定和判断。评价作为人的活动,就是主体根据一定的价值观或价值标准,对人或事物的价值进行判断,亦即对人或事物的好坏、美丑、真假、善恶、优劣等进行判断。教学评价是一种特殊的评价活动,在教学评价中,价值主体具有多样性,同时评价主体与价值主体往往不一致。例如,教学评价小组对教师教学工作进行评价,评价小组不一定就是教学价值主体,真正的价值主体是社会和学生。由于价值的主观性、价值主体的多样性,以及评价主体与价值主体的不一致性,导致教学评价变得更加复杂。

补充材料 10 - 1:对评价的几点理解

　　评价与价值问题密切联系,评价建立在不同的价值取向上。以此为基础,对评价的理解如下。

　　第一,评价既要体现内在价值,也要体现外在价值。内在价值是事物自身存在的意义或价值,是事物自身的有用性。例如,棉袄本身具有保暖性,就是其内在价值。外在价值是事物对别的事物所具有的意义或价值,即对其他事物的有用性。例如,棉袄冬天对人有益处。教学评价既要看到评价的客观对象,又要看到评价主体与客体的关系,还要看到评价本身与评价对象所具有的内在固有属性。

　　第二,评价既是对目标的追求,也是对真善美的追求。评价不仅是目标导向的功利性活动过程,也是对目标以外的精神价值,诸如真善美等理想道德的追求。

　　第三,评价既要关注共同性,也要注重多元性。评价不仅要考虑不同利益主体价值追求的共同性,也要关注不同人或不同利益主体价值追求的差异性,即个性化的价值追求。

　　——张二庆,乔建生.小学科学课程与教学论[M].北京:北京师范大学出版社,2018:165.

(三) 什么是教学评价

对教学评价的理解往往反映着人们不同的哲学思想和方法论基础。国外对教学评价的解释主要有四种[①]:第一种认为,教学评价就是教学测验,代表人物有桑代克、赫根、耶贝尔等。第二种认为,教学评价就是"价值判断",代表人物是比贝,他将教学评价定义为系统收集信息和解释证据的过程,并在此基础上进行价值判断,目的在于行动。比贝首次揭示了教学评价的本质是价值判断,深化了教学评价的内涵。第三种认为,教学评价是把实际的表现与理想的目标进行比较的过程,代表人物有泰勒和普罗巴司。第四种认为,教学评价是系统地搜集资料,以协助决策者在多种可行的方案中找出最为适用的一种,代表人物是斯塔弗尔比姆[②]。以上四种观点从不同的侧面和角度揭示了教学评价的内涵与特征。

国内对教学评价的界定也不一致,多数学者认为,教学评价是对师生共同的教学活动

---

① 张英彦.教育学[M].合肥:合肥工业大学出版社,2008:257-258.
② 张玉田.学校教育评价[M].合肥:北京:中央民族学院出版社,1987:17.

进行的价值判断。如李秉德认为,教学评价是对教师的教学工作和学生的学习质量做出客观的衡量和价值判断的过程[①]。王汉澜认为,教学评价是指按照一定的教学目标,运用科学可行的评价方法,对教学过程和教学成果给予价值上的判断,为改进教学、提高教学质量提供可靠的信息和科学依据[②]。吴也显认为,教学评价是指收集教育系统各方面信息并依据一定的客观标准对教学及其效果做出客观的衡量和科学的判定过程[③]。裴娣娜认为,教学评价是对教学活动的准备、过程和结果的测量、分析、整理和价值判断[④]。李森认为,教学评价是指依据一定的客观标准,以搜集相关信息为基础,运用科学的方法,对师生的教学活动及其效果进行价值判断的活动[⑤]。当前国内比较有影响的普通教育学著作通常将教学评价分为对教师的评价和学生的评价,并认为,教师评价是根据学校的教育目标和教师的工作任务,运用恰当的评价理论和方法手段对教师个体的工作进行价值判断[⑥]。学生评价是根据一定的标准,通过使用一定的技术和方法,以学生为评价对象所进行的价值判断[⑦]。

从以上界定可以看出,人们对教学评价认识的共同之处是:教学评价(包括教师评价和学生评价)的本质是价值判断。教学评价的本质既然是价值判断,在评价中自然就会突出区分与甄别。传统的教学评价在功能上注重甄别与选拔,与人们对教学评价本质的这种认识是分不开的。实践中评价者注重区分与甄别也就在所难免。教学评价是人为之事,也是为人之事。对教学评价的定义,不仅在于揭示教学评价是什么,更重要的是教学评价应当是什么[⑧]。综合以上各种定义,从新时代基础教育课程改革的实践出发,结合小学科学教学实际,本书认为:小学科学教学评价,就是以小学科学教学目标为依据,运用一定的科学手段,系统收集小学科学教学信息,对小学科学教学活动的过程与结果做出价值判断,并为被评价者的自我完善提供依据的过程。

> **补充材料 10-2:教学评价的发展历程**
>
> 教学评价的确立有一个历史的过程,总体上说,主要经历了考试、测量、评价三个发展阶段。
>
> 传统考试阶段。通常认为,中国古代的科举考试是世界上最早的一种教育评价形式。西方考试制度的建立稍晚。很长一段时间,考试作为一种鉴定和选拔人才的主要手段,起到了积极的作用,但也存在一定的弊端。为改进考试方法,教育测验便应运而生。

---

① 李秉德. 教学论[M]. 北京:人民教育出版社,2000:307.
② 王汉澜. 教育评价学[M]. 开封:河南大学出版社,1995:182.
③ 吴也显. 教学论新编[M]. 北京:教育科学出版社,1991:423.
④ 裴娣娜. 教学论[M]. 北京:教育科学出版社,2007:292.
⑤ 李森. 现代教学论纲要[M]. 北京:人民教育出版社,2005:342.
⑥ 袁振国. 当代教育学[M]. 北京:教育科学出版社,2004:271.
⑦ 全国十二所重点师范大学. 教育学基础[M]. 北京:教育科学出版社,2002:266.
⑧ 陈晓端,张立昌. 课程与教学通论[M]. 西安:陕西师范大学出版社,2017:417.

> 教育测验阶段。19世纪末20世纪初,随着实验心理学研究的进步和教育统计学的发展,心理测验的方法被应用于教学领域,逐步实现了学生学业成就考核的客观化、标准化与数量化。教育测验在一定程度上克服了传统考试的主观和笼统,但也存在明显不足。20世纪30年代起,随着心理学和教育学的进一步发展,教育测验逐步向教育评价发展。
>
> 教育评价阶段。最早倡导从"测验"转向"评价"的是美国教育评价与课程理论专家泰勒(R. W. Tyler)。他认为,评价必须建立在清晰地陈述目标的基础上,根据目标来评价教育效果,促进目标的实现。从此,教育评价的思想和方法被逐渐推广至世界各国。
>
> ——崔允漷.有效教学[M].上海:华东师范大学出版社,2017:242-243.

二、小学科学教学评价的类型

按照不同的标准,可以将小学科学教学评价划分为不同的类型。

(一) 诊断性评价、过程性评价与总结性评价

这是按照教学评价的功能进行的类型划分①。诊断性评价,也称准备性或预测性评价,指在教学活动开始之前进行的评价,主要对评价对象的现状和存在状态做出评定,目的是使教学计划与方案更为有效地执行和实施。通过诊断性评价,可以了解小学生的科学知识储备情况,哪些学生已经学习过,哪些尚未学习过,学习达到什么程度,以及他们对小学科学教学的态度和愿望,以利于设计适合小学生特点的教学计划与方案,选择适合学生特点和需要的教学策略,帮助小学生在原有科学学习的基础上获得更大的进步。

过程性评价,又称形成性评价,指在教学过程中实施的教学评价,主要是对小学科学教学过程中学生的学习结果和教学的教学效果做出评判,目的是使教师能够及时调整教学方案,引导教学过程顺利进行。形成性评价的主要目的不是为了选拔少数优秀学生,而是为了发现不同学生的潜质,强化改进学生的学习,为教师教学的顺利进行提供反馈。例如,在三年级下册《水面的秘密》一课教学中,教师为深入了解学生的知识背景以及学习兴趣,教学中引导学生讨论交流所搜集的有关水的资料,了解学生的学习进度和学习情况,看学生关心什么,在哪些环节和问题上有困难,在哪些地方不理解,结合教学实际,给学生提供及时的反馈,使学生较快地纠正错误,确保教学任务的及时完成。同时,有利于教师适时调整教学进度,促进教学相宜。

终结性评价,指在教学活动告一段落或结束之后进行的评价,主要是对小学科学教学的最终成效进行价值评判,目的是评定一段时间以来学生的小学科学教学整体效果。例如,学期末或学年末小学科学课程的成绩考核、考查等,目的是检验小学生经过一段时间的学习在小学科学教学目标方面的达成情况。

---

① 王贤.基于小班化的小学科学教学实施与案例研究[M].济南:山东人民出版社,2011:156-157.

表 10-1 诊断性评价、形成性评价与终结性评价

	诊断性评价	形成性评价	终结性评价
评价时间	教学活动之前	教学活动过程中	教学活动之后
评价目的	了解学生对相关知识与技能的理解和掌握情况	了解学习过程,及时调整教学计划与方案	检验教学效果,评定学习成绩
评价方法	观察、调查、测试	谈话、作业、问答	考试、考查、考核
评价作用	查明学习准备情况	确定学习效果	评定学习成绩

(二) 目标参照评价、常模参照评价与个体参照评价

这是按照教学评价的参照标准进行的类型划分①。目标参照评价,也称标准参照评价或绝对评价,指以教学目标为基准对每个评价对象达到目标的程度做出的判断。它的最大特点是有一个统一的客观标准可以参照,不受学生所在群体的发展状况的影响。例如,毕业考试就是典型的目标参照测验,即判断一个学生是否达到毕业水准只看学生的成绩是否达到预设的目标。

常模参照评价,又称为相对评价,指在评价对象的群体中,为了对每个个体在群体中所处的相对位置做出区分而进行的评价。它以正态分布的常模作为参照的标准。例如,我国的中考、高考、研究生入学考试、学科竞赛考试等,都是典型的常模参照评价。

个体参照评价,指以评价对象自身状况为基准,就自身的发展情况进行纵向或横向比较而做出的价值判断。这种评价是根据尊重个性、发展个性的观点提出来的,能够考虑到学生的个性差别,有利于减轻学生的心理负担和压力,增强学生的自信心,强化学习动力。

表 10-2 目标参照评价、常模参照评价与个体参照评价

	目标参照评价	常模参照评价	个体参照评价
评价目标	评价个体达到评价目标的程度	评价个体在集体中所处的位置	评价个体是否充分发挥了自己的潜力
适用范围	合格性和达标性的评价	特定的团体中	个体的今昔和个体各个侧面的评价
优点	可以使被评者了解到自己知识、能力、学习方法等的实际水平,明确自己与客观标准的差距	无论被评团体的状况如何,都可以确定标准进行评价	使被评者了解自己的学习发展状况,找出不足
局限性	客观标准制定比较困难;容易忽视被评者的个性特点	容易降低客观标准,而且评价结果并不表示被评者的实际水平	容易使被评者忽视客观标准,忽视别人的发展变化

(三) 定性评价与定量评价

这是根据评价方法的不同进行的类型划分②。定性评价,指采用开放的形式获取评

---

① 刘德华.小学科学课程与教学论[M].北京:中国人民大学出版社,2006:253-256.
② 王景英.教育评价理论与实践[M].长春:东北师范大学出版社,2002:46-47.

价信息、做出评价判断的方法。如采用无结构观察、开放式访谈、调查、查阅各种文字资料等方法,获取评价对象各方面的信息,对评价对象的状况做出描述、分析与评价结论。例如,对学生学习状况的评价,可以采用观察学生学习的行为表现,访谈学生对学习的态度、想法及形成学习动力或阻碍的各种因素,了解学生学习环境、教师、家长对学生的影响等,最终对学生的学习状况及影响因素做出分析与评价。定性评价有利于教师了解学生的整体状况,并制订有效的施教方案。

定量评价,指采用结构式的方法,预先设定操作化的评价内容,收集评价对象可以量化的信息,运用数学方法做出推论的评价。例如,对一个教学班学生小学科学学习状况的评价。首先确定以学生的学习成绩作为评价内容,之后收集学生的考试分数,以推断统计的方法检验其平均分数与年级平均分数的差异,最终做出评价判断。

(四)自我评价与他人评价

这是根据评价主体的不同进行的类型划分①。自我评价,指评价者根据一定的标准自我认识、自我分析、自我提高。学生通过学习目标,自己检查目标的达成度,反思学习中存在的问题,促进自我元认知,采取措施调整与改进学习。

他人评价,指评价者由教师、家长和关联方等与被评价者之外的人参与的评价。它包括学生之间的相互评价、家长的评价、教师的评价等。这种评价可以激发学生之间的互帮互助,以及教师、家长等利益相关者对学生的全面关注。

三、小学科学教学评价的功能

小学科学教学评价是小学科学教学的重要环节,是对小学科学教学目标、过程、结果以及影响教学的各种因素做出的一种价值判断活动。小学科学教学评价既对小学科学教学的效果进行监测,也与小学科学教学过程相互交融,目的在于了解小学科学教学的成效,判断小学科学教学的质量,促进与保证小学生科学素养的养成与发展。小学科学教学评价具有以下主要功能。

(一)导向功能

导向功能,指评价本身具有的引导评价对象朝着目标前进的功效与能力。小学科学教学评价是依据一定的教学目标进行的,而教学目标的确立又与国家的教育方针、教育目的和课程目标紧密相关。通过小学科学教学评价,可以为师生教学提供明确的方向与目标,便于师生在教学过程中不断向目标前进,努力实现教学目标要求。

(二)反馈功能

反馈功能,指评价所具有的为评价者和被评价者提供反馈信息的功效与能力。在小学科学教学评价中,无论是诊断性评价,还是过程性评价,抑或终结性评价,都可以为教师组织和改进教学提供反馈信息,也可以为学生了解学习过程中存在的问题与学习效果提供反馈信息,还可以为家长、学校和教育主管部门提供有关教师和学生学业的相关信息,有助于各教学相关者做出科学合理的教育教学决策。尤其是随着新时代基础教育课程改

---

① 丁邦平.小学科学有效教学[M].北京:北京师范大学出版社,2018:152-153.

革的逐渐深化,过程性评价愈来愈受到关注和重视,教学评价的反馈功能显得愈发重要①。

(三)激励功能

激励功能,指在教学过程中或教学结束后,评价者基于收集的信息,对被评价者做出肯定、鼓励、表扬等积极的反馈与评价。小学科学教学评价的激励功能不仅指教师对学生的鼓励和表扬,还包括对教师教学投入与感情的激励。对小学生学习的积极评价,有利于激起小学生的学习兴趣和积极性,有利于激发小学生的好奇心和学习动机,有利于营造和谐向上的学习环境与氛围等。对于小学科学教师,积极的外部评价,既是对教师工作的肯定与赞赏,也是对教师付出的一种认同与勉励,有助于激发教师的认同感和自豪感,促进教师教学工作的主动性与积极性,推动教师全身心投入教育教学活动中。因此,适时客观的积极教学评价,可以为学生的学习和教师的教学提供良好的动力源泉。

(四)调控功能

小学科学教学评价并非游离于小学科学教学活动之外,而是与小学科学教学活动紧密相融,是小学科学教学活动的有机组成部分。教学评价的反馈信息可以使师生了解自己的教和学的情况,教师和学生可以据此修订教学计划、调整教学进程、完善教学行为等,从而更有效地达成所预期的教学目标。例如,教师在进行小学科学实验教学的过程中,如果发现小学生对实验器材操作不熟练,就可以合理调节教学目标,强化学生实验操作技能,这样既有利于保障小学生的实验操作安全,还可以提升小学生的动手操作能力。

(五)诊断功能

"诊断"本来是医学用语,借用到教学评价中,主要有两种情况②:一是症状诊断,对原来的状态和效果进行判断;二是原因诊断,即对发现的问题加以改进。教学评价可以帮助教师与学生了解教学各方面的情况,从而判断它的质量和水平以及成效和缺陷。全面客观地评价工作,不仅能够帮助教师与学生估计教学目标的达成情况,而且能够解释相关的原因,并寻求解决的策略与措施。通过小学科学教学评价,可以帮助师生及时发现在小学科学教学过程中存在的问题,这就如同身体检查,有效诊断教学过程中的问题症结,有针对性地进行问题解决,确保后续教学任务的顺利进行与完成。

案例 10-1

教学评价的诊断功能

教师在进行五年级小学科学"时间的测量"一课教学时,为了了解学生的学习兴趣和知识储备情况,课前提出让学生"谈谈关于时间和计时仪器的想法"问题,接受问题之后,学生各抒己见,讨论热烈。

学生 1:古代早晨公鸡叫的时候,就要起床了。

---

① 林长春,彭蜀晋.小学科学课程与教学[M].重庆:西南师范大学出版社,2019:250.
② 王强.小学科学实验教学论[M].北京:人民教育出版社,2015:163.

学生2：观察太阳，日出而作，日落而息。
学生3：为什么一天有24个小时，为什么1分钟等于60秒？
学生4：我觉得可以根据心跳计时。

……

教师不对讨论做评价，只记录下学生的发言次数，填写在班级日志中。

评析：这是一个典型的头脑风暴式自由讨论，在交流过程中，教师使用了诊断性评价的方式，如实记录学生发言，不予以评判。这种评价方式将学生内隐的前概念外显出来，教师通过学生的发言次数可以了解学生对这一学习内容是否感兴趣；通过发言的内容可以了解学生的知识储备，为设计教学环节、制定教学策略提供有力的依据。

——丁邦平.小学科学有效教学[M].北京：北京师范大学出版社，2018：153.

综上可知，小学科学教学评价具有多重功能。实践过程中，因为各种功能均具有两重性，而且总是综合地起作用，所以开展小学科学教学评价时，要客观、真实、公平、公正，不做任何不符实际的夸大或缩小，以正确发挥教学评价各项功能的积极作用。

第二节　小学科学教学评价的内容与方法

小学生科学素养发展评价

小学科学课程的总目标是培养学生的科学素养，并为他们继续学习、成为合格公民和终身发展奠定良好基础。小学科学教学评价的最终目的是促进每个学生科学素养的提高。对小学生科学素养发展的评价应以小学生为评价对象，结合具体评价内容，运用合理的评价方法与手段，对小学生科学素养发展情况做出判断，以更好地改进小学科学教学。对小学生科学素养发展的评价主要包括小学生科学经验与概念的评价、小学生科学方法与能力的评价、小学生科学情感与态度的评价等。对小学科学教学评价的方式主要有传统测试评价和行为表现评价。

一、小学科学教学评价的内容

教学评价内容广泛，涉及教师、学生、课堂教学、学业成绩、学校教学管理、教师专业发展等诸多方面。实际教学过程中，由于评价目的的不同，评价内容往往各有侧重，如有针对教师教学的评价，有针对学生学业的评价，有针对教师专业发展的评价等。本节所谈小学科学教学评价，主要围绕小学科学课堂教学与学生学业成就展开。

（一）小学科学课堂教学评价的内容

课堂教学评价具有明显的发展性功能，是课堂教学质量提高的关键环节。做好小学科学课堂教学评价，是改进小学科学教学，提高小学科学教学质量的重要保证。小学科学课堂教学评价主要包括以下方面的内容①。

1. 课堂教学目标

课堂教学必须有明确的教学目标,课堂教学目标是课堂教学的"旗帜"和"方向",也是课堂教学的出发点和归宿。课堂教学目标的达成情况是一节课成败的首要标志。课堂教学目标的确立应在课程标准的指导下,结合学生学情与教学内容等共同完成。具体来说,课堂教学目标主要包括三个层面的内容,即认知目标、智能目标与情感目标。

认知目标。教师在教学实践中,要以素质教育思想为指导,制定出明确的教学目标,并确定落实目标的对策。认知目标包括知识传授、技能训练等,这是贯穿课堂教学过程的主线,教师应在教学实践中针对不同层次的学生分层落实。既面对全体,又因材施教,使集体教学、小组交流、个别辅导有机结合,达到全面发展的目的。

智能目标。教师必须把这一目标作为教学的核心,坚持启发式教学,启迪学生积极思维,使学生主动获取知识,形成能力,发展智力。

情感目标。情感是课堂教学顺利进行的动力。在教学过程中,教师应把握时机和谐渗透,做到既教书又育人,激发学生学习的兴趣和积极性。

上述三个目标并不单一或独立存在,而是相互依托、相辅相成,目标的制定情况,既可以反映教师研读课程标准、把握教材内容、分析学生学情的深度,也可以反映教师本身学识水平和教学能力的高低。

2. 课堂教学内容

课堂教学内容是实现课堂教学目标的重要载体和完成课堂教学任务的主要依托,因此也是课堂教学评价的核心关注点。课堂教学目标的达成情况,与课堂教学内容的任务落实紧密相关。开展课堂教学内容评价,主要关注以下方面:

一是课堂教学内容与教学目标的关系情况。教学内容的选择与组织,应紧密围绕既定的教学目标进行,结合知识传授,注重培养学生的观察力、记忆力、想象力、判断力与思维能力等,同时关注德育内容的遴选与渗透。

二是教师讲授的科学性、系统性与严谨性。教师对教学内容中各种问题和规律的解释要科学合理、系统完整、逻辑严谨,能够做到客观准确、深入浅出、简洁明了,易于理解,便于把握,适于运用,没有科学性的错误。同时,及时提示知识与技能之间的内在关联,能够做到各个环节之间的衔接自然、合理、恰当。

三是教学重点与难点的处理情况。教学重点与难点是课堂教学内容中最能体现教师教学能力水平和学生学习成效的地方,教师需要具有宽广的知识面和深度的教材理解力,才可能较好地把握教学内容的基本思想,明确教学内容的核心概念,做到重点突出、难点分散,有序组织教学内容,恰当安排教学顺序。

3. 课堂教学艺术

课堂教学艺术一般指教师富有创造性地运用各种手段唤起学生的学习兴趣,使学生愉快、主动地获取知识,并得到深刻印象的教学方式②。也就是说,课堂教学艺术是教师

---

① 王景英.教育评价(第2版)[M].北京:中央广播电视大学出版社,2016:222-224.
② 鲁宏飞.课堂教学艺术研究[M].长春:吉林大学出版社,2013:3.

本身所具有的独特创造力和审美价值定向在课堂教学领域的结晶，是教师长期课堂教学实践经验、技能发展的高级阶段和理想境界。课堂教学实践中，教师恰当的教学方法运用、新颖的教学结构设计、扎实的教学基本素养、和谐的课堂氛围等，都属于教学艺术应用的范畴。高超的教学艺术对于课堂教学质量的提高有着非常显著的作用，对教学艺术的评价是课堂教学质量评价中一项重要内容。评价教师的课堂教学艺术，需要关注以下方面。

教学方法的选择与运用。从某种意义上讲，教学方法的选择与运用是教师教育教学理念的重要体现。就课堂教学而言，教师是整个课堂教学活动的设计者与组织者，对课堂教学的全过程起着主导作用。在以学生为中心的课程改革背景下，如何充分发挥教师"导"的作用，是有效促进学生"学"的关键。因此，教师在教学方法的选择与运用上，必须把"教"致力于"学"，把"要我学"转变为"我要学"，真正把提高课堂教学效率落到实处。可以说，课堂教学艺术成功与否，教师对教学方法的选择与运用，是主要关键之一。总体来说，教师对教学方法的选择与运用应遵循三个原则：一是要符合学生的认知规律；二是要做到因材施教；三是要符合教学内容的特点与要求。

教学结构的设计与组织。课堂教学结构与课堂教学效益密切相关。教师对于教学结构的设计与组织应体现素质教育指导思想，坚持"五为主"，贯彻"五要度"。"五为主"指的是以发展为主旨、以教师为主导、以学生为主体、以教材为主源、以练习为主线；"五要度"指的是导入新课要有兴趣度、知识讲解要有清晰度、学生活动要有参与度、巩固练习要有广深度、教学过程要有流畅度。教师在教学活动过程中坚持"五为主"，贯彻"五要度"，实际上就是教学过程"教师主导、学生主体、注重能力"的具体体现。

教师的素养与教学基本功。主要包括教态、语言、板书、板图、教具的使用等。教师的职业是教书育人，教师的仪表、形象、神态应与职业相一致。教学语言是课堂教学的重要媒介，也是师生交流的主要手段，对课堂教学效果具有直接影响。教师教学必须讲究语言的艺术性。教学语言应讲求科学规范，风趣幽默，简洁凝练，富于启发性。一幅好的板书或板图，可以展现教师的教学思路，凝聚教材的内容精华，形象直观，便于记忆。教师对于教具使用的标准操作和规范示范，对于学生学习具有直接的指导和影响作用，能够收到良好的教学效果，有效提高课堂教学效率。

课堂气氛的和谐性与融洽性。课堂是师生"教"与"学"活动的主阵地和主渠道，教师是课堂气氛的主导者，学生是课堂气氛的参与者，借助教师的教学艺术，可以营造出轻松、和谐、融洽的课堂气氛，使师生处于寓教于乐的境界。只重知识传授而缺乏教学艺术的教师，很难营造出令人满意的课堂气氛；只讲教学艺术而忽视知识传授的教师，则仅是一种"花架子"。美国教育家林格伦将课堂上的师生交流分为四种类型：单向交流、双向交流、多向交流与综合交流。课堂教学中，教师对这四种类型的交流要灵活选择、恰当运用，尤其要多用后两种，以活跃课堂气氛。此外，课堂管理是否科学，师生关系是否融洽，师生是否互敬互爱，学生注意力是否集中，思维是否活跃，是否敢于质疑，精神状态是否达到最佳等，都是影响课堂教学气氛的重要因素，也是衡量课堂教学能否做到"教得轻松，学得愉快"的重要标准。

4. 课堂教学效果

课堂教学效果是教学有效运行的重要表现,也是判断教学质量高低的根本标志。评价课堂教学质量,除了上述三方面的内容,还需要通过课堂反馈将学生的学习效果传达给教师,依据课堂教学效果对课堂教学的质量做出实事求是的价值判断。具体可通过检查教学目标的达成情况,检查学生作业或练习的质量,观察学生动手操作的行为表现等,获取学生对课堂教学中知识与技能的理解、掌握和运用情况,以及学生获得基本技能的实际水平。良好的课堂教学效果是教学成功的最终归宿。

补充材料 10-3:课堂教学评价必须以教学的改善为目的

课堂教学评价的目的不是简单地对教师的教学水平做鉴定,而应以教学的改善为目的,以促进教师的专业发展为目的。这样一种评价需要评价者充分尊重教师,将之当作平等的评价合作伙伴;也需要评价者重视评价结果的反馈,向被评者提供基于证据的、清晰的、个人化的、建设性的反馈。在课堂教学评价中,形成性评价因其改进性、教育性和发展性受到更多重视,但并不表明诊断性评价和终结性评价应被忽视。诊断性评价对于确定教师已有水平和起点状态具有明显作用;终结性评价可以作为教师进行反思性实践的重要前提。也就是说,课堂教学评价必须着眼于教学的改善和教师的专业发展。无论何种形式的教学评价都应是一种发展性评价。

——崔允漷. 有效教学[M]. 上海:华东师范大学出版社,2017:257.

(二) 小学科学学生学业评价的内容

学业评价指对学生在不同学段所应达到的学业成就的价值判断。学生的学业成就是教学的最重要的"效",也是衡量教学质量的关键指标。学生学业评价的核心,是学生的学业成就,即学生的学习结果,也就是通过多种途径收集学生学习结果的信息或证据,对学生达成教学目标的情况进行价值判断,以更好地促进学生的学习与发展。《义务教育小学科学课程标准》指出,小学科学学习评价的内容包括科学知识、科学探究、科学态度和科学、技术、社会与环境等方面①。

1. 科学知识的评价

主要考查学生对《义务教育小学科学课程标准》所规定的 18 个主要概念的掌握情况。《标准》基于大概念构建课程内容框架,这是顺应国际科学课程改革趋势的体现,也是适应学生思维、帮助学生建立科学观念的必然选择。小学科学课程内容包含物质科学、生命科学、地球与宇宙科学、技术与工程四个领域,共有 18 个主要概念,其中,物质科学领域 6 个,生命科学领域 6 个,地球与宇宙科学领域 3 个,技术与工程领域 3 个。这些主要概念是小学科学课程教学中必须落实的内容,也是教学评价必然要考查的内容。教学评价主要考查学生对主要科学概念的理解情况,具体包括主要概念之间的关联和新情境下对主要概念的应用。

---

① 教育部. 义务教育小学科学课程标准[S]. 北京:北京师范大学出版社,2017:65-66.

补充材料 10-4:《义务教育小学科学课程标准》18 个主要概念

一、物质科学领域(6)

1. 物体具有一定的特征,材料具有一定的性能。

2. 水是一种常见而重要的单一物质。

3. 空气是一种常见而重要的混合物质。

4. 物体的运动可以用位置、快慢和方向来描述。

5. 力作用于物体,可以改变物体的形状和运动状态。

6. 机械能、声、光、热、电、磁是能量的不同表现形式。

二、生命科学领域(6)

7. 地球上生活着不同种类的生物。

8. 植物能适应环境,可制造和获取养分来维持自身的生存。

9. 动物能适应环境,通过获取植物和其他动物的养分来维持生存。

10. 人体由多个系统组成,各系统分工配合,共同维持生命活动。

11. 植物和动物都能繁殖后代,使它们得以世代相传。

12. 动植物之间、动植物与环境之间存在着相互依存的关系。

三、地球与宇宙科学领域(3)

13. 在太阳系中,地球、月球和其他星球有规律地运动着。

14. 地球上有大气、水、生物、土壤和岩石,地球内部有地壳、地幔和地核。

15. 地球是人类生存的家园。

四、技术与工程领域

16. 人们为了使生产和生活更加便利、快捷、舒适,创造了丰富多彩的人工世界。

17. 技术的核心是发明,是人们对自然的利用和改造。

18. 工程技术的关键是设计,工程是运用科学和技术进行设计、解决实际问题和制造产品的活动。

——林静.小学科学 18 个重要概念全景解读[M].合肥:安徽大学出版社,2019:2.

2. 科学探究的评价

主要考查学生对科学探究方式的了解和科学探究能力。《义务教育小学科学课程标准》关于"科学探究"学习评价的内容具体包括:以科学的方式进行观察,提出问题和猜想,安排计划,能通过规范合理的方法测量和搜集证据,会分析证据并以逻辑合理的方式得出结论,能合理顺畅地表达探究结论,进行交流和讨论,等等。由上述内容可知,小学科学探究教学不仅要让学生具备科学探究的能力,在提出问题、做出假设、制定计划、搜集证据、处理信息、得出结论、表达交流、反思评价等 8 个要素上达到相应的学段目标,还要使学生理解科学探究的本质。因此,对科学探究的学业评价既要关注小学生对科学探究方式的了解情况,也要关注小学生科学探究能力的发展情况,以及探究过程中的科学思维的发展情况。

3. 科学态度的评价

主要考查学生进行科学学习和探究所必须具备的基本态度。《义务教育小学科学课程标准》关于"科学态度"学习评价的内容具体包括:对科学的兴趣和参与科学活动的热情;具有基于证据和推理发表自己见解的意识;重视人与人之间的合作与交流,勇于表达,乐于倾听,尊重他人不同意见的态度;对科学的坚定信念,以及对科学技术作用的正确认识。由上述内容可知,小学科学关于"科学态度"的教学主要体现在对待自然、对待科学和对待他人3个方面和探究兴趣、实事求是、追求创新与合作分享4个维度。因此,对科学态度的评价不仅要关注学生学习科学的兴趣和参与科学活动的热情,而且要评价学生是否具有基于证据和推理发表自己见解的意识,是否能与人合作交流、勇于表达、乐于倾听,是否具有追求创新的意识。

4. 科学、技术、社会与环境的评价

主要考查学生对科学、技术、社会与环境相互关系的了解,以及热爱自然、珍爱生命、保护环境的意识和社会责任感等。根据《义务教育小学科学课程标准》的总目标,科学、技术、社会与环境(STSE)不仅包括科学技术与日常生活的联系、科学技术与社会发展的联系、人类与自然和谐相处等3个方面,而且强调在解决实际问题当中的应用。因此,对这一内容的评价需要关注学生对STSE相关问题的认识、理解以及参与相关的行动的考查[①]。

二、小学科学教学评价的方法

小学科学教学评价方法多种多样,由于特点和功用的不同,各自的适用对象与适用范围也有不同。例如,有的适于评价教师的"教",有的适于评价学生的"学";有的适于评价课堂教学效果,有的适于评价课堂教学过程,等等。根据小学科学教学评价实际,常见的小学科学教学评价方法如下。

(一)课堂观察

课堂观察,指评价者在课堂教学过程中,运用观察工具对课堂教学评价所需要的信息进行观察、记录和评判的过程。"评价就是一个收集信息的过程",如何做好课堂教学信息收集是课堂教学评价的关键所在。课堂观察既是课堂教学信息收集的专门技术,也是常用的课堂教学评价方法。这里的观察不是日常所说的"用眼睛看",而是指评价者有目的、有计划地关注评价对象的表现,收集各种有关信息的过程[②]。观察时间通常是一节完整的课,但在预定的观察点比较小时,如观察仅指向教师的某一具体教学技能时,观察时间也可以更短。在课堂观察过程中,观察工具的选择与运用非常重要,它能帮助观察者有效、完整、准确地记录课堂教学信息。课堂观察工具既有定量也有定性,定量观察工具如编码体系、等级量表等;定性观察工具如叙述性观察、图式记录等。根据教学评价的实际需要,可以有针对性地加以选择和使用。

定量的课堂观察工具本质上是一种分类体系,即将课堂教学分解成不同的要素,然后进行记录[③]。一般程序是:预先设定行为的类别;然后记录特定时间(如一堂课)内出现的不同类别的行为。例如,著名的定量课堂观察工具:弗兰德斯互动分析分类体系(编码体

[①] 林长春,彭蜀晋. 小学科学课程与教学[M]. 重庆:西南师范大学出版社,2019:252-253.
[②] 陶国忠,袁来军. 小学科学教学评价[M]. 长春:东北师范大学出版社,2005:18.
[③] 崔允漷. 有效教学[M]. 上海:华东师范大学出版社,2017:262-263.

系),它首先将课堂的言语活动分成十个类别,分别用符号加以表示即编码,然后每隔3秒钟记录下最能反映课堂中师生言语状况的那个类别的符号,如表10-3所示。

表10-3 弗兰德斯互动分类体系

教师说话	直接影响	1. 接受感情
		2. 表扬或鼓励
		3. 接收或使用学生的主张
		4. 提问
	间接影响	5. 讲解
		6. 给予指导或指令
		7. 批评或维护权威性
学生说话		8. 学生被动说话(如回答教师提问)
		9. 学生主动说话
		10. 沉默或混乱

与编码体系一样,等级量表也要预先对观察点进行分类,然后在一段时间内对观察点进行观察,然后评价所观察的行为的等级。具体等级的划分,可根据实际需要进行确定,常见的有五级量表、三级量表和四级量表。表10-4是一个教师表现评价的五级量表。

表10-4 教师表现评价等级量表

序号	评价项目	等级评分
1	态度是否沉稳、愉快	□□□□□
2	用词是否浅显易懂	□□□□□
3	活动前是否向学生解释了学习目标	□□□□□
4	对课堂秩序的管理	□□□□□
5	对学习气氛的控制	□□□□□
6	对学习兴趣的激发	□□□□□
7	对学生反应的注意	□□□□□
8	对学生突发的问题和状态的处理	□□□□□
9	对主题的阐述、引导	□□□□□
10	被学生接受的情况	□□□□□

定量的课堂观察,通常借助于预先确定的分类体系或者指标进行,这有利于避免课堂观察的随意性,但如果仅仅局限于预设指标,那么就可能带来观察的偏差,从而遗漏表中没有而对评价却十分重要的信息。因此,定性的课堂观察也同样必要,如描述性观察和叙述性观察等。

描述性观察,指借助于一定的分类框架,运用文字、个人化的符号等非数字化的方式对观察目标进行描述的课堂观察形式。描述性观察是定量记录与定性记录的过渡形式,偏向于定性。表10-5是一个关于学生对核心知识的理解与运用的描述性观察。

表 10-5　学生对核心知识的理解与运用课堂观察表[①]

观察指标(以认知层次为序)	典型行为记录					
	教学环节一		教学环节二		……	
	教师	学生	教师	学生	教师	学生
1. 用自己的话去解释、表达所学的知识						
2. 基于这一知识做出推论和预测,从而解释相关的现象、解决有关的问题						
3. 运用这一知识解决变式问题						
4. 综合几方面的知识解决比较复杂的问题						
5. 将所学的知识迁移到实际问题中去						

叙述性观察,指抽取一个较大的教学片段,对观察到的事件和行为做详细真实的文字记录,同时也可加入现场的主观评价的课堂观察形式。叙述性观察没有预先确定的分类,比描述性观察更为开放。田野笔记是定性课堂观察中最基本的记录方式,它要求对观察进行细致的描述,不仅要描述课堂现场中所观察到的人、行为、事件和语言,而且要记录观察者自己的主观想法、推测、印象,乃至情感,甚至还要了解被观察者对自己行为的解释。记录时应将客观描述与主观印象区分开,所以叙述性观察通常分为两栏,一栏记录客观描述,一栏记录主观印象[②]。

课堂观察具有一定的局限性,其获得的往往是有关课堂教学外显行为方面的信息,对于课堂教学中的心理过程常常判断不足,具有较强的个人主观性。因此,为了增加课堂教学观察的客观性、全面性,常常需要辅助以其他方法,如访谈法、调查法、教学日记、个人叙事等。

(二) 日常检查

日常检查,指在日常教学中对师生教学情况的简要检查,是教学过程中的评价,与教学密不可分。日常检查能够及时地为评价者提供反馈信息,有助于评价者发现师生教学中存在的问题,适当地安排、调整教学目标、内容与教学进程等,为师生教学的顺利进行提供及时信息反馈。

日常检查的形式多种多样。例如,师生问答、问题讨论、课堂作业和家庭作业的批改、关于本节课或上节课内容的总结、教师的课堂观察、学生的个别谈话等,都是日常检查的有效形式。几乎所有的教师都会实施这些活动,但现实教学中却经常将其排斥于学生学业成就评价之外。因此,为了保证日常检查评价功能的有效发挥,可以采用一些技术手段,将日常检查变得更为正式化、结构化,如课堂观察检核表。

课堂观察检核表,是记录学生课堂行为表现的一种简便工具。首先,提前确定学生课堂行为表现的指标,然后在课堂教学中运用这些指标对学生的行为进行检核,由于指标已事先印制在表格中,教师只需记录即可。

(三) 纸笔测验

纸笔测验,指用纸和笔就能完成的测验[③],也称书面考试,要求学生在规定时间内完

[①] 沈毅,崔允漷.课堂观察:走向专业的听评课[M].上海:华东师范大学出版社,2008:109.

[②] 崔允漷.有效教学[M].上海:华东师范大学出版社,2017:264-265.

[③] 陈佑清.教学论新编[M].北京:人民教育出版社,2011:445-446.

成书面作答任务,是学生学业成就评价最常见的手段,主要形式有考查、考试或测验等。考查是在日常检查的基础上,在某一相对完整的教学单元结束后,对学生学业成就做的综合检查和评价,主要目的是了解学生对知识的掌握程度和技能的运用能力。考试或测验是在学期或学年末,对学生学习效果做的最终检查,一般分为常模参照测验和标准参照测验。常模参照测验,指以某项测验学生的平均成绩为参照点的考试或测验,测量的是学生的相对水平,学生的成绩好坏以该生成绩与团体平均成绩相比所处的位置来决定。标准参照测验,是以某项测验应达到的目标为参照点的考试或测验,测量的是学生的绝对水平,而不以团体平均成绩为参照来决定个人在团体中的名次。二者的区别就像一群学生去爬山,确定某个同学爬到山的哪个位置,是标准参照;而确定某个同学在整班同学中的位置,则是常模参照。常模参照测验和标准参照测验只是对考试或测验的一种分类,实际上一次考试或测验往往同时有这两种类型,既可以了解学生实际掌握了什么,又可以确定学生在团体中的相对位置①。

表 10-6　常模参照测验与标准参照测验比较

种类	参照系	归属	作用	理想分布
常模参照测验	群体水平	相对评价	比较、选拔	正态分布
标准参照测验	教学目标	绝对评价	鉴定	负偏态分布

纸笔测验通常采用两种题型:客观题和主观题。客观题要求学生从众多的备选答案中选出正确答案,具体又分为选择题、配对题、正误判断题和填空题等。主观题要求学生用自己的语言进行阐述或回答,具体又可分为简答题、论述题、材料分析题、短文写作等。纸笔测验的主要环节是试题的编制,不同的试题类型有不同的编制特点和编制要求。纸笔测验是一种有效的评价方法,关键在于如何正确认识和恰当把握②。

(四) 表现性评价

表现性评价,是 20 世纪 90 年代兴起的一种质性评价方法,目的是关注对学生综合素质的评价。表现性评价亦称真实性评价,最早运用于心理学领域和企业管理领域,后来受到教育界和测量界的广泛关注。因为,一方面,学校测验与考试只关注学生"知道"什么,但无法测量出学生"能做"什么。例如,汽车驾驶员只通过笔纸测验是不可能考取驾照的。另一方面,大规模的标准化测试也给教师和学生带来了一定的压力。学校更加注重学生的考试结果,教学侧重于为考试做准备,从而导致评价只关注甄别和选拔,背离了评价的目的。表现性评价是为改变传统评价中基本采用纸笔测验的不足而提出来的,这种评价方法依据的不是学生书面的文字材料,而是学生具体的动作行为③。

什么是表现性评价,不同的学者有不同的界定。比较典型的是美国学者斯蒂金斯的观点,他认为:表现性评价是对学生运用已有知识,解决新颖问题或完成特定任务而进行的一种系统评价。评价者以真实的生活或者模拟的练习为起点,引发学生的独特反应,在

---

① 崔允漷. 有效教学[M]. 上海:华东师范大学出版社,2017:249.
② 陶国忠,袁来军. 小学科学教学评价[M]. 长春:东北师范大学出版社,2005:27.
③ 陈华彬,梁玲. 小学科学教育概论[M]. 北京:高等教育出版社,2003:216.

观察这些反应后,给予相应评价①。在表现性评价中,常常运用真实的生活或模拟的练习来引发学生的最初反应,这些反应可由评价者按照一定的标准进行观察、评判,其形式包括建构反应题、书面报告、作文、演说、实验、资料收集、作品展示等。表现性要求学生完成一个活动,或制作一个作品以证明其知识与技能,主张让学生在真实情境中去表现其所知与所能,即要求学生创造出答案或产品,以展示其知识或技能的水平。简单来讲,就是使学生通过完成实际任务来表现其学习成就,实际任务就是具有一定情境的问题。通过学生完成实际任务的过程,来考查学生各方面的具体表现,如相关的知识与技能、对实际问题的理解水平、完成任务时所采取的策略、解决问题时表现出来的态度与信心以及综合利用知识解决问题的能力等②。

表现性评价关注的重点是学生的实际表现,就是在学生参加一些活动时,让他们实际表现出某些特定的表现技能,或者创造出符合某种特定标准的成果或产品。也就是通过观察学生执行具体的操作,然后对其表现进行直接评价③。表现性评价具有三大特征④:一是表现性评价需要借助于一定的表现性任务。该任务与学生所学的内容或生活实际密切联系,学生可以投入现实的问题解决当中,并有利于积极性和主动性的发挥。二是表现性评价考查的是学生多方面的综合实际表现。学生需要解决的实际问题,往往需要多方面的知识和能力,而非单一知识与技能,问题的答案也并非固定,是对学生多方面知识与技能的考查。三是表现性评价的标准要能够反映学生发展方面的差异。在真实的问题解决情境中,学生会有不同层次的表现,对于高水平的学生,可以充分发挥其聪明才智及创造潜能,对于一般水平的学生,可以解决与其智能水平相符的问题,学有所获和提高。表现性评价的实施有两点至关重要:一是要求学生执行的表现性任务,二是用来评价表现和结果的标准。无论表现性任务,还是评分标准都是依据期望学生达到的学习效果进行制定和开发的。所以,表现性评价的核心要素就是表现性目标、表现性任务和表现形式标准⑤。

补充材料10-5:纸笔测验与表现性评价的平衡

纸笔测验技术完善,能以较低的成本保证比较客观公正的评价,因此,仍是目前教育评价的主流形式。但纸笔测验也有明显的不足,即只能有效检测学生对去情境化的知识与技能的掌握情况,不一定能真实反映学生的学习结果;而且纸笔测验更多关注结果的可比性和公平性,较少考虑对学生学习的加强与支持。

社会的发展导致教育目标的变化,除了知识与技能、过程与方法、情感态度与价值观也成为课程目标。而纸笔测验对于这些目标的检测经常无能为力。在此背景下,表现性评价逐渐成为学生学业成就评价的重要方法。表现性评价要求学生实际

---

① 冯生尧.小学课程设计与评价[M].北京:教育科学出版社,2016:222.
② 沈南山.数学教育测量与统计分析[M].合肥:中国科学技术大学出版社,2017:141-142.
③ [美]斯帝金斯.促进学习的学生参与式课堂评价[M].国家基础教育课程改革"促进教师发展与学生成长的评价研究"项目组,译.北京:中国轻工业出版社,2005:10.
④ 张二庆,乔建生.小学科学课程与教学论[M].北京:北京师范大学出版社,2018:177-178.
⑤ 周文叶.超越纸笔测试:表现性评价的应用[J].当代教育科学,2011(20):12-16.

创作产品,或形成对问题的创造性回答并通过行动表现,关注高层次学习思维。评价中的任务是真实的,完成任务的情境也是真实的,能够反映学生真实的学习结果,能够促进学生有效学习。

不过,表现性评价所具有的诸多好处并不意味着它能够完全取代纸笔测验。至少目前来说,表现性评价尚不能取代纸笔测验。考虑到教育目标的多样性,纸笔测验应当与表现性评价达成有效的平衡。

——崔允漷.有效教学[M].上海:华东师范大学出版社,2017:246-247.

(五) 档案袋评价

档案袋评价,也称成长记录袋评价,是20世纪80年代形成和发展起来的一种质性评价方法,目的是通过建立学生成长档案,详细记录学生能力和素养形成的路径轨迹。档案袋评价最初运用于美术领域,画家使用档案袋收集他们有代表性的作品,以供自己反思和他人评价,后来为教育领域借鉴,运用于教育教学评价,由教师和学生一起有组织、有系统地收集学生的作品和参与活动的材料,汇集教师、家长、同伴的评价及学生自我反思的相关材料并进行分类归档,以展示学生的知识、技能和态度的成长过程,促进学生自主发展。档案袋评价,实际上是表现性评价的一种特殊形式,但不能等同于表现性评价,档案袋评价与表现性评价既有联系又有区别。

关于档案袋评价的定义,不同学者尽管在侧重上有所不同,但整体意思大同小异。例如,有学者认为,档案袋评价指在教育过程中通过对档案袋的制作和对最终结果的分析而进行的对学生发展状况的评价[1];有学者认为,档案袋评价指用做档案的形式对学生学业过程与成就进行评价的方法[2];有学者认为,档案袋评价指为达到某个目的而有组织地呈现所收集的相关资料,通过这些资料可以展示事情的进展过程或者个人的成长经历,客观而形象地反映出学生某方面的进步成就及其问题,以增强学生的自信心,提高学生自我评价、自我反省的能力[3];等等。在小学科学教学与学习中,小学生科学素养的形成是一个长期的积累过程,小学生发展呈现多元化与个性化趋势,具有显著的个体差异。因此,对每个学生小学科学学业成就的评价,除了个体之间的横向比较外,还需要个体自身的纵向比较,即通过档案袋(也称学生成长记录袋)的"质性"记录,使评价更加生动准确。

档案袋的内容主要包括课内学习情况记录与课外学习情况记录两部分,有时还包括家、校联系的记录。课内学习情况记录,主要指与课堂教学相关的学习活动记录,既包括课堂教学方面的活动,也包括课后开展的与课堂教学内容相关的一系列活动,如阶段性考试试卷、随堂测验试卷、学生典型问题诊断、各种家庭作业、课堂笔记、优秀作业或作品、学习音视频材料、教师评语、科学探究报告、各阶段的成长日记、小组学习体会、小组活动评价等。课外学习情况记录,主要指学生在课堂教学的基础上结合自身兴趣所延伸开展的

---

[1] 王大顺,张彦军.发展与教育心理学[M].西安:陕西师范大学出版社,2015:330.
[2] 陶国忠,袁来军.小学科学教学评价[M].长春:东北师范大学出版社,2005:25.
[3] 张妙华,武丽志.远程教育学:学与教的理论和方法[M].广州:华南理工大学出版社,2008:178.

活动记录,如课外阅读、读书笔记、课外手抄报、手工制品、调查报告、课外活动记录等。档案袋的"袋"可用资料袋、文件夹、相册集、卡片盒等工具或材料,一般由教师指导学生统一准备。考虑到小学生的年龄特征,档案袋可由教师统一保存与管理。档案袋的登记、整理与保管工作量比较大,教师需要付出较多的劳动。一般而言,"小学科学档案袋"包含的内容,如图10-1所示。

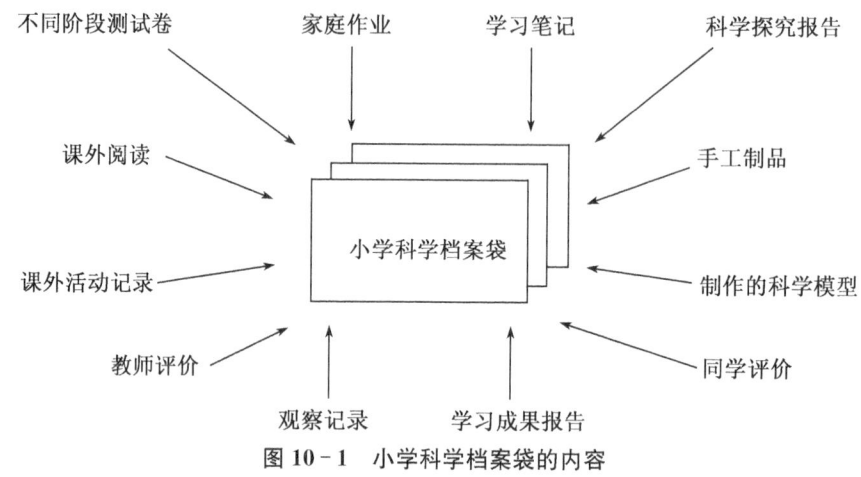

图10-1 小学科学档案袋的内容

与一般的表现性评价相比,档案袋具有以下优点:重视学生发展的全过程,能记录学生的成长过程;能够提供丰富多样的评价材料;能够针对每一位学生进行评价,评价具有个性和针对性;能够使学生体验成功,感受成长和进步的快乐;有利于培养学生主动积极、自我成长、自我评价、自我负责的精神及价值观;有助于增进师生互动、同学沟通与合作精神等[①]。总的来说,档案袋评价不仅可以改进传统评价中单纯重视甄选、评价主客体单一等不足,而且对学生增强自信、提高学习动机、促进个性发展具有重要的促进和激励作用。同时,档案袋评价也存在一些不足,如档案袋整理比较费时费力,成本较高,容易给师生加重负担,信度相对较弱,有一定的学科适用限制等。

总之,档案袋可以提供有关学生学习状况及其进步程度的详细而具体的综合性信息,包括学生的各种学习成果,尤其是实物证据,能够有效反映小学生在科学课程教学与学习过程中知识、技能、情感、态度等方面的成长与变化。因此,档案袋评价是一种强调过程的特殊的表现性评价方法,它既可以为形成性评价服务,用以发现学生的进步和诊断学生的不足,又可以为终结性评价奠定基础、提供依据,很好地实现形成性评价与终结性评价的有机结合。

案例10-2

科学实验课堂记录表

姓名	A	题目	食物发霉对比实验	其他组员	B、C、D、E
我提出的假设		温暖的环境是食物发霉的必要条件之一			

---

① 张妙华,武丽志.远程教育学:学与教的理论和方法[M].广州:华南理工大学出版社,2008:180.

(续表)

姓名	A	题目	食物发霉对比实验	其他组员	B、C、D、E
其他同学提出的假设	(1) 潮湿的食物容易发霉； (2) 密闭、不通风的情况下，食物容易发霉； (3) 阴暗、没有阳光照射时，食物容易发霉。				
我设计的实验方案	分三个主要步骤……				
我在实验中担任的工作	(1) 负责制作实验记录单； (2) 负责观察实验情况； (3) 组织组内同学汇报实验进度，并及时与老师沟通。				
其他同学的工作	(1) 做好实验准备器材； (2) 做好环境监控，控制好实验组与对照组的温度； (3) 记录好观察结果； (4) 及时向组长汇报实验进度。				
实验小结	食物在阴暗、潮湿、不通风、温暖的环境中容易发霉。				
交流与评价	(1) 控制好条件是实验成功的关键； (2) 装盛食物的塑料袋的颜色对实验结果有影响； (3) 冰箱的使用使对照组的实验结果明显。				

——王永忠.小学科学"成长记录袋"的建立、使用及评价的探讨[J].教育实践与研究：小学版(A)，2010(2)：52.

第三节 小学科学教学评价的程序与原则

情境导入

运用测验题评价科学探究技能的应用

美国小朋友约翰每个星期轮流为几家邻居割草，他发现，草坪中的草高度不同，有的高，有的低。

1. 下面哪些问题适合他进行研究？
   A. 天气暖和时割草更难一些　　　　　　B. 草坪上的施肥量很重要
   C. 浇水较多的草坪上的草长得更高一些　D. 草坪上的土坡越多，割草越困难
2. 用几句话解释你的选择。

小学科学教学评价是一项专门工作，专业性强，技术要求高。具体评价工作的开展，既需要依据科学的工作程序，也需要遵循严谨的评价原则，以确保评价的真实、全面、有效。

一、小学科学教学评价的程序

（一）教学评价的一般程序

综合国内外学者观点，关于教学评价的一般程序，宏观上通常从两个角度展开探讨[①]：一是基于教学活动的角度，将教学评价置于教学活动之中，流程上划分为计划、过

---

① 陈庆文.教学研究能力实训教程[M].成都：西南交通大学出版社，2015：21.

程、成果三个阶段,内容上概括为时间、项目、任务三个方面。二是基于教学评价的角度,依据教学评价自身进行的过程,具体划分为准备、实施、分析三个阶段。

教学评价的一般程序可以用表简明反映出来①,具体如表10-7所示。

表10-7 教学评价的一般程序

时间	项目	任务
计划阶段		
教学活动前	1. 教学目标 2. 教学活动 3. 评价准备	1. 分析教学条件 2. 确定教学目标 3. 选择教学方案 4. 选择评价方法 5. 制订工作计划
过程阶段		
教学活动中	1. 实际活动与计划的相符程度 2. 改进教学所需要采取的措施	1. 教学目标适合性评价 2. 教学方案有效性评价 3. 教学现场状态数据采集 4. 评价方法可行性考查
成果阶段		
教学活动后	1. 教学活动的全面效果 2. 新的教学方法与对策	1. 搜集与整理资料数据 2. 分析和解释目标成果资料 3. 研究与探讨非预期成果资料 4. 完成评价报告

为更好地指导小学科学教学评价实践,对教学评价的一般程序做如下说明。

1. 准备阶段

评价的准备是教学评价的第一个环节,准备工作做得好坏,直接影响教学评价的质量与效果。这一阶段的主要任务有②:一是确定评价的对象和目的,首先确定评价对象,对象确定之后,要明确评价目的和要求,评价目的和要求是制定评价标准、确定评价方法和组织形式的基础,要给予充分的重视。二是确定评价标准和指标体系,评价标准和指标体系的制定,是教学评价的关键,很大程度上决定着评价的效果。制定评价标准和指标体系,必须以评价的内容、目标为依据,明确哪些要素要评,哪些要素不评,哪些要素应重点评,之后结合评价要求,确定评价标准和指标体系。三是选择评价的方法,评价方法多种多样,选择时要依据评价目的和内容,从实际出发,体现科学性、灵活性与实践性,确保评价方法的适当、准确、客观。四是建立评价组织,即落实评价机构,选择评价者,以保障评价的权威性和评价质量。五是制定评价方案,主要包括以下内容:评价的对象和目的;评价的组织和人员;评价的标准和指标体系;评价的方法和时间安排;评价的注意事项等。

2. 实施阶段

评价的实施是教学评价的第二个环节,这一环节直接关系评价能否成功,能否取得真实效果。本阶段主要应做好以下工作:一是评价思想动员。在评价开始前,评价者要向被

---

① 郭熙汉.教学评价与测量[M].武汉:武汉大学出版社,2008:11.

② 王树华,张真礼.教学评价技能[M].北京:中国人事出版社,1998:9-12.

评价者讲明评价的目的、意义、过程与方法,回答相关问题,鼓励被评价者积极参与评价。二是收集评价信息。教师可以按照设计好的指标体系和测评方案,系统全面地收集所需要的信息资料。常用的信息收集方法有观察法、调查法、测验法、谈话法、个案研究法等。搜集信息资料必须注意时机与场合,以保证资料的真实性、及时性与有效性。三是处理资料信息。对搜集到的评价资料,进行分类整理、加工处理等,以便做出相应判断。四是分析判断评价。这是实施阶段中的实质工作,评价时一定要把被评价者的现实表现与评价标准仔细对照,紧扣评价指标进行认真评价。五是得出评价结论。评价结论的形式多种多样,可以量化表示,也可以定性表示,还可以定性定量相结合来表示。对评价结论要严肃认真地推敲,力求准确、可靠、客观。

3. 结果处理阶段

教学评价本身不是目的,目的在于通过它改进教学工作,提高教学质量。评价结果的分析与处理是教学评价的第三个环节,这一阶段的主要工作有:一是分析诊断问题。评价者要对评价结论和有关资料进行深入分析,帮助被评价者把握自身的优点与不足,明确存在的问题与原因,便于日后改进与完善。二是评价信息反馈。评价结论和意见需要及时向被评价者、相关领导机构以及教学评价组织进行反馈,便于评价利益相关方做出针对性的工作改进、管理决策与意见建议等。三是进行相应决策。教学评价的结果可以用来进行相应的教学决策,例如,课程设置调整决策、方法选择决策、日常教学决策等。

教学评价的三个阶段的工作,可以概括为以下流程,如图 10-2 所示。

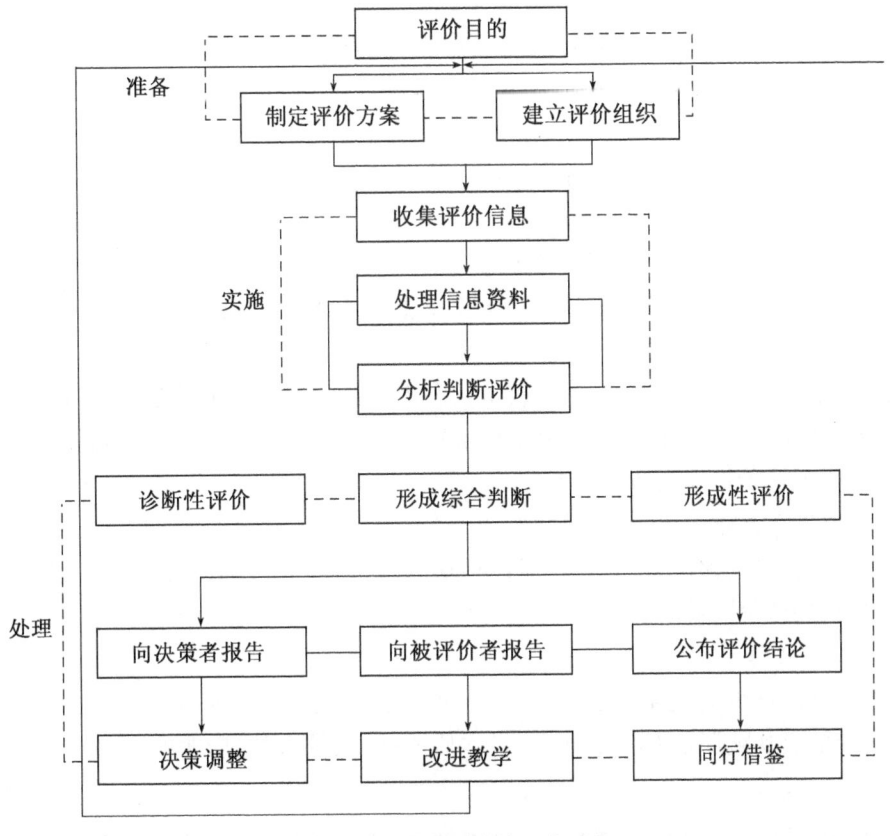

图 10-2 教学评价的三个过程

补充材料10-6：教学评价的程序

教学评价的基本程序主要由三个阶段组成。

一、制定评价计划

主要是制定评价的计划和做好组织准备工作。即确定评价活动的目的、评价的对象、评价的指标体系和在何种情况下从事评价和实施评价后所必须做出的决策程度以及在什么时候，什么地方实施测量，获取信息以及如何组织等工作。

二、实施评价

指根据评价方案所确定的指标体系、评价方法与步骤，以及制定的实施计划，按照科学的程序，逐步完成每一项评价任务，收集相关信息的过程。主要工作有以下三项：实施评价前的准备工作；实施测量并收集信息；归纳处理和分析信息。

三、评价决策

主要是评价者根据对所得数据资料的处理与分析，初步得出评价的结论，在评价结论的基础上，提出改进教育教学的措施，即做出评价的决策。主要包括以下内容：形成评价结论、报告评价结果与做出评价决策。

——傅钢善.现代教育技术(第4版)[M].西安：陕西师范大学出版社，2012：163-164.

（二）教学评价的具体操作步骤

教学评价伴随教学过程而发生，是整个教学过程的一个组成部分，此外又是相对独立于其他教学环节的特殊过程。因此，教学评价的具体操作步骤值得特别关注。概括而言，教学评价的具体操作步骤可分为如下环节[①]。

1. 确定被评价对象

评价对象的确定是进行教学评价的第一步，只有首先确定了评价的对象，才能进一步确定针对评价对象需要开展的评价内容，选择合适的评价方法，制定合理的评价方案等。简单说，确定评价对象，就是确定被评价的人员是教师，还是学生；是教学团队，还是学生团体等；被评价的内容是学科知识，还是实验技能；是思想品德，还是体质健康等。

2. 建立评价指标或指标体系

教学评价就是将教学目标与现实教学状态进行比较而做出的价值判断，因而用什么指标或指标体系作为判断的依据就显得至关重要，所以教学评价的第二步是建立科学合理、系统实用的评价指标或指标体系。

3. 搜集评价资料

根据评价指标或评价指标体系，通过科学的、有效的方法，有目的、有计划、及时、系统、全面地搜集评价资料。

4. 分析整理资料

对搜集到的评价资料进行分析、加工、整理，通过定性的经验归纳和定量的统计推断，使之成为能够反映被评价对象最基本、最本质特征的、综合的、简明的、有条理的资料信

---

① 陈庆文.教学研究能力实训教程[M].成都：西南交通大学出版社，2015：23-25.

息,以获取全面、客观、公正的评价效果。

5. 评价结果的利用

教学评价不仅是要对教学过程的成效做出评价,更重要的是利用评价的结果来反馈,从而调节和改进教学实践活动。

二、小学科学教学评价的原则

教学评价原则,指进行教学评价时必须遵循的基本要求与基本准则,是教学评价成功与否的主要因素之一,对于教学评价工作的顺利开展具有重要指导意义。在小学科学教学评价中,需要遵循如下基本原则[①]。

(一) 科学性原则

教学评价需建立在科学的基础上,有充分的科学依据和科学方法,以正确的教育思想和教学理论为指导,遵循课堂教学的规律原则等。教学评价的标准和方法必须科学地设计和安排。违背教学规律、评价规律,缺乏科学性的评价,不仅无法实现预定目的,更可能挫伤评价对象的积极性,干扰教学工作的顺利进行。在教学评价过程中,评价标准不合理、评价程序不严密等都是缺乏科学性的表现,具体原因很多,如可能与评价者科学精神欠缺有关,也可能与评价者评价理论不全有关,还可能与评价者技术掌握不熟练有关等。为提高教学评价的科学性,需要注意以下几点:首先,要建立科学的评价标准与指标体系;其次,要全面收集评价资料,认真处理评价信息;第三,定性与定量分析相结合,提高评价的可信性与有效性。

(二) 客观性原则

教学评价需反映评价对象的真实价值,必须采取实事求是的客观态度,避免主观性和随意性,这是评价的基本要求,也是评价功能发挥的前提基础。在教学评价过程中,评价者的兴趣爱好、价值观念、情感倾向等主观因素,都可能对评价结果形成一定的影响,导致评价失真。只有客观公正的评价才能如实反映教与学的质量和水平,进而调动师生的积极性,不断改善教学工作。否则,虚假的评价将会导致不符实际的教学决策,阻碍和危害教学工作的顺利实施。为保证教学评价的客观性,需做好以下工作:第一,建立明确、具体、稳定的评价标准;第二,确保评价信息采集的真实性、完整性;第三,制定严密而科学的评价程序,并确保程序的严格执行。

(三) 整体性原则

教学评价需注意影响教学质量的诸多因素及其之间的联系,全面系统地进行分析评价。教学过程是由多个教学要素相互联系共同构成的有机整体,进行教学评价,必须把握教学发展的全过程。在对教学目的、教学内容、教学方法等教学内部环节多层面单项评价的基础上,还要对动态的整体教学过程进行综合性评价。此外,教学过程也并非孤立存在,而是与教育领域中的其他子系统密切相连。对教学过程进行评价,不能忽略教学活动所处的背景、条件、环境等。只有从全局观点出发,把握教学活动的全貌,才能充分发挥评

---

① 廖军和,方家峰. 小学教育基础[M]. 合肥:安徽师范大学出版社,2016:139.

价的多方面功能。反之,只顾局部不顾整体,只见树木不见森林,必将导致评价结果的片面性与局限性。

(四)发展性原则

教学评价需立足于教师教学质量的提高和学生身心的全面发展,以改进教学为根本目的。通过教学评价,鼓励和督促教师树立信心,积极致力于下一阶段的教学改革与自我发展过程。然而,实践中却存在着以教学评价替代教学目的的不良现象,原本为教学目的服务、反映教学目的要求的教学评价标准成为现实的教学目的,左右着教学活动的开展。这种现象违背了教学及评价的客观规律,阻碍了教学目标的达成。在教学过程中,需要树立发展性评价理念,使评价自觉为教学服务,有效促进教学的不断发展。同时,用发展的眼光对待评价结果,将评价结果作为进一步提高的起点。

(五)目的性原则

目的性原则是指在进行评价时必须有明确的目的[①]。每一次评价一定要有具体目的,不能为评价而评价。如果评价的目的在于增强教师的责任感,评价时无论标准的选择,还是过程的掌握,都应突出职责标准;如果评价的目的在于了解学生的知识、能力、情感等具体情况,那么评价标准与评价过程都应突出"以学生为本"的原则。

(六)可行性原则

教学评价要基于教学实际,评价内容、方案、指标、方法等都要符合实际情况,能够实行,易于开展。在确定评价标准和编制评价指标体系时,要充分结合教学实际。标准过低,起不到评价的激励作用;标准过高,会使评价对象自信不足,产生挫败感。评价的方法要简明、可行、操作性强,方便教师、学生、教研人员、学校领导等评价利益相关方理解、把握与运用。

案例 10-3

小学四年级学生的阅读能力评价

评价小学四年级学生的阅读能力,以了解阅读能力与学习成绩之间的关系。

首先,明确评价对象。评价对象是小学四年级学生。

其次,明确评价目的。评价目的是探讨小学四年级学生阅读能力与学习成绩之间的关系,通过研究指导教育实践。

探讨阅读能力与学习成绩之间的关系,需要对二者进行客观测定,为保证研究的准确客观,采用定量方法对相关内容进行测量,体现评价的客观性原则。

从哪些方面对阅读能力进行测量,这涉及评价的整体性原则。通过实践发现阅读能力可分为阅读速度、阅读深度、阅读广度三个维度,如果仅测查阅读速度或阅读深度,则说明评价的整体性原则体现不够。

评价小学四年级学生的阅读能力,根据教学实践分为三个维度进行,每个维度又有具

---

① 陈庆文.教学研究能力实训教程[M].成都:西南交通大学出版社,2015:20.

体的客观指标。例如,阅读速度的指标是每小时浏览的字数;阅读深度的指标包括知识的理解和情感的共鸣;阅读广度的指标是开展阅读的类型,将三个维度的分数相加得到总分,体现评价的科学性原则。

最后对整个评价过程以及具体方法步骤进行评估,综合各方面的预测,如果可行性强,就可以进行实际测量。

总之,对选定的对象进行评价时,需要从科学性、整体性、客观性、目的性和可行性等方面逐步展开。

——陈庆文.教学研究能力实训教程[M].成都:西南交通大学出版社,2015:21.

本章小结

小学科学教学评价是对小学科学教学各因素做出的一种价值判断活动。按照不同的标准,可以划分为诊断性评价、过程性评价与总结性评价等不同类型。小学科学教学评价具有导向、反馈、激励、调控、诊断等功能。小学科学教学评价内容广泛,涉及教师、学生、课堂教学、学业成绩等方面,核心是小学科学课堂教学评价与学生学业成就评价。小学科学教学评价的方法主要有课堂观察、日常检查、纸笔测验、表现性评价与档案袋评价等。小学科学教学评价专业性强,技术要求高,工作开展需要依据科学的工作程序,遵循严谨的评价原则。

思考训练

1. 说出小学科学教学评价的内涵。
2. 比较不同教学评价类型的特点。
3. 简述小学科学教学评价的主要方法。
4. 描述小学科学教学评价的一般程序。
5. 解释小学科学教学评价需要遵循的基本原则。

第十一章
小学科学课程资源开发

 本章概要

小学科学课程资源是为了实现小学生科学素养培养目标而供给科学课程活动,满足小学科学课程活动需要和保障科学课程活动进行的一切设备和材料。本章围绕小学科学课程资源的开发与利用展开讨论,首先阐述小学科学课程资源的概念内涵、类别及意义;其次分析不同类型小学科学课程资源开发的途径;最后,根据具体的科学内容选择并设计合适的课程资源进行实训。

 学习目标

通过本章学习,学生能够
- 说出小学科学课程资源的含义。
- 解释小学科学课程资源的特点。
- 掌握小学科学课程资源的开发途径。
- 根据小学科学内容合理开发所需课程资源。

 内容结构

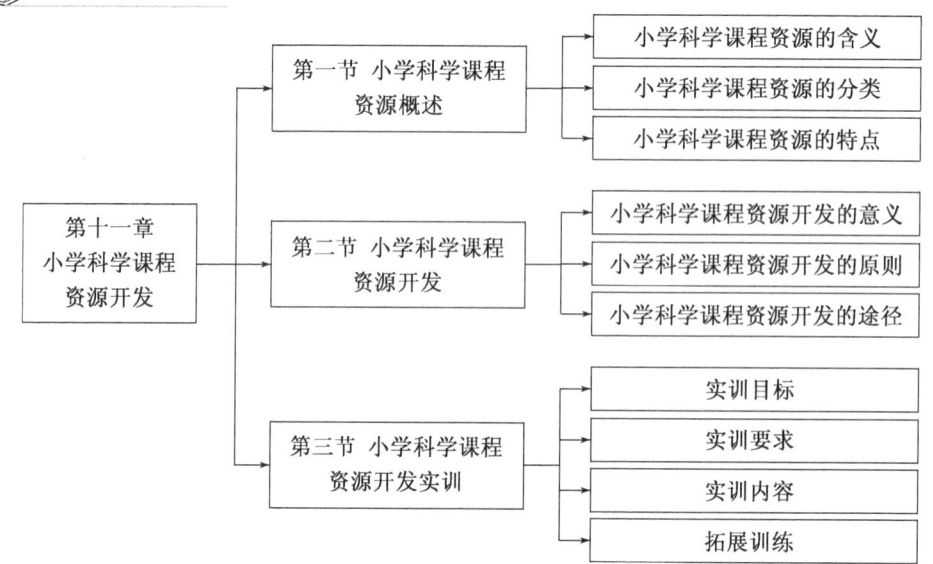

第一节 小学科学课程资源概述

学校中的课程资源

许多学校中都有小池塘,在某位教师眼里,小池塘是一个很好的课程资源,它里面蕴含着许多可供利用的东西。如,可以引导孩子观察这个小型生态系统究竟有哪些小生命?经过调查,学生可以发现:池塘岸边生长着各种花草树木,还生活着蚂蚁、蚯蚓、蝴蝶等小动物;池塘水面上漂浮着浮萍,不时有蜻蜓、水蜘蛛在活动,池塘水面下生长着水草、鱼类、青蛙,还有各种浮游生物。在此基础上教师可以提出问题:这些生命都是怎样生活的?它们之间有联系吗?里面是否存在食物链?如果少了某种生物,是否会对整个生态系统平衡产生影响?哪些情况会对小池塘造成污染?哪些措施可以保护小池塘,使其免受或少受污染?教师还可以进一步将问题拓展。

我国小学科学的课程资源长期以来被限制为教材、教学参考书和学生用书。新的课程标准要求教师要引导学生在家庭、社会、自然、校园中进行学科学、用科学。不要将学生束缚在教室的狭小空间里,教室外面才真正是孩子们学科学、用科学的广阔天地。教师不能拘泥于教材上所限定的内容,要拓宽孩子们的信息渠道,广泛地应用存在于生活周围的各式各样的资源。为使小学生科学学习具有广阔的智力背景,科学教学必须开发多种多样的课程资源。

一、小学科学课程资源的含义

(一) 课程的含义

从西方教育史看,"课程"(curriculum)一词最早出自英国教育家斯宾塞的《什么知识最有价值》,文中把"教育内容的系统组织"谓之"curriculum",它由拉丁语"currere"一词派生出来,意为"跑道"(race-course),转义作为教育上的术语,意味着"学习者学习的路线"[1],从中世纪起"课程"这一术语便一直指在学校时间表上科目内容的安排。

在我国,"课程"一词始见于唐宋时期。唐代孔颖达为《诗经·小雅》中"奕奕寝庙、君子作之"句作疏时用到"维护课程,必君子监之,乃依法制",这里的"课程"一词指"寝庙",及其喻义"伟业",其含义十分宽泛,这是我国课程一词的最早使用,此处"课程"的意思是以一定程式来授事。宋代朱熹在《朱子全书·论学》中也多次提及"课程",如"宽着期限,紧着课程""小立课程,大作功夫"等,其中"课程"一词包含着学习的范围、时限、进程,与"学程"意义相近。

---

[1] 钟启泉.现代课程论[M].上海:上海教育出版社,2003:227.

随着近代学校的兴起和发展,人们对"课程"的理解逐渐专业化和具体化。到了现代,课程的含义已有广义和狭义之分。广义的课程是指为了实现学校的培养目标而规定的所有教学科目的总和或指学生在教师指导下各种活动的总和,如小学课程、中学课程。狭义的课程指某一门学科,如数学课程、生物课程、科学课程等,同教学科目同义。

(二) 课程资源的含义

对于资源的理解,信息资源学的观点认为,资源是指"自然界和人类社会中能创造物质和精神财富的各种客观存在或存在物"。这一说法表明了资源的两个特性:有用性和客观存在性。在课程资源一词出现之前,常说教育资源一词。顾明远先生在《教育大辞典》中提出教育资源是指"教育过程中所占用、使用和消耗的人力、物力和财力的总和"。

教育资源的概念有助于课程资源的理解,但教育资源与课程资源毕竟不是同一概念,只有那些进入课程活动领域、对课程目标实现产生直接影响的教育资源才能称得上课程资源,教育资源是课程资源的上位概念。由于课程资源一词是伴随新一轮课程改革而渐入人们的视野的,对其研究还处于起始阶段,目前理论界尚未形成一个确定的定义。

课程资源同样具有广义和狭义之分,广义的课程资源指有利于实现课程目标的各种因素,是供给课程活动,满足课程活动所需要的一切,它包括构成课程目标、内容的来源和保障课程活动所需要的设备和材料。狭义的课程资源仅指形成课程的直接因素来源。①

不同的学者对课程资源的表述方式不同。范兆雄认为,课程资源是指满足课程活动所需要的思想、知识、人力、物力等,是与课程目标、内容、实施和评价有密切联系的课程外部系统②;徐继存等认为课程资源是课程设计、实施和评价等整个课程编制过程中可利用的一切人力、物力及自然资源的总和,包括教材及学校、家庭和社会中所有有助于提高学生素质的各种资源③;吴刚平认为课程资源是指形成课程的因素来源与必要而直接的实施条件,这也是目前在课程资源的利用与开发研究中普遍使用的相对广义的课程资源概念。

(三) 小学科学课程资源的含义

小学科学课程资源是课程资源的下位概念,它是为了实现培养小学生科学素养的目标而供给科学课程活动,满足小学科学课程活动的需要和保障科学课程活动进行的一切设备和材料。④ 换句话说,也就是指在小学科学教育教学活动中,凡是能够用来帮助学生掌握科学知识,形成科学态度和能力,提高科学素养的一切校内、校外的自然资源和社会资源。它既包括用来进行科学学科课内教学和课外学习的人力、物力、财力等物质要素,同时也包括一些诸如教师价值观、情感态度、经验等非物质要素。

二、小学科学课程资源的分类

小学科学课程资源中有些要素是自然环境和社会环境本身所具有的,并且是可以直

---

① 吴刚平.课程资源的开发与利用[J].全球教育展望,2001(08):92.
② 范兆雄.课程资源系统分析[J].西北师大学报(社会科学版),2002(03):101-105.
③ 徐继存等.论课程资源及其开发与利用[J].科学教育,2002(02):1-5.
④ 张二庆,乔建生.小学科学课程与教学[M].北京:北京师范大学出版社,2016:93.

接被加以利用的资源,而有些则是为了达成一定的教育或教学目的而特意设计出来的资源。人的思想观念、活动方式,材料的物理特性、化学特性,工具的形态、功能,设施的形状、大小、用途、活动的方式、场所等构成了极为丰富,可为课程开发利用的资源形态。因此,在不同区域、学校,甚至不同的学生家庭,课程资源出现了不同的类别。

依据不同的标准,可以将小学科学课程资源分为不同的类别。

(一) 素材性和条件性小学科学课程资源

按照小学科学课程资源的功能、特点,可以划分为素材性课程资源和条件性课程资源[①]。素材性课程资源的特点是作用于小学科学课程,并且能够成为小学科学课程的素材或来源,它是学生学习和收获的对象。比如一些学生学习的课本教材或教师、学生所使用的教具等,都是属于素材性科学课程资源。条件性课程资源的特点是作用于小学科学课程,且并不是小学科学课程本身的直接来源,也不是学生学习和收获的对象,但它在很大程度上决定着小学科学课程的实施范围和水平。比如学校的实际教学资源情况、小学生所处的社会环境、学校所在地区的区域发展水平等,这些内容都属于条件性科学课程资源。

(二) 自然和社会小学科学课程资源

按照小学课程资源的性质,可以分为自然课程资源和社会课程资源。自然资源,简单理解就是来自大自然的真真切切的事物,比如动植物、微生物、食物链、生物圈等;地形、地貌和地势等;气候、天气预报、四个季节、二十四节气等。学生在与大自然接触的过程中对大自然的了解,懂得维护生态平衡、保护大自然的重要性等小学科学课程知识。社会课程资源包括公共设施和公共场所、人类的交际活动与社会交往过程中所建立的人际关系、群体的行为规范、同辈团体的影响、个人的人格特征、合作原则和礼貌原则、价值观、信仰、宗教伦理、风俗习惯等,这些社会资源都会直接或者间接地成为小学科学课程资源,引领和影响小学生群体的发展。

(三) 校内、校外和信息化小学科学课程资源

按照小学科学课程资源的空间分布特点,可以分校内课程资源、校外课程资源和信息化课程资源[②]。

校内课程资源包括:校内的场所和设施,如学校的图书馆、实验室、专用教室、实习基地等;校内的人文资源,如教师、师生关系、生生关系、班级组织、学生团体、校风校纪、校容校貌等;与教育教学密切相关的各种校内活动,如实验实习互动、座谈讨论、社团活动等。

校外课程资源是指学校以外的形成课程的因素与课程实施的条件,主要有两大类。第一类,现代科技馆、科技类博物馆、动物园、植物园、自然保护区、图书馆、青少年活动中心、社区活动中心等。学生到这些地方,可以使他们的学校生活与社会生活融合在一起;第二类是科研机构、高校实验室、研究基地、高新技术开发区等,这些地方可以让学生了解社会科技和经济发展的前沿。

---

① 张二庆,乔建生.小学科学课程与教学论[M].北京:北京师范大学出版社,2016:93.
② 张二庆,乔建生.小学科学课程与教学论[M].北京:北京师范大学出版社,2016:93.

信息化课程资源包括教学资料、支持系统、教学环境等组成部分。信息化教学资料指的是以数字形态存在的教学材料,蕴含了大量的教育信息,能创造出一定教育价值的各类信息资源,包括学生和教师在学习与教学过程中所需要的各种数字化的素材、教学软件、补充材料等等;支持系统主要指支持学习者有效学习的内外部条件,包括学习能量的支持、设备的支持、信息的支持、人员的支持等等;教学环境不只是指教学过程发生的地点,更重要的是指学习者与教学材料、支持系统之间在进行交流的过程中所形成的氛围,其最主要的特征在于交互方式以及由此带来的交流效果。教学环境是学习者运用资源开展学习的具体情境,体现了资源组成诸要素之间的各类相互作用。这些网络教学资源的要素可以单独地使用,也可以由学习者结合起来使用。

(四) 预成型和生成性小学科学课程资源

　　按照小学科学课程资源形成的因素,可以分为预成型课程资源和生成性课程资源。预成型科学课程资源主要在进行教学前,所形成的课程资源,如我们经常带小学生去的展览馆、图书室、海洋世界等,这些都属于预成型科学课程资源。生成性科学课程资源指在教学过程中形成的科学课程资源,也就是教师和学生在教学过程中所不断产生的新的体会和领悟,不管是教学方面的新思路,还是学生在学习研究中的新体会,它们都属于生成性科学课程资源。

三、小学科学课程资源的特点

　　通过对小学科学课程资源的内涵、要素及其分类的分析,不难看出小学科学课程资源是多种多样的,要有效开发和利用课程资源,使课程资源在教育教学活动中发挥应有的作用,有必要进一步了解课程资源的具体特性。

(一) 生活性

　　小学科学课程资源内容的选择应与小学生现实生活密切联系,并且能够引起小学生强烈的兴趣和需要、唤起积极的思维活动和探究欲望。科学的特征之一是抽象性,这种抽象性使科学知识超越学生的日常经验,并与日常经验情景相分离。正如杜威曾分析到:"科学标志着在高度专门化的技术条件下完善的知识,这个事实,使科学研究的结果自身远离平常的经验——这种远离经验的性质称之为抽象。"学生的生活世界是学习科学课程的价值基础,离开学生的生活情景,科学课程中的知识就会丧失其价值基础。"学科材料对男孩和女孩来讲都失去了生命力,变成了相当死的东西,这是因为它与情景分离开了。"[1]学生的活动范围构成了他们的生活世界空间,在这个空间里包含许多资源,学生在这个真实的空间活动中才会提出这样那样的问题。这些问题都源于他们对生活世界的观察与思考。因此,可以说,现实生活给学生兴趣和学习的动力。如果科学课程资源内含有学生的这些疑问,或者在他们学习科学课程时教师能够引导学生探究这些问题,那么学生就不会把科学学习活动视为劳役。让学生从日常生活中选取他们熟悉的素材作为学生学习的内容,让学生探究身边常见的事物,只有这样才能增强学生的好奇心和探究欲望。

---

① [美]约翰·杜威.傅统先,丘椿译.人的问题[M].上海:上海人民出版社,1965:148.

(二)探究性

探究性即课程资源要能够支持学生的探究活动,有利于学生从中发现问题和提出问题,并能通过多种渠道收集证据、进行实验等,从而解决课程中的问题。小学科学课程的总目标是培养学生的科学素养,并为他们继续学习、成为合格公民和终身发展奠定良好的基础。2017版《小学科学课程标准》提出的一个重要理念就是"倡导探究式学习",探究既是科学学习的目标,又是科学学习的方式。亲身经历以探究为主的学习活动是学生学习科学的主要途径。因此,开发的小学科学课程资源也要具有探究性,要有利于学生在学习过程中进行探究,或者有利于学生在探究中的学习。

(三)开放性

一方面课程资源的内容要具有以科学为中心的开放性,即向科学技术前沿、生活、社会开放;另一方面,提供资源的信息渠道具有以学生为中心的开放性,即让学生通过主动探究活动获取各种信息,而不是被动接受信息。《小学科学课程标准》中的一个基本理念:突出学生的主体地位。这种开放性不仅表现在小学科学课程学习过程中教师和学生有一定的选择空间和创新机会。如科学教材中要求学生饲养并观察蚕,但在没有蚕的学校教师可以根据学校和条件选择其他的动物来代替。这种开放性还表现在,要引导学生利用广泛存在于学校、家庭、社会、大自然、网络和各种媒体中的资源进行主动的科学学习,将学生的科学学习置于广阔的背景之中,帮助他们不断扩展对周围世界科学现象的体验,丰富他们的学习经历。

第二节　小学科学课程资源开发途径

新颖的毕业纪念册①

又快到小学六年级毕业的时候了,同学们纷纷到学校附近文具商店买毕业纪念册,互赠留言。可晓明同学的毕业纪念册则是自己用树叶和花瓣装饰的平时的笔记本。同学们都觉得新颖好奇,纷纷向他请教应该如何做。如果能够对他们的这种寻求新颖的心理进行适当的引导,不就可以成为他们学习科学的新动力吗?于是,教师在课堂上宣布:本学期要开展一个制作毕业纪念册的活动,同学们平时可以自己去采集各种树叶和花瓣,制成标本,每个星期制作几张纪念册内页,毕业时就可以有一本独特的植物标本纪念册了。这样既可以通过设计毕业册的活动激发学生学习制作、粘贴的兴趣,又可以培养学生的构图和审美观念,还能增长学生植物学方面的知识,更能让学生有机会了解和欣赏名人的赠言,同时又避免了学生之间因为购买毕业纪念册而产生的攀比之风。

---

① 李中国.小学科学教学设计[M].北京:高等教育出版社,2020:155.

小学科学课程资源在开发时要针对小学生的年龄特征,从小学科学教学的实际情况出发,综合各地区、各学校的实际教学环境,探寻有可能进入小学科学领域的、能够与科学教育教学活动联系起来的资源,充分挖掘这些资源的科学教育价值有利于促成小学科学课程总目标的实现。

一、小学科学课程资源开发的意义

随着课程改革的力度不断加大,小学科学课程资源开发的重要性日益凸显,其意义主要体现在以下三个方面的影响。

(一)丰富小学科学课程资源,提高小学科学教学活动的水平

课程资源与教学活动存在着十分密切的关系。教学活动的开展是离不开课程资源的支撑。

小学科学课程的总目标是培养学生的科学素养,并为他们继续学习、成为合格公民和终身发展奠定良好的基础;从课程性质来看,小学科学课程具有基础性、实践性和综合性等特点;从小学生的思维特点看,他们的感知、注意、记忆尚处于最初的发展阶段,注意力的集中常常与兴趣相关,最初以无意识识记、具体形象识记和机械识记为主;小学生从笼统、不精确地感知事物的整体逐渐发展到能够较为精确地感知事物的各部分,并且能够发现事物的主要特征及其事物各个部分之间的关系。这意味着小学科学课程资源的开发必须与小学生的认知特点和年龄特点相结合,甚至需要从小学生周围所熟知的事物或常见的事物出发,从而为后续的科学课程学习奠定基础。①

小学科学课程内容具有综合性的特点,主要包括物质科学领域、生命科学领域、地球与宇宙领域和技术与工程领域四大块内容,强调内容的整体性。这四部分内容的学习,需要开发多种多样的科学课程资源。如要探索物质世界领域的奥秘需要通过对"物体—材料—物质三个层次的观察与探讨"来了解物质的一些基本性质与变化过程;对生命科学领域的学习就必须让小学生投身于大自然中感受生命的多姿多彩,穿梭草原田野树林、欣赏祖国的山川河流、看花草树木、感鸟语花香;要揭开地球与宇宙领域的神秘面纱也需要小学生通过对生活中天气、四季、地表变化这些具体的现象了解开始,进而展开对神秘宇宙的探索;要了解人类创造的丰富多彩的人工世界,则需要小学生对已有的物质材料和生活环境加以系统性开发、生产、加工、建造等。

教学活动的开展效果很大程度上受限于课程资源的丰富程度。在小学科学教学方法运用上,要充分考虑学生的身心发展规律,如小学低年级学生主要以形象思维为主,他们对事物的理解需要具体事物的支撑,这就需要教师采用开放式的教学方式,开发多种多样的课程资源,为学生创造学习课程的良好环境,让学生在学习中感受到科学的魅力,培养持久的探究兴趣、良好的科学思维和初步的科学实践能力。围绕学生开发和利用多种小学科学课程资源,可以开阔学生的视野、丰富学生的经验,还可以充分发挥学生的特长,使得学生能够根据自己的兴趣灵活开展各种各样的活动。

---

① 张二庆,乔建生.小学科学课程与教学论[M].北京:北京师范大学出版社,2016:95.

（二）提高教师教学技能，推动小学科学教师的教学创新

教师在实施小学科学课程资源的开发与利用过程中，必然会面临一些新的挑战。教师需要花费更多的时间与精力，根据小学科学课程发展的需要，结合小学生的身心发展特点与当地资源分布的实际，对丰富多彩的资源进行鉴别、筛选，与此同时，还需要对小学科学课程资源的潜在教育价值进行开发并在适当的情境中加以合理利用①。在这一系列的过程中将会使得小学科学教师自身的课程意识、科学文化素养、能力素养等各个方面均得到有效提高。因此，对教师来说，小学科学课程资源的开发与利用同时也给小学科学教师的发展提供了机遇，可以创新他们的教育教学。

（三）扩宽学生学习视野，提高学生学习科学的质量

在科学教学过程中，如果教师能有效地调动儿童多感官参与学习活动，将传递的教学内容多渠道地传递给学生，这样将有助于儿童的科学学习。

小学生对周围世界充满了各种好奇与疑问，新的课程理念要求教师用符合小学生年龄特点的方式让其学习科学，提倡科学课程贴近小学生的生活，利用多种资源进行教学，帮助他们不断扩展对周围世界科学现象的体验。作为科学课程资源，它们往往就是孩子身边的一些常见事物，而这些常见的事物往往会给孩子以具体形象的感觉，也容易让孩子对它们产生亲切感。

物质世界、生命世界、地球与宇宙、技术与工程方面的许多科学内容都与生活实际息息相关，而孩子也对五彩缤纷的世界充满了好奇。在科学课程实施过程中，如果教师能够从孩子身心发展的特点及儿童的兴趣、爱好与知识经验出发，关注孩子的生活环境、家庭实际，能够结合孩子的成长经历，充分利用身边具体、生动的课程资源对孩子开展科学教育，那么科学对孩子而言就不再是冰冷和僵硬的东西。

二、小学科学课程资源开发的原则

课程资源的开发是课程建设的重要组成部分，充分挖掘并合理利用那些具有开发与利用价值的资源，才能促进学生、教师和学校的发展。课程资源的开发不是随意进行的，需要一定的原则来规范。基于小学科学课程资源的含义、要素、分类等，小学科学课程资源开发应遵循思想性、科学性、适宜性、经济性和个性化等原则。

（一）思想性原则

思想性原则指小学科学课程资源的开发要筛选对学生具有价值的内容，能够促进他们科学素养的形成和发展，遵循课程资源开发的生活性、启发性、探究性与循序渐进性的内容②。

（二）科学性原则

科学性原则首先应该体现在有一定的目标性，要为实现一定的目标服务。要有利于达到小学科学课程目标，有利于丰富小学科学课程内容，有利于提高小学科学课程的质

---

① 张二庆，乔建生. 小学科学课程与教学论[M]. 北京：北京师范大学出版社，2016：96.
② 李中国. 小学科学教学设计[M]. 北京：高等教育出版社，2020：154.

量。小学科学课程资源开发的科学性还应体现在它的可行性和可操作性上[①]。在开发过程中要考虑学校的特点、实际条件、学生情况、教师能力和学校周围环境等条件,从实际情况出发,实事求是,因地制宜、因人制宜、因时制宜地开发与利用学校科学课程资源。

(三) 适宜性原则

适宜性原则指小学科学课程资源在开发时要遵循小学生的生理与心理发展特点及教育教学规律[②]。课程资源的开发是为了课程目标的有效达成,针对不同的课程目标应该开发与之对应的课程资源。小学科学课程资源的开发就要符合小学生的身心发展规律,如符合小学生注意、记忆、想象、思维、情感、性格等特点,只有这样才能保证开发与利用的针对性及效果。

(四) 经济性原则

小学科学课程资源的开发要尽可能用最少的开支和精力达到最理想的效果,具体包含开支的经济性、时间的经济性、空间的经济性和学习的经济性[③]。开支的经济性是指用最节省的经费开支取得最佳效果。时间的经济性是指尽可能花费较少的时间开发有意义的课程资源。空间的经济性是指要尽可能就地取材。学习的经济性是指开发的学习资源能够尽可能地激发学生的学习兴趣。

(五) 个性化原则

小学科学课程资源种类多样,但是不同的地区、学校和教师,可以开发的课程资源则有着极大的差异性。因此,应从实际出发,发挥地域优势,强化学校特色,展示教师风采,扬长避短,突出个性[④]。小学科学课程资源的开发本身就是一项极具创造性的综合实践活动,失去了个性,小学科学课程资源的开发就会流于机械主义和形式主义。

三、小学科学课程资源开发的途径

从学校和教师层面来讲,小学科学课程资源的开发可以从课程标准、教材、教学辅助材料等出发,对其进行必要的规范化和校本化,此外还应该进一步探寻小学科学课程资源开发的策略或途径。一般来讲,可以从以下四个方面来考虑小学科学课程资源开发的基本途径。

(一) 校内资源的充分利用

1. 加强科学实验室的建设、利用与管理

苏霍姆林斯基说:"学校的物质基础既是一个完备教育过程中必不可少的条件,同时又是对学生精神世界加以影响的手段。"开展观察、实验活动,是小学生学习科学的主要学习方式,实验室是学生科学学习最重要的资源,也是主要的学习场所,它对学生科学素养的形成具有不可替代的作用。

---

① 张二庆,乔建生.小学科学课程与教学论[M].北京:北京师范大学出版社,2016:97.
② 张二庆,乔建生.小学科学课程与教学论[M].北京:北京师范大学出版社,2016:97.
③ 李中国.小学科学教学设计[M].北京:高等教育出版社,2020:155.
④ 李中国.小学科学教学设计[M].北京:高等教育大学出版社,2020:155.

教育主管部门和学校应加大经费投入,保证科学实验室建设的条件,配备满足科学教学要求的实验设备和器材,保证实验耗材和自制教具的经费。每所学校必须建立科学实验室和仪器室,并按国家有关标准配备相应的仪器设备,不断提高实验室的信息化水平,同时学校为教师自制教具提供物质保障。

科学教师要充分发挥实验室的功能,恰当布置实验室及周边环境,积极开展实验教学,为学生的科学学习提供良好的环境。科学教师要充分利用实验室进行教学,让实验室成为学生学习科学的主要场所,使其能为课堂外的科学探究和实践应用服务。有条件的学校,可以在科学实验室中增设科学图书角、材料角、工具角、实践角、创客空间、成果展示角和专题研究中心等,使实验室发挥更多的学习功能。

要加强科学专用教室及仪器设备的管理工作,配备专人负责,定期检查设备完好情况,对消耗性材料和缺损报废的设备及时给予补充。学校应制订相应的科学实验室管理制度,使学生能参与图书馆的建设和管理,由科学教师兼职实验管理员工作的,应当折算相应的课时量。

在墙壁上粘贴大科学家的照片和生平,开辟一个小而生动的饲养角或种植角,在实验室里摆放一些浅显有趣的科普读本,老师带领同学们一起做一些标本、教具、学具等。利用这样的科学氛围,对小学生们进行生动有益的熏陶。

2. 校园环境资源的利用

校园环境也是最好的小学科学课程资源,它的一花一草一树一木都是最好的教具。作为教师,要擅长利用校园的自然环境对同学们进行开发、启蒙,这样开展教学,不仅解决了学校有时教具不足的问题,也进一步拓宽了同学们的科学视野,激发研究兴趣,从而在实践活动中通过亲身体验感受科学的乐趣。比如,通过校园气象站,科学老师可以引导学生了解天气状态方面的科学知识,也可以引导孩子们在校园里探索春、夏、秋、冬季节的变化奥秘。

3. 学校网络

校园网络是一个非常简单而重要的科学工具,但想要用好它却不容易。网络信息繁杂丰富,对小学生而言,辨别好坏的能力还相对较差,面对缤纷灿烂的网络世界,很容易迷失自我,陷入网络的泥沼之中而不能自拔。在这种情况下,则对教师的引导能力有较强的要求。老师要做好一个合格的教育者、引导者、陪伴者,带领孩子们在校园网络中汲取有益、有用的科学信息,了解丰富多彩的学术世界,帮助小学生们开拓视野、展望未来,对广阔的世界和知识海洋充满向往和追求,使同学们从被动学习到主动学习,越来越积极向上,成为优秀上进的小学生。老师的课堂毕竟是有局限性的,有固定的时间限制、场所限制、教学教具资源限制等,如果只通过课堂来了解世界、学习知识,是远远不够的。学生可以在教师的帮助下,根据自己的兴趣爱好选择网络世界里感兴趣的知识去深入了解学习,使教育变得有针对性,让传统的教师为主导、课堂为中心、课本为基础的教学模式发生创新性的变化,更有利于学生们的研究学习。

(二)校外资源的充分利用

1. 家庭资源

家庭中蕴藏的科学课程资源是极为丰富的,如家庭成员的生活经验、职业经验、爱好

与特长等。此外,家庭中的食品资源、家用电器、生活小用品、家庭饲养与种植的小动植物、报刊和书籍甚至是家务活动都可纳入课程资源范畴中来。家庭课程资源的开发与利用可以通过以下途径来实现:

第一,巧用家务资源。居家生活,琐碎的家务事也可以加以利用使之成为很好的科学教育资源。如在洗涤衣物时,可带着孩子一起展开洗涤用品的品种调查、洗涤用品的去污能力、去污原理以及洗涤用品对环境的影响等方面的探究;在储存食物时对蔬菜如何保鲜,冰箱里食物的摆放有什么科学等研究,甚至可以开展面包霉变方面的小实验,在烹制菜肴时引导孩子进行营养与卫生方面的研究等。

第二,提供实践的机会。爱玩、喜动、好奇是孩子的天性,孩子在家中常常会对一些物品产生兴趣,进而爱拆一拆,再拼一拼,这常会引得有的家长怒而制止。其实这是不恰当的做法。正确的做法是对孩子的探索举动加以"保护和引导"。当然,在这同时,也应关注孩子的安全与卫生。有时,孩子就是一时弄脏了衣物,对一些小玩具造成了损坏,这些与孩子大胆探索的习惯养成相比,还是得大于失的。毕竟孩子乐于探索的精神得到了培养,孩子的动手能力得到了锻炼,在探索中智慧也得到了提高。此外,家庭可鼓励孩子参与到在家里养花草、养小动物的活动中来,这不仅可以丰富孩子的动植物知识,而且还可以使孩子在培养爱心与责任感等多方面有所收获。

第三,走出家门,开阔视野。《小学科学课程标准》指出,家长尽可能带孩子接触大自然,接触社会进行社会实践。孩子的科学学习是从身边的自然事物开始的,家长应经常利用节假日带着孩子走出家门,去领略周围的自然环境和人文环境。家住农村的,可带孩子去城市,让他们认识城市的建筑、交通等设施,了解一下城市生活;住在城市的,可带孩子去农村走走,让他们认识认识农作物、家畜家禽以及欣赏田园风光,了解花鸟草虫的生存特性等。认识事物越多,孩子视野越开阔,就越容易为孩子的后续科学学习打下良好的基础。

第四,不拘于形式,适时地进行。科学学习的资源在家庭中随处可见,科学教育在家庭中也可以随时进行。家人在一起闲坐聊天、吃饭、看电视、购物或旅游时,只要有了合适的话题,有了合适的对象可以随时进行。家庭教育不必如学校课堂教学那样拘于形式,家长也不必非要具备多么高深的科学知识不可,可以通过聊天、讨论、看书、读报的形式,也可以动动手、做一做小实验等形式,轻松而愉快地进行。慢慢地家长和儿童都会在这一过程中感受到亲情的甜美、生活的多彩以及科学学习的无穷乐趣。

2. 科普场馆资源

科普场馆是指以提高公众科学素质为目的、常年对外开放、实施科普教育活动的场馆,它是公民科学素质建设和实施科教兴国战略的重要场所,包括自然博物馆、科学技术博物馆、专业科技类博物馆、天文馆、水族馆、动物园、植物园等。科普场馆是社会教育的重要组成部分。

科普场馆资源在科学的学习中有重要的地位,学校要善于利用科普场馆的资源,将科普场馆中有价值的资源纳入科学课程资源的范畴,加强与科普场馆的教育合作,取长补短,开展多种形式的教育活动,并将这些活动与学校教学进行有效衔接,以满足不同经验背景学生的科学学习的需要。

3. 自然资源

自然环境中存在着丰富的课程资源。自然界中大到日月星空、山川湖海与森林草原，小到花鸟鱼虫、一草一木，其中都蕴含着无穷的科学奥秘，它们都应被纳入课程资源视野中来。在实际教学中，山川湖海与森林草原对于大多师生来说似乎过于遥远，但对于就在身边的花草树木、小虫、小鸟，教师往往对其过于熟视无睹以致常常忽略了对它们的利用。小学科学课程标准指出："科学课程最基本的特点是从儿童身边的自然事物开始学习活动的"。对于身边的自然资源，儿童对其有种天然的亲切感，如能对其恰当地利用，使其价值得到充分的挖掘，一样可以收到令人满意的教学效果。

报纸杂志、电视广播和网络等媒体，常常可以提供很多贴近时代、贴近生活、有意义的科学议题，教师要利用好社会媒体，将这些科学议题作为科学学习的重要资源。

补充材料 11-1：农村可以使用的科学资源

在农村广阔的田地里，家家有田地，户户有庭院，家庭的农作物种植和动物饲养能给科学教学提供很多的实物标本，而孩子们具有一定的栽培知识，较好的劳动习惯，故利用这些资源优势，不仅能在实践中培养学生爱科学、用科学的感情，而且还能锻炼学生运用学到的科技知识，学会种植、饲养等方面的本领。例如学生学习"植物与环境"时，将他们带到学校附近的玉米地进行实地教学，当学生动手拨开玉米的根系后自然会发现同一株长在沟里的玉米，插进水沟一面的根又细又密，根毛发达，而另一面就比较稀少。纵然其他条件相同，得到水分的多少是不同的，决定了根系的多少。这样就懂得了植物的根具有向水性的特点，鼓励学生将学到的知识应用于家庭饲养、家庭种植。农村学习资源的合理开发能有效突破科学课本的局限和课堂教学时间的限制。

——刘德华.小学科学课程与教学[M].北京：中国人民大学出版社，2018：245.

补充材料 11-2：著名的教育家陶行知

陶行知(1891—1946)，安徽歙县人。1910 年考入南京金陵大学中文系。1914 年赴美留学，先入伊利诺依大学市政专业学习，获政治学硕士学位，后转哥伦比亚大学研究教育，成为美国教育家杜威和孟禄的学生。1917 年秋回国，积极提倡平民教育和生活教育。1927 年，创办了南京试验乡村师范学校，主张以万物为导师，以宇宙为教室，以生活为课程。1931 年从日本回国后，提倡"科学下嫁运动"，创办自然科学园，编辑科学丛书。同时提出创办工学团计划，认为工学团就是一个小工厂、一个小社会、一个小学校，规定工学团要普遍地进行军事、生产、科学、识字、民权和体育六大训练。1946 年 7 月 25 日陶行知在上海病逝。毛泽东亲笔题词："痛悼伟大的人民教育家"。1981 年教育科学出版社出版了《陶行知教育文选》。

——刘德华.小学科学课程与教学[M].北京：中国人民大学出版社，2018：230.

4. 社区资源

社区资源的开发和利用可以使学生更多地接触社会,了解科学技术与社会的关系,激发学生的学习兴趣。这些资源包括社区提供的科普教育资源,如科技馆、博物馆、各种社区的科普教育基地以及所在地区高校中可利用的科学教育资源,也包括作为科学教育的间接社会资源的工厂、农场、新技术农业试验基地、垃圾加工厂、动物园、植物园、商店、超市、体育场、游乐场、交通工具等,还包括社区中的人员资源[①]。

能够被利用的社区资源是相当丰富的,例如,商店或超市中的每一个物品都能为学生提供一组系列化的探究课题:这个物品的功能是什么?它由哪些部分组成?它的成分有哪些?它是如何加工出来的?它的生产地和原材料在哪里?它的价钱是多少?它的原理是什么?它的变化和发展过程是什么样的?它对人、社会、自然有什么好处与弊端?为了能够更好利用这些资源,应当做好调查,建立资料档案,并与相关部门建立稳定的关系,取得他们的支持;同时,还应当开发这些资源的各种探究活动,包括课内的、课外的、小型的作业和探究性的专门活动等。此外,还可以邀请家长和一些有专长的社区人员与学生进行专题交流。

(三) 网络资源的开发与利用

互联网已经深入日常生活的各个方面,网络资源以其信息的丰富性、生动性和便捷性很好地弥补了现实教学的一些不足。利用和开发能促进小学生科学学习的网络资源,成为当前科学教师的重要技能。

教师要充分利用网络资源,运用合适的方法(如在线学习、专题研讨、微课、资料查询等)促进学生的科学学习,为教学服务;可以把网络资源作为教师教学研究的重要资源,也可以利用网络技术开展学习评价。

教师要积极参与网络资源建设,为科学教学提供更多优质的资源。网络资源的积累,需要全体科学教师的参与和贡献,如建立专门的学生科学学习网站、资源库等;运用各种网络工具(如资源网站、QQ群、微信等)促进教师开展网络研修活动,提高教师的专业水平。

补充材料 11-3:网络资源利用的科学教学

小学科学教师徐老师在教学"登上月球""探索月球的奥秘"时设计的教学过程是这样的:

1. 全班学生观看登月短片,以激发学生的探究欲望;
2. 学生小组内提出问题,各小组确定探究的专题;
3. 小组成员网上检索、浏览,写出研究报告;
4. 学生召开信息发布会,交流和展评探月成果;
5. 学生将网上收集到的信息进行重组,撰写"月球探秘"电子小报。制作"月球"专题网页。

——刘德华.小学科学课程与教学[M].北京:中国人民大学出版社,2018:232.

---

① 刘德华.小学科学课程与教学[M].北京:中国人民大学出版社,2018:231.

(四) 整合各种不同资源

人们也可以根据各种资源的特点,将彼此进行有效整合,弥补各种资源的不足之处。整合资源过程中,需要注意资源的配比与安排,而非简单随意组合,应将其按照合理的方式进行统整,从而最大限度地发挥资源的作用。表 11-1 列出了整合资源开展各类科学活动的示例①。

表 11-1 整合资源开展活动的示例

活动名称	整合的资源	说明
设计并发射小火箭	实验室资源+校本特色资源	结合学校的航天特色,开展"小火箭"科技竞赛。学生在自然教室设计并制作小火箭,在学校操场发射小火箭。
探究动植物生长与环境关系	校园生态环境资源+校本特色资源	带领学生观察学校的自然生态基地,比较不同动植物生长环境的特点,分析动植物的习性与生存环境之间的关系,结合校本自然探究课程,开展"生物与环境"主体探究活动。
探究花的生长过程	校园生态环境资源+网络平台资源	教师收集校园植物信息,制作"美丽的花"网页,供学生调查和收集信息,为学生解构资料信息、发现花的生长过程的规律提供分析材料。
制作小蜡烛	校园特色资源+网络平台资源	结合学校的"小镇活动"特色,学生设计并制作创意小蜡烛,完成后将作品上传至校园网进行展示与改进。
设计科学膳食菜单	网络平台资源+家庭资源	学生结合家庭实际情况,设计"一日三餐"健康菜单并上传至学校"model 网络平台",借助网络开展自评、互评和师评。
调查不同材料的回收价格	家庭资源+社会资源	学生对家中的废旧材料进行分类,调查废品回收站中不同材料的回收价格,尝试对不同材料的特点进行分析。
拯救锦鲤	实验室资源+校园生态环境资源+社会资源	以校园鱼塘环境和锦鲤为研究对象,在自然教室和鱼塘开展对比实验,活动过程中聘请渔民进行指导,探寻导致锦鲤死亡的原因,分析适合锦鲤生存的环境。
研究人类探索宇宙工具的发展	网络平台资源+家庭资源+社会资源	请学生上网查资料、查阅书籍,家长陪同参观科技馆以及请航天工作者进校做专题讲座。为学生提供多种调查途径以及多样的信息素材。

---

① 张瑞芳.小学科学高阶思维活动的设计、实施与评价[M].上海:上海科技教育出版社,2018:65-66.

第三节 小学科学课程资源开发实训

情境导入

一堂实验课[①]

曹老师带着精心准备的实验材料走进教室准备给学生上"热空气"一课,不料因为用假发扎了一个马尾辫改变了平时形象,使得学生见到她时炸了锅。有个调皮学生说:"老师,好美呀!"还有人嚷道:"是假发!"马上有人回击:"是真的!"同学们议论纷纷,根本不把上课铃当回事。曹老师灵机一动,决定放弃原先的计划,改上蛋白质检验的教学内容。

于是她耐心听取了学生之间的争论,并鼓励他们说出各自猜测的理由。说头发是真的一方同学的知识面令她"吃惊",他们列举了理发店中的各种染发、烫发技术,认为老师完全有可能利用这些技术让自己头发变个样。而认为头发是假的一方的观察能力更让她"佩服",他们描述了她平时头发的样子、长度,认为即便通过这些技术,也不可能会有这么长的辫子。

在学生的争论再次进入高潮后,曹老师让他们想办法证明自己的假设以说服对方。经过学生讨论,很快提出了五套方案:(1)让老师自己说出答案;(2)到近处仔细观察;(3)用手摸,与真发比较;(4)把头发烧一烧;(5)让老师当众把辫子解开。经过比较,学生认为方案(2)(3)(4)比较可行,既不过于依赖老师,又不失礼貌。于是曹老师配合学生,提供了假发的材料,让学生展开观察与实验。他们有的看,有的摸,有的干脆用火烧。很快看与摸的同学发现:各人的发质不同,这样解决不了问题,于是都改用火烧的方法来研究。

曹老师鼓励学生燃烧周围不同材料的物品,做对比实验。学生发现烧指甲、硬皮、丝绸散发出与烧头发相同的味道,而烧塑料袋、假发则散发出另一种气味。研究之后,学生得出结论:头发、指甲等的主要成分是蛋白质,假发与塑料是人工合成的化学物质。

下课时间到了,学生们一脸兴奋,讨论并未结束,并且提出了新的问题:化学烫、离子烫是怎么回事?染发对人体有多大危害?曹老师鼓励学生就自己感兴趣的问题组成研究小组,制订研究方案,在课外通过走访、调查、搜集资料等方法来解决问题。

一、实训目标

在充分理解和掌握小学科学课程资源的分类及开发原则的基础上,熟练应用课程资

[①] 科学课程标准研制组.走进课堂——小学科学新课程案例与评析[M].北京:高等教育出版社,2003:41.

源开发的方法,为小学科学教学开发课程资源。

二、实训要求

学习者自选课题,个人独立开发小学科学课程资源,通过小组之间的交流,成员之间相互借鉴和补充,并逐步完善,最终能够将其开发出来的课程资源运用在小学科学实践教学中。

三、实训内容

(一) 试为《使沉在水里的物体浮起来》内容开发课程资源

通过引导学生探究使沉在水里的物体浮起来的多种方法,了解物体在水中沉浮变化的规律,知道改变形状、增大空间、减轻重量或水中加盐等方式都能增加水的浮力,加深学生对物体沉浮变化的认识和理解,掌握使沉在水里的物体浮起来的奥秘。

通过认识船、救生圈、潜水艇等来了解沉浮在日常生活中的应用。

(二) 试为《养蝴蝶》教学内容开发课程资源

通过组织学生运用多种感官来认识蝴蝶,并且初步学会观察、描述、记录自己的观察结果,和同伴交流自己的观察结果,从而达到课程标准中制定的使学生"能参与长期科学探索活动,愿意合作与交流,珍爱生命,能用各种感官直接感知自然事物,并且能用语言或图画描述所观察的事物的形态特征,经历饲养小动物的过程"的目标。

(三) 试为《蜗牛》教学内容开发课程资源

《蜗牛》是教育科学出版社出版的小学《科学》三年级上册中的内容,属于动物单元。教材的设计意图是通过组织学生观察研究蜗牛的活动,使学生经历对小动物进行简单的观察和描述的过程,经历初步的按一定顺序观察和动态观察、细节和痕迹观察的过程,达到课程标准所制定的能用感官直接感知小动物,能借助简单的工具对事物进行较细致的观察和进行简单的记录的要求。

可以参考表 11-2、11-3 来开发科学课程资源。

表 11-2 课程资源开发表

		人(包括个人、组织机构等)	物(包括设备、材料、资料等)	环境(包括自然环境、社会环境、虚拟环境等)
校内资源	教室内			
	教室外			
校外资源	家庭			
	社区			
网络信息资源				

表 11-3　课程信息资源开发表

序号	资源名称	资源类别	使用方法	资源网址	预期效果
1					
2					
3					

四、拓展训练

（一）试为物质的三种状态：固态、液态和气态开发课程资源。

（二）试为《植物的结构》开发课程资源。

本章小结

小学科学课程资源是能够用来帮助学生掌握科学知识，形成科学态度和能力，提高科学素养的一切校内外自然资源和社会资源。主要由小学科学课程思想资源、知识资源、经验资源、人力资源、物财资源等构成，具有生活性、探究性和开放性等特点。丰富小学科学课程资源，可以提高小学科学教学活动水平，提高教师教学技能，推动小学科学教学创新，拓宽学生学习视野，提高学生学习科学的质量。进行小学科学课程资源开发时需要遵循思想性、科学性、适宜性、经济性和个性化等原则，充分利用校内外资源、网络资源以及整合性资源。

思考训练

1. 小学科学课程资源有哪些类型？
2. 小学科学课程资源开发与利用的途径有哪些？
3. 结合实际案例说明小学科学课程资源开发与利用的原则。

参考文献

1. 施良方.教学理论:课堂教学的原理、策略与研究[M].上海:华东师范大学出版社,1999.
2. 皮连生.教育心理学[M].上海:上海教育出版社,2004.
3. 盛群力.教学设计[M].北京:高等教育出版社,2005.
4. 施良方.学习论[M].北京:人民教育出版社,2001.
5. 王映学,章晓璇.知识分类与教学设计[M].兰州:甘肃教育出版社,2008.
6. 鲁献蓉.从传统教案走向现代教学设计[J].课程·教材·教法,2004(7).
7. 徐英俊.教学设计[M].北京:教育科学出版社,2001.
8. 张红霞.小学科学课程与教学[M].北京:高等教育出版社,2010.
9. 课程教材研究所.20世纪中国中小学课程标准·教学大纲汇编(自然·社会·常识·卫生卷)[M].北京:人民教育出版社,2001.
10. 李娟.试论中国近代小学科学课程概念的变迁[J].教育史研究,2017(3).
11. 刘恩山.义务教育小学科学课程标准解读[M].北京:高等教育出版社,2017.
12. 王晨光.义务教育小学科学课程标准解读——科学概念.术语与实验[M].北京:北京师范大学出版社,2019.
13. 陈威.小学生认知与学习[M].北京:高等教育出版社,2013.
14. 谷陟云.罗杰斯的人本主义教育观及其启示[J].现代教育科学,2009(10).
15. 姚晓春.小学科学课的建构[M].上海:华东师范大学出版社,2018.
16. 姚建欣,郭玉英.小学科学教育:课程创新与实践挑战[J].课程·教材·教法,2017(9).
17. 约翰·D.布兰思福特等.人是如何学习的——大脑、心理、经验和学校[M].程可拉,等译.上海:华东师范大学出版社,2002.
18. 徐敬标.小学科学教学技能[M].上海:华东师范大学出版社,2018.
19. 刘德华.小学科学课程与教学[M].北京:中国人民大学出版社,2018.
20. 李中国.小学科学教学设计[M].北京:高等教育出版社,2020.
21. 曾宝俊.小学低年级科学教材教法[M].福州:福建教育出版社,2018.
22. 林静.小学科学18个重要概念全景解读[M].合肥:安徽大学出版社,2019.
23. 蔡海军.小学科学教学论(试用)[M].长沙:湖南科学技术出版社,2007.
24. 叶军.从实践走向研究——基于课堂的小学科学教学思考[M].上海:上海交通大学出版社,2018.

25. 杜卫.小学教学过程的美育化设计与实施[M].杭州:浙江教育出版社,2006.
26. 曾广华.教师教学基本能力解读与训练[M].北京:北京理工大学出版社,2011.
27. 朱家礼.小学科学课堂学习与课例研究[M].合肥:安徽大学出版社,2017.
28. 钟启泉,张华.课程与教学论[M].北京:高等教育出版社,1999.
29. 黄济,劳凯声,檀传宝.小学教育学(第三版)[M].北京:人民教育出版社,2019.
30. 彭蜀晋,林长春.科学教育论[M].成都:四川人民出版社,2002.
31. 崔允漷.有效教学[M].上海:华东师范大学出版社,2009.
32. 叶勤,张瑞芳.小学科学教学技能训练教程[M].北京:高等教育出版社2019.
33. 曾宝俊.小学科学教师入门十课[M].北京:化学工业出版社2019.
34. 王强.小学科学实验教学论[M].北京:人民教育出版社,2015.
35. 张瑞芳.小学科学高阶思维活动的设计实施与评价[M].上海:上海科技教育出版社,2018.
36. 王富.科学课堂教育[M].上海:上海科技教育出版社,2019.
37. 万银巨,朱吴波等.小学低段科学游戏课堂的教学实践[M].杭州:浙江教育出版社,2018.
38. 陈晓端,张立昌.课程与教学通论[M].西安:陕西师范大学出版社,2017.
39. 王贤.基于小班化的小学科学教学实施与案例研究[M].济南:山东人民出版社,2011.
40. 刘德华.小学科学课程与教学论[M].北京:中国人民大学出版社,2006.
41. 王景英.教育评价理论与实践[M].长春:东北师范大学出版社,2002.
42. 丁邦平.小学科学有效教学[M].北京:北京师范大学出版社,2018.
43. 林长春,彭蜀晋.小学科学课程与教学[M].重庆:西南师范大学出版社,2019.
44. 教育部.义务教育小学科学课程标准[S].北京:北京师范大学出版社,2017.
45. 张二庆,乔建生.小学科学课程与教学论[M].北京:北京师范大学出版社,2018.
46. 王大顺,张彦军.发展与教育心理学[M].西安:陕西师范大学出版社,2015.
47. 王树华,张真礼.教学评价技能[M].北京:中国人事出版社,1998.
48. 陈庆文.教学研究能力实训教程[M].成都:西南交通大学出版社,2015.
49. 吴刚平.课程资源论[M].北京:北京师范大学出版社,2018.
50. 赵艳丽.小学科学课课程资源开发与利用中存在的问题及对策探究[D].长春:东北师范大学,2010.